ベトナムの基礎知識

アジアの基礎知識 4

古田元夫
Furuta Motoo

めこん

ベトナムの基礎知識・目次

1　ベトナムはどんな国か

臨機応変、融通無碍なベトナムの特質を「水」にたとえるベトナムの研究者もいる。自動車やオートバイが一見無秩序に自分の行きたい方向に突っ込んでくる運転が基本のベトナムの大都市の道路で、それなりに交通が流れているのも、「水」の流れのようなものと考えると納得がいくような気もする。

ベトナムの活力

私が大学に入った一九六八年頃は、ベトナム戦争が最も激化した時期であり、大学ではアジアのことに取り組んでみたいと考えていた私の関心は、自然にベトナムに向かった。日本の新聞でも、ベトナム戦争の記事は連日紙面をにぎわしており、私には、世界はベトナムを中心に動いているように見えた。「中心」であるベトナムのことを理解できれば、その他の世界のことは容易に理解できるのではと思ったのが、私がベトナムを自分の研究対象にしようと考えた最大の理由だった。ベトナム戦争で米国と戦うベトナムに民族解放運動の旗手としての魅力を感じたことも、こうした思いを強めた理由だった。

こうして私は、学部の卒業論文の課題に一九四五年のベトナムの八月革命（ベトナム民主共和国の建国をもたらした革命）を取り上げて以降、今日までの四五年あまり、ベトナム研究者としての人生を歩むことになった。もっとも、ベトナム現代史研究者がほとんどいないようなので、少し勉強すれば大きな顔ができるのではないか、という私の「甘い夢」はすぐに打ち砕かれた。

写真1-1　ベトナム上空で撃墜された米軍パイロットを護送するベトナムの女性民兵を描いた北ベトナムの切手。

当時の東京大学には、ベトナム語の授業はなく、まずベトナム語を勉強できる場を見つけることが容易ではなかった。幸い、当時の南ベトナムから日本に留学したベトナム人を先生とする教室があり、勉強を始めた。一九七四年からは、東京外国語大学にハノイ総合大学からベトナム語を教える先生が派遣され、ベトナム語科の主任の竹内与之助先生のお許しを得て、このベトナム人の先生の授業に三年間、「もぐり学生」として出席したのが、ベトナム語が身に付く上では決定的な意味を持った。

また、せっかくベトナム語を勉強しても、当時の日本の公共図書館には、東大の図書館も含めて、ほとんどベ

写真1-2　ハノイ市内の交通渋滞。(2014年。筆者撮影)

トナム語の書籍資料が所蔵されていなかった。外大に赴任されたベトナム人の先生がみやげ物を包んできた新聞紙を、ベトナム語を勉強していた学生がまわし読みをしていたような状況だった。

さらに、ベトナムへの留学も困難だったので、私は大学院博士課程の二年目の一九七七年に、ハノイにある貿易大学で日本語を教える機会を得て、初めてのベトナムでの長期滞在を体験した。ベトナム戦争終結二年後のハノイに長期滞在している日本人の数はまだ少なく、在留邦人は大使館員を含めても一〇数名という時代だった。

長期滞在をしてみると、それまでの私のベトナム理解がいかに観念的だったのかを痛感させられた。ベトナム戦争で米国を打ち負かしたばかりの社会主義国ということからすると、統制のとれたまとまりのよい社会を想像しがちだが、実際に暮らしてみたベトナムの人々の社会は、このイメージとはかなり相違していた。

当時のハノイの人々の主な交通手段は自転車で、今のような自動車とオートバイで渋滞する状況(写真1-2)とは大きく異なっていたが、種々様々な交通手段で人々が勝手気ままな方向を向いて走っているという、ベトナムの道路の基本的原理？は、当時も今も変化していないように思われる。当時、自転車で町を走っていると、前の自転車をこいでいる人が、突然、手をあげたかと思うと曲がりはじめて、あやうくぶつかりそうになることがよくあった。交差点でも、前後左右を見回してという運転のしかたをベトナムの人はめったにしない。他人が自分をよけてくれるであろうという確信を持って、自分の行きたい方向に行く、というのがハノイの自転車運転法だった（写真1−3）。これは、自転車が自動車やオートバイに代わった今も変わっていない——もちろん危険度は増しているとは思うが。

写真1-3　自転車時代（1970年代）のハノイ。

　私がハノイで体験したのは、この交通事情が典型的に物語っているように、人々が勝手な方向を向いて走り回っている社会だった。私がハノイに滞在した一九七七年と八〇年は、ドイモイ以前の、ベトナム戦争直後の時代で、経済はまだ貧しかった上に、戦争中にベトナム北部に定着した古いモデルの社会主義（一九三〇年代のソ連に起源を持つ社会主義のあり方）が全土で展開されるようになったものの、平和になって自分自身の生活の向上を求めるようになった人々の願いに対応できず、国家が公認していた制度では生活が成り立たなくなった人々が「闇行為」に走っていた時代だった。

　この「闇行為」は、動物を飼ってはいけないはずのハノイのど真ん中にある団地の一室で豚やにわとりを飼育して売り払うといったレベルから、米ドルの闇レートでのベトナム通貨との交換（公定レートと闇レートでは一〇倍以上の開きがあった）まで、種々様々だった。こうした時代状況が「人々が勝手な方向を向いて走り回っている」という印象を、より鮮烈に私に与えたのかもしれない。

この時期は、南部のメコンにはまだ橋がかかっておらず、渡河にはフェリーに乗らなければならなかった。メコンのフェリー乗り場で、乗船のために無秩序に殺到する人々を見ながら、私を案内していたある高名な歴史学者が「ベトナム人は本当に『独立と自由ほど尊いものはない』だ」と嘆息するのを聞いたことがある。

「独立と自由ほど尊いものはない」というのは、ベトナム戦争が激化していた一九六七年に、アメリカと戦っていた北ベトナムの国家主席だったホー・チ・ミン（Hồ Chí Minh 1890?~1969）が述べた言葉で、アメリカと戦うベトナムの独立への決意を表すものとして有名な言葉である。ここで使われている「独立」「自由」という言葉には「勝手気まま」という意味もあり、ホー・チ・ミンの言葉は、「人々が勝手な方向を向いて走り回っている」というベトナム人の気質を的確に表現しているという理解もあることを、この時初めて知った。

さて、こうした時代の人々の「闇行為」の産物で、いまなおハノイの景観として残っているものがある。それは、外国人建築家が「大衆住宅」と呼んでいるもので、写真のように、公営アパートを人々が勝手に改造してできたものである（写真1－4）。

このアパートは、もともと一九五〇年代末から六〇年代にかけて政府が公務員や労働者用の住宅として建設したものだった。一九七〇年代の末になって、老朽化が進み、住民は政府に改修を要求したが、政府には予算がなく、改修要求は放置されたままだった。こうした状況に業を煮やした住民が、老朽箇所を修理するついでに、アパートの壁を取り払って居住空間を拡大する自己改造案をつくり、アパートを管理している町長に許可を求めた。町長はこのような計画を承認するわけにもいかず、これまた放置していたが、住民のほうは、六ヵ月を過ぎても町長が返事をよこさないのは計画を黙認したことになると勝手に解釈して、申請した改造工事を実施してしまう。これは公営アパートに勝手な改造をした「違法住宅」なので、町長には警察を呼んで撤去させる権限があったはずだが、こうした改造が第三者からクレームがつかないかぎりは、強制撤去にはならず、そのまま黙認されることが多かった。その結果、ハノイ市内の公営アパートは、

写真1-4 ハノイの大衆住宅。(2016年。筆者撮影)

こうした改造を加え、鳥小屋のような構造物が突き出ている光景が広がることになった。

これを、外国の建築家は、人々が勝手に改造した住宅という意味で「大衆住宅」と呼んでいる。現在、ハノイ市当局は、老朽化した「大衆住宅」の撤去を進めているが、移転の補償をめぐり、住民のほうは勝手に拡大した居住空間を含めて「地上権」があると主張しているのに対し、当局はもともと公営アパートとして割り当てた以上の面積に対する補償はできないとして対立し、撤去は遅れている。

「奇妙な空間」という点では、歩道も同じような面がある(写真1-5)。ハノイの歩道は様々な用途で使われている。飲食店の前の歩道には小さな椅子やテーブルが並び、あたかもその店の専用空間のようになる。以前は自転車の駐輪場として使われていたが、今ではオートバイの駐輪場になっている。ハノイは自動車の駐車スペースが少ないので、ちゃっかり自動車を歩道の上に停めている人も増えている。幅の広い歩道は、ラッシュ時にはオートバイがガンガン走る車道と化するところもある。

最も伝統的な歩道の活用者は、天秤棒をかついで商品

写真1-5　ハノイ。歩道?広場?(2016年。筆者撮影)

を運んでくる露天商であろう。物売り以外にも露店はある。その代表的な一つは散髪屋だ。公園など、鏡をかけやすい大きな柵があるところでは、露店の散髪屋さんが並んでいる。

先日、町を歩いていると、露店の散髪屋が並んでいるところに闇商売を取り締まる経済警察(経済的な違法行為を取り締まる警察)の車がやってきた。すると、露店の散髪屋さんは、皆あわてて店をたたみ、鏡、散髪道具、客の椅子を抱えて逃げ出した。中には、散髪中だったお客さんがタオルをかけたまま歩道に置き去りされているところもあった。

このエピソードは、歩道の「目的外使用」はベトナムでも違法行為であることを物語っている。もっとも、五〇メートル先に行くにもオートバイを使う人がいて、歩行者はあまりいないハノイで、歩道を「歩行者専用空間」と思うのがいけないのかもしれない。ハノイの歩道は、実態としては「多目的空間」である。

もっとも、この歩道に関しては、二〇一七年に入って大改革が取り組まれている。それは、ホーチミン市の第一区で今年の一月一六日に始まり、三月一〇日にはハノイ市内で、さらに全国化した、歩道を歩行者のための空間に取り戻す「歩道解放大作戦」である。具体的には、歩道で行なわれている様々な営業活動の排除、歩道に張り出している店舗、家屋、看板などの撤去、正式の許可を得ない駐車駐輪の禁止など、多岐にわたっている。この試みは、ベトナムの大都市の面貌に大きな変化をもたらすかもしれない。

「ベトナム人民は不治(bất trị)だ」という表現がある。この「不治」は「不治の病」の「不治」ではなく、「治めがたい」という意味である。私はこの表現はベトナム社会の特徴をよく表していると思っているので、二〇一二年にハノイで開催された第四回目のベトナム学国際会議という全世界のベトナム研究者が集まる会議のキーノートスピーチでこの表現を使ってみたが、ベトナム人の研究者や指導者から「けしからん」とは言われなかった。

この「不治の民」という、まつろわない民を相手にお上(国家)が四苦八苦しているというのが、私がハノイで見出したベトナム像だった。日本では「お上は強く、人民は弱し」と言われるが、ベトナムは「お上は弱く、人民は強い」と言ったほうが適切な社会のように思える。

言いたい放題だが「結論」の出る会議

ベトナム史では、外国から輸入された国家制度、政治制度がベトナムの社会の力でその効力を十全には発揮できなかった例がしばしば見られる。

その一つが、中国から入った科挙試験で官僚を選抜する科挙官僚制度だった。中華帝国という広大な帝国を統治するには、門閥貴族が割拠している状況は望ましくなく、皇帝を中心とする一元的な統治が必要だったという事情が、この制度を生み出した要因だったと言われる。

では、たいした大帝国でもないベトナムがこの制度を導入したのはなぜかというと、それは他ならぬ中国からの圧力に抗していくには、皇帝を中心とした中央集権体制が必要だったからだと考えられている。しかし、あまり内的必然性がなかったベトナムの科挙制度は、なかなか門閥貴族などの血縁集団の影響力を排除できず、皇帝権力も脆弱だった。

現在のベトナム共産党の政治支配にも、似たような面があるように思われる。かつては「プロレタリア独裁」

といった用語も使われたことがある共産党の一党支配は、国家の上からの統制が貫徹した強力な政治支配であるように思われがちだが、むしろ勝手に動き回る「不治の民」を相手にして、共産党だからかろうじて統治らしき体裁が維持されていると考えた方が、ベトナムの実態には近いように思われる。

私は日越大学というベトナムの大学の学長をやっているが、その経験だと、大学執行部の会議（大きな大学の部局長会議のような会議）での議論ということだと、ベトナムの大学のほうが活発であるように思える。執行部の提案を支持する大演説もあるが、執行部の提案には批判的な意見も結構出される。ベトナムのほうが、参加者が言いたい放題のことを言っているように思える。

「過激」な発言としては、現在ベトナムの大学では、「マルクス・レーニン主義哲学」「ホー・チ・ミン思想」「共産党史」合計一〇単位が必修科目とされているが、これらの科目は、学生からは無味乾燥な暗記科目とみなされ、カリキュラムが過密になる原因でもあるので、必修からは外したほうがよいのではないか、といった意見がある。

こうした会議で参加者が勝手なことを言って収束の方向が見えないというのは、ベトナムの政治文化の表現と言えようが、これでは何も決まらない。日本でも、たまに部局長会議で激論がかわされるということはあるが、日本でこうなると、学長の「鶴の一声」では会議は収まらなくなり、もめた議題は継続審議になってしまう。これに対して、ベトナムでは、まったく収束の方向が見えないような論争が行なわれても、最後に学長ないし議長が「会議の結論」ということでそれまでの議論をまとめ、一定の方向性を提示して、おしまいになる。相当に強引な「結論」でも、それにあえて異議を唱える人は、私のこの間の経験ではいない。

このような学長権限は、重要な人事を決定するのは共産党で、学長は共産党が信任しているという仕組みに裏付けられている。言いたい放題の会議と、共産党の「指導」に支えられた学長権限が組み合わさって、ベトナムの大学は動いているわけである。

ベトナムの宗教

二〇〇九年のベトナムの国勢調査では、宗教状況に関する統計が公表されている。これによると、自分は特定の宗教の信者であるとして、自分が信じる宗教名をあげた人の総数は約一八六五万人で、当時の総人口八五八五万人の約二一・七%だった。日本でも特定の宗教を信じている人の数は人口の二〜三割程度なので、特にベトナムの数値が低いわけではないが、国民の多くが南方上座部仏教やイスラームを信仰している周辺の東南アジア諸国に比べると、やや特異な数値である。これは、共産党が政権を取っているベトナムでは「無宗教」と答える人の数が多いことを反映しているように思われる。

もっとも、こうした数値から、ベトナム人が宗教心が低いといった結論を引き出すのは早計であろう。私の勤めている日越大学では、二〇一六年七月に借り上げの新校舎が完成し、そこに移転することになったが、ベトナム人スタッフから吉日を選んで入居式（ベトナム語では入宅礼 Lễ Nhập trạch）をという提案があり、高名な仏教僧にお願いをして入居式を行なってもらった。日越大学は公立大学だが、そこでも新築の施設に入るには宗教的な縁起を担ぐほうがよいと考える人が多いようだ。

もう一つ例をあげておきたい。ハノイのノイバイ空港から日本の援助でできたニャッタン橋という橋を渡って市内に入ったところに、ヴォーチコン通りという新しい通りがある。この通りが高架のハノイの環状自動車専用道路にぶつかる手前の道の真ん中に、大きな榕樹（ガジュマル）の木と、古い門がある。これは、ギアド村のチュンニャ部落の門（チュンニャ＝中衙門）である。ギアド村は、一〇一〇年にハノイへの遷都を行なった直後の一〇一一年に李《リ》朝の太祖李公蘊（リ・コン・ウアン Lý Công Uẩn 974〜1028）（「太祖」はベトナム、中国、朝鮮で王朝を開いた初代の皇帝におくられた廟号。八一ページ参照）が命名したと言われる由緒ある村で、チュンニャ門もその脇の榕樹も古くから地元民に親しまれてきたものだった。

そこに道路建設計画が出され、門も木も計画されている道路の真上にあることがわかると、地元民からその保存に強い要望が出された。一一世紀から続く由緒ある村のシンボルのような門や木を破壊するとどんな祟りがあ

写真1-6 ハノイ大教会。(2014年。筆者撮影)

るかわかったものではないという話まで出てくると、ベトナムの当局や建設会社は弱い立場に追い込まれる。結局、チュンニャ門もその脇の榕樹も、ヴォーチコン通りの中央分離帯の中に保存されることになった。

さて、先に紹介した統計に話を戻すと、信者の多い宗教は、仏教が約六八一万人、カトリックが約五六八万人、カオダイ教(ベトナム独自の新興宗教)が約三八一万人、ホアハオ教(仏教系の新興宗教)が約一四三万人、プロテスタントが約七三万人、イスラームが約七万五〇〇〇人となっている。このうち仏教は、ベトナムでは周辺のカンボジア、ラオス、タイなどの南方上座部仏教とは異なり、禅宗を中心とした大乗仏教(北伝仏教)が主流である。

カトリックは、一六世紀以来、ヨーロッパの宣教師による布教活動が展開されて広まったが、現在では総人口の六・六%の信者を擁し、ベトナムは、フィリピン、東チモール、韓国に次いで、カトリックの布教が成功したアジアの国である(写真1-6)。独立王朝時代には、しばしばカトリックへの迫害が起こった。にもかかわらずカトリックがしぶとくベトナムに根をおろしていった背景には、地方政権が中央政権の意に反してカトリックを

写真1-7　ヴィン大学のホー・チ・ミンの祭壇。（2012年。筆者撮影）

保護するような動きがあった。王朝の迫害はフランスの植民地支配形成の口実にもなった。植民地支配下で大きな勢力になったため、しばしばカトリックは植民地主義の手先のように見なされ、インドシナ戦争からベトナム戦争の時期にかけては共産主義者に対抗する政治勢力にもなった。今ではカトリックと共産党政権との緊張は薄れており、むしろ最近では、西北地方や中部高原の少数民族の間で活発な布教活動を行なっているプロテスタントの一部の宗派が政権との間で緊張を作りだしている。

カオダイ教は、一九二〇年代以降、南部で急速に信徒を拡大した新興宗教で、儒教、道教、仏教、キリスト教、イスラームの五教の教えを土台とし、孔子、老子、釈迦、観音菩薩、キリスト、ムハンマド、李白、老子、ソクラテス、トルストイ、ヴィクトル・ユーゴーなどを聖人や使徒と仰ぐ、いかにもベトナムらしい宗教で、南部のカンボジアとの国境のタイニン省に総本山がある。

イスラームは、かつてチャンパ王国を築き、今は少数民族となっているチャム人の一部に信仰されている。

こうした宗教統計には出てこないが、道教はベトナムに最も早く伝わった宗教であり、現在もかなりの影響力を持っている。この道教とベトナムのアニミズム信仰が結びついて一九世紀にできたのが、「聖母道」と言われる独自の信仰である。聖母道の神々は、「レンドン」という儀礼を通じて、霊媒に乗り移って予言などを行なう。レンドンは独立ベトナムでは腐敗した封建的迷信として排斥されてきたが、まだ多数の戦争行方不明者がいる状況ではその遺骨さがしでも「活躍」の機会があり、最近ではむしろ伝統文化と考えられるようになってきている。

ベトナムの宗教はこのように多様であり、ベトナム人の宗教観は日本人に似て多神教的発想が強い。カオダイ教は自分自身の中に世界の三大宗教を取り込んでいるが、ベトナムの寺院には仏以外に道教や民族英雄を祀ったところが多く、日本の神仏分離以前のような様相を持っている。最近では、独立の父ホー・チ・ミンも神として祀られるようになってきている（写真1－7）。民族英雄がしばしば祭祀の対象になっているベトナムでは、これ自体は不思議なことではなく、ベトナムで祀られる神々に、また新しい要素を加えたということになるのだろう。地上の社会に似て、ベトナムの神々の世界も、いろいろな神様が勝手なことを言い合っているのだろうか。

多民族国家ベトナム

ベトナムは、その民族的構成から見ても、多元的な社会である。ベトナムは多民族国家であり、国家が公認している民族（エスニック・グループ）は、多数民族であるキン族（狭義のベトナム人。ベト族とも呼ばれる）を含めて五四である。二〇〇九年の国勢調査で、キン族は人口の約八六％を占めている。一人一人のベトナム人は、民族籍を持っており、自分の民族的帰属は身分証明書などにも明記されている。

ベトナムを構成する民族は、言語を基準とすると、次のように分類できる（数字は二〇〇九年の国勢調査時の人口）。

- ベト・ムオン語系…キン族（七三五九万）、ムオン族（一二七万）など。
- タイ・カダイ語系…タイー族（一六三万）、ターイ族（一五五万）、ヌン族（九七万）、サンチャイ族（一七万）など。
- モーン・クメール語系…クメール族（一二六万）、バーナー族（二三万）（写真1－8）、セダン族（一七万）など。
- マレー・ポリネシア語系…ザライ族（四一万）、エデ族

写真1-8　バーナー族の家（ハノイの民族学博物館）。（2016年。筆者撮影）

（三三万）、チャム族（一六万）など。
・シナ語系…ホア（華）族（八二万）など。
・ザオ・モン語系…モン族（一〇七万）、ザオ族（七五万）など。
・チベット・ビルマ語系…ハニ族（二万）、ロロ族（四五〇〇）など。

これを見ると、ベトナムには、キン族の他に、タイやラオスの主要民族であるタイ系の人々、マレーシア、インドネシア、フィリピンの主要民族であるマレー系の人々、ミャンマーの主要民族であるビルマ系の人々、東南アジアに多数居住する華人など、東南アジア全体を集約したような、多様な系統の民族が居住していることがわかる。

こうした民族構成の多様性は、ＡＳＥＡＮ（東南アジア諸国連合）の加盟国として「東南アジアの中のベトナム」を強調している現在のベトナムにとっては、ベトナムの東南アジア的性格を端的に物語る特徴として貴重な資産となっている。

ベトナムの少数民族は、総人口の一四％あまりを占めるにすぎないが、ベトナムの近現代史では、この人口比率よりもはるかに大きな役割を果たしてきたと言ってよいだろう。

ベトナムの少数民族は、華人やメコンデルタに住むクメール人を除くと、基本的には高地や山岳地帯に住む山岳民族である。少数民族が住む山岳地帯は、人口過疎地ではあるが、戦争では戦略的にきわめて大きな役割を持つ。一九四五年にベトナム民主共和国の成立をもたらしたベトミン（ベトナム独立同盟）運動の根拠地だった越北地方、五四年にフランスとの間のインドシナ戦争の最後の決戦の部隊となったディエンビエンフー、七五年にベトナム戦争に終止符を打つ軍事作戦が開始されたバンメトートは、いずれもこうした山岳地帯であったことを見ても、このことはよくわかる。ベトナムの近現代史が戦争の連続だったことが、少数民族の意味を高めることになった。

こうした戦争を勝ち抜いて今日のベトナム社会主義共和国を築いたベトナム共産党や政府からすれば、自分たちの戦争に貢献した少数民族は大切な恩人である。もちろん民族によっては、戦争の時に共産党に敵対する側に立つ者が多く、そのことが後世に問題を残したケースもあるが、大局的に見ると、戦争への貢献が今日のベトナムで少数民族の地位を向上させるのに通じたと言ってよいだろう。

狭義のベトナム人の民族名称であるキンは、漢字で書くと「京」になる。「京人」すなわち、文明の光輝く都に規定された都人というキン族の民族名称には、周辺の文明の光が及んでいない他民族に対する優越感がこめられている面はある。

少数民族に対する差別という問題は、ベトナムにも存在している。しかし、現在のベトナムで、少数民族出身という出自はそれほど否定的な意味を持ってはいない。現在のベトナムでは大学進学率が高まり、少数民族の中にも大学進学を目指す人が生まれているが、ベトナム政府は、少数民族出身者に対し、大学入試に際して優遇措置を実施している。これを見て、もともとはキン族として育った学生が、両親のどちらか、あるいは親族に少数民族がいるような場合、民族籍をキン族から少数民族に変更したいと願い出るケースが少なからず出ている。

無論、少数民族を巡って問題がないわけではない。現在のベトナムは、急速な経済発展をとげているとはいえ、依然、貧困は大きな問題であり、深刻な貧困は少数民族の間に集中している。二〇一二年の数値で、民族ごとの一人平均の収入は、多数民族であるキン族を一〇〇とした場合、タイー族が六四・六三、ターイ族が四四・八四、ムオン族が六五・五三、ヌン族が六七・七九、モン族が四三・九六、ザオ族が五〇・七六、その他少数民族が六二・五〇となっており、現代ベトナムの貧富の格差は、民族間格差という面を強く持っている。

在外ベトナム人

現在のベトナムの多様性ということでは、民族問題と並んで、在外ベトナム人(「越僑」と呼ばれることもある)の存在を指摘しておくべきであろう。

ベトナム戦争の終結までは、ベトナム本国以外に存在する比較的大きなベトナム人コミュニティは、カンボジア、ラオス、タイなどの周辺国と、かつての植民地宗主国だったフランスに限定されていた。

これが急増したのは、ベトナム戦争終結後、新体制になじめない人々が、難民として脱出するようになってからである。同様の難民は、隣国のカンボジア、ラオスからも発生し、ベトナムを含む三国から脱出した「インドシナ難民」は、七九〜八二年を頂点として、合計で一四四万人に達したと言われる。米国をはじめ、多くの国が難民を受け入れたが、日本も一九七八年から二〇〇五年までの間に一万一三一九人の「インドシナ難民」を受け入れ、うち八六五六人がベトナム人だった。

ベトナムの経済発展が軌道に乗ってからは、難民の流出は減少し、代わって、出稼ぎや留学、結婚などで海外に渡航しそのまま外国に定住する人が増えている。

最大の在外ベトナム人人口を有しているのは米国で、その人数は二〇一二年の推計で二二〇万人に達するといわれている。難民となって流出した人々およびその子弟を中心とする在米ベトナム人の間では、現在のベトナム本国の共産党政権に反発する人も少なくなく、ベトナム国内の人権や民主主義の抑圧を批判するとともに、旧南ベトナム政府(ベトナム共和国)の国旗をベトナム人コミュニティのシンボルとして承認するよう求める請願を米国の地方議会に提出するといった運動を展開している。

こうした反共的な在米ベトナム人の動きを、ベトナム本国の共産党や政府が、「和平演変」(社会主義体制の平和的転覆)を図るものと今なお警戒していることは事実だが、これは、共産党や政府の対応の一面でしかない。

ベトナムが統一されたということは、現在のベトナム国民の中には、ベトナム戦争に様々な立場でかかわった人々を包摂していることを意味している。このような状況で、体制が過度に歴史にこだわり、ベトナム戦争をどのような立場で担ったのかで人々を分類するような姿勢をとることは、経済建設というベトナムにとっての焦眉の課題に人材を結集する上では、かえってマイナスにならざるをえない。ベトナムでは、このような分類が実施され、旧南ベトナム政権関係者には社会的上昇の機会が閉ざされるような事態も一時存在し、これが難民発生の一因にもなっていた。

八〇年代後半に開始された「ドイモイ」は、ある意味で、ベトナムがベトナム戦争勝利の栄光に浸っているだけでは前進できないことを直視し、「歴史を越える」ことを試みるものであった。「ドイモイ」開始の直前から、国内に住んでいるベトナム人をベトナム戦争期の立場で色分けするのをやめることが宣言され、また「ドイモイ」の進展にともなって、七五年以後いかなる形で外国に脱出した人であっても、つまりは難民として出国した人であっても、その人が現在のベトナムの経済建設に貢献しようという気持ちを持っているならば、「愛国者」として処遇し、その一時帰国や本国への投資、経済活動への参加を期待することが表明されるに至っている。

こうした政策は、その後、いっそう明白になり、二〇〇四年の共産党政治局の決議では、在外ベトナム人をベトナム「民族」(ネーション)の不可分の一員とみなすことが提起され、この考えは二〇一三年に改定された憲法の一九条にも、「外国に定住するベトナム人も、ベトナム民族(ネーション)共同体の不可欠の一員である」という形で明記された。

このような共産党、政府の政策転換の契機となったのは、在米ベトナム人の経済力だった。ベトナムが経済的苦境にあり国家の外貨準備高が数千万ドル台に低下していた八〇年代、在米ベトナム人からの本国の家族や親族への小包だけでも、その金額は五億ドルにのぼったという。

ただし、ベトナム戦争による分断、それから派生した難民という形での分断を、ベトナム社会が乗り越えるには、なお相当の歳月が必要と思われる。

ベトナム語の表記法

ベトナムは、以前は日本や朝鮮と同じように、中国を中心とする漢字文化圏に属していた。しかし、現在のベトナムでは、ベトナム語のローマ字表記法が正書法として採用されており、書籍や新聞もすべてローマ字で表記されている。ここにも異質なものが共存しているベトナムらしさが表れていると思われる。

ベトナム語の起源は、クメール系の言語にタイ系の言語が重なって形成されたと言われているが、その後の一〇〇〇年間にわたる中国の直接支配と文化的影響の中で、公式の文書は漢字・漢文で表記されるようになり、漢字文化の影響が深く浸透した。ローマ字で表記されるようになった現代ベトナム語でも、その語彙の七割は漢語に起源がある。

独立王朝時代のベトナムにとって、漢字は中国という個別国家のものではなく、ベトナムや中国を含む中華文明という普遍的な文明の「聖なる文字」だった。先に述べたように、ベトナムでも科挙試験という官吏登用試験制度があったが、これは知識人の漢字漢文の理解力を問う試験で、伝統的なベトナム知識人は漢字文化と固く結びついていた。

もっとも、漢字でベトナム語を表記するには限界があり、ベトナムでも字喃《チューノム》と呼ばれる固有文字がつくられるようになった（写真1－9）。字喃は、漢字の部首を組み合わせてつくられた、日本の万葉仮名によく似た文字で、詩などの文学的作品を書き表すのに使用されていた。この字喃は、日本の仮名や朝鮮のハングルのような簡略な文字ではなく、漢字の知識がないと使いこなせない文字で、漢字漢文を理解した知識人を超えて一般民衆の間

写真1-9　ドンホー版画絵「嫉妬」。（文字は字喃）

に普及することはなかった。

　これに対してベトナム語のローマ字表記法は、一七世紀に布教に訪れたカトリックの宣教師が考案したものである。一九世紀後半にベトナムを植民地化したフランスは、漢字漢文がベトナムで果たしてきた役割をフランス語で取って代わることを試みた。植民地政権の公文書はフランス語で表記されるようになり、知識人を漢字文化と結びつけてきた科挙試験も廃止され、学校教育でもフランス語教育が重視されるようになった。フランスは、ベトナム語のローマ字表記法を、ベトナム人に対するフランス語普及の補助言語として、教育や行政に広く導入した。

　当初、ベトナムの知識人の多くは、ローマ字表記法を植民地支配と同一視して反発した。しかし、二〇世紀の初頭になって、知識人が、民衆を含めた民族的な団結を形成するためには民衆への文字普及が不可欠であると考えるようになると、漢字を知らないと活用できない字喃の限界は明白で、ローマ字表記法のこの面での優位性を承認するようになった。

　ベトナム人はローマ字表記法を「クォックグー（漢字で書くと国語）」、すなわち「われわれの文字」と呼ぶようになり、その表現能力の向上に努めるようになる。こうして、一九四五年にベトナムが独立を宣言する頃には、ローマ字化されたベトナム語は小説や科学論文を書き表すことのできる言語に成長し、独立ベトナムの行政、教育における正書法として定着した。

　ローマ字表記法＝クォックグーの定着は、識字率の向上など、ベトナムの発展に大きな貢献をした。しかし、一面では、漢字文化の伝統から現代ベトナム人を切り離す事態を引き起こしている。ベトナム人の名前は、ホー・チ・ミン＝胡志明など、大半が漢字で表記できるが、現在のベトナム人の大半は自分の名前の漢字表記を知らない。現代でも語彙の七割が漢語起源という中で、漢字の知識が失われることは、現代ベトナム語の発展という点からも由々しき事態であると考える人も出てきて、最近のベトナムでは中等教育での漢字教育復活を提唱する動きも生まれている。

ベトナムの文化、日本の文化

ベトナムも日本もともに、もともとは水稲栽培を中心とする農業を基盤として発展した社会であり、前近代には中華文明の影響を強く受け、近代には西洋文明の影響を強く受けたという共通点を持っている。外来文化の受容に積極的で、外来文明と土着文化が重なって文化の多様性を形作っている点でも、よく似た面を持っている。

しかしながら、現代ベトナムの代表的歴史学者のヴー・ミン・ザン（Vũ Minh Giang）氏が指摘しているように、ベトナムと日本の文化は、相似しているとはいっても、どちらかの文化から推し量って相手も同じだろうと考えるのは危険で、右手と左手が一見よく似ているが、違いも大きいことを認識しなければならないというのが、正論であろう。

たとえば、政治文化では、日本は「上からの指導」が大きな役割を果たしてきた「お上は強く、民は弱し」の社会であるのに対し、ベトナムは「下からの創意」が大きな役割を果たしている「お上は弱く、民は強い」社会である。

ベトナム人は状況に融通無碍に対応するのに優れ、柔軟であるのに対して、日本人は原則的であり、紀律を重んずるなど、ベトナムと日本の対照性がきわだっている面も多数ある。

この臨機応変、融通無碍なベトナムの特質を「水」にたとえるベトナムの研究者もいる。ベトナムの農業が水稲耕作を基盤としていること、そのような農業が生産する米と野菜に加えて水産物がベトナム人の食事の基本になっていること、「水」を表すベトナム語のヌォック（nước）は同時にクニという意味を持っており、水＝クニという等式が成立していることなど、ベトナム文化における「水」の重要性を示す例は多数ある。

自動車やオートバイが一見無秩序に自分の行きたい方向に突っ込んでくる運転が基本のベトナムの大都市の道路で、それなりに交通が流れているのも、「水」の流れのようなものと考えると納得がいくような気もする。

楊雲娥（ズオン・ヴァン・ガ　Dương Vân Nga　952~1000）

一〇世紀の丁《ディン》朝の丁部領（ディン・ボ・リン　Đinh Bộ Lĩnh）、黎《レ》朝の黎桓（レ・ホアン　Lê Hoàn）という二人の皇帝の皇后になった女性。九六八年、丁部領は、内乱を制圧し、大勝明皇帝を名乗って丁朝を開き、当時、一六歳だった楊雲娥を皇后にした。丁部領には五人の皇后がいて帝室の内紛が絶えず、九七八年、丁部領は皇太子とともに暗殺され、楊雲娥の子供の丁全（ディン・トアン　Đinh Toàn）が皇位を継ぎ、楊雲娥は皇太后になった。国内の混乱が続き、チャンパや宋もベトナム攻撃の機会を狙う危機的な状況の中で、武将たちは、幼少の皇帝に代わり、丁朝を代表する武将だった黎桓を皇帝に推戴するように要請した。楊雲娥はこの要請を入れ、黎桓を帝位につけ、ここに黎朝（前黎朝）が成立した。即位したばかりの黎桓は、宋の侵攻を退けた。黎桓も五人の皇后をたてたが、その中には楊雲娥もいた。つまりは、楊雲娥は二人の皇帝の皇后になったわけで、両朝皇后などと呼ばれた。

二人の夫を持つことになった楊雲娥は、儒教道徳に凝り固まった後世の王朝の歴史編纂者からは、非難の目で見られた。『大越史記全書』の作者、呉士連（ゴ・シ・リエン）も、両朝皇后の出現を批判している。もっとも、丁朝と黎朝の都が置かれたホアルー（ニンビン省）では、両朝皇后は不道徳とは見なされず、現地の神社では、長らく丁部領、楊雲娥、黎桓の三人の像を並べて拝めるようになっていた。この三人をいっしょに祀ることを禁じたのは、儒教的観念が普及する後黎朝の末（一八世紀）のことだった。現在のベトナム史学では、楊雲娥が自分の子供のことだけを考えて行動したら、宋の侵攻に有効に対処しえなかったかもしれないので、楊雲娥の決断は優れた政治的判断だったとする研究者も少なくない。

ホアルーにある黎王を祀った神社にある楊雲娥像。

2 地域区分

ベトナムの国土は南北に細長く、北端と南端では一六五〇キロメートル離れているが、幅は狭く、中部の一番狭いところでは、海岸からラオスの国境まで五〇キロメートル以下しかない。

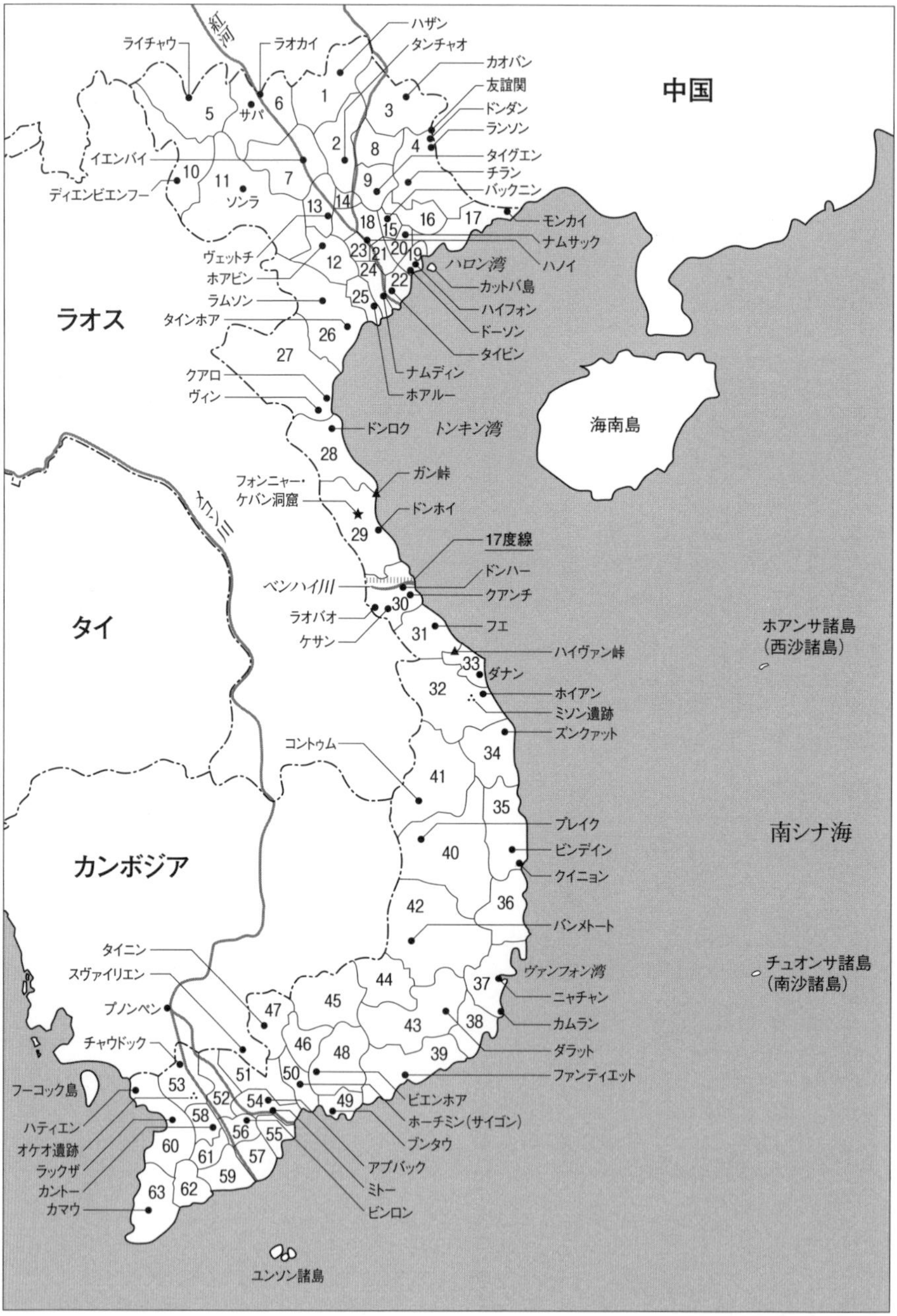
中国
ラオス
タイ
カンボジア
海南島
トンキン湾
ハロン湾
南シナ海
ヴァンフォン湾
紅河
メコン川
ベンハイ川
ホアンサ諸島
(西沙諸島)
チュオンサ諸島
(南沙諸島)
ユンソン諸島
フーコック島
ライチャウ
ラオカイ
ハザン
タンチャオ
カオバン
友誼関
ドンダン
ランソン
タイグエン
チラン
バックニン
モンカイ
ナムサック
ハノイ
カットバ島
ハイフォン
ドーソン
タイビン
ナムディン
ホアルー
サパ
イエンバイ
ディエンビエンフー
ソンラ
ヴェットチ
ホアビン
ラムソン
タインホア
クアロ
ヴィン
ドンロク
ガン峠
フォンニャー・
ケバン洞窟
ドンホイ
17度線
ドンハー
クアンチ
ラオバオ
ケサン
フエ
ハイヴァン峠
ダナン
ホイアン
ミソン遺跡
ズンクアット
コントゥム
プレイク
ビンディン
クイニョン
バンメトート
ニャチャン
カムラン
ダラット
ファンティエット
タイニン
スヴァイリエン
プノンペン
チャウドック
ビエンホア
ホーチミン(サイゴン)
ブンタウ
アプバック
ミトー
ビンロン
ハティエン
オケオ遺跡
ラックザ
カントー
カマウ
1
2
3
4
5
6
7
8
9
10
11
12
13
14
15
16
17
18
19
20
21
22
23
24
25
26
27
28
29
30
31
32
33
34
35
36
37
38
39
40
41
42
43
44
45
46
47
48
49
50
51
52
53
54
55
56
57
58
59
60
61
62
63

図2-1 ベトナム全図

ベトナム社会主義共和国　省・都市名（2017年現在）

1　ハザン
2　トゥエンクアン
3　カオバン
4　ランソン
5　ライチャウ
6　ラオカイ
7　イエンバイ
8　バックカン
9　タイグエン
10　ディエンビエン
11　ソンラ
12　ホアビン
13　フート
14　ヴィンフック
15　バックニン
16　バックザン
17　クアンニン
18　ハノイ市（中央直轄市）
19　ハイフォン（中央直轄市）
20　ハイズオン
21　フンイエン
22　タイビン
23　ハナム
24　ナムディン
25　ニンビン
26　タインホア
27　ゲアン
28　ハティン
29　クアンビン
30　クアンチ
31　トゥアティエン＝フエ
32　クアンナム
33　ダナン（中央直轄市）
34　クアンガイ
35　ビンディン
36　フーイエン
37　カインホア
38　ニントゥアン
39　ビントゥアン
40　ザライ
41　コントゥム
42　ダクラク
43　ラムドン
44　ダクノン
45　ビンフォック
46　ビンズオン
47　タイニン
48　ドンナイ
49　バリア＝ブンタウ
50　ホーチミン市（中央直轄市）
51　ロンアン
52　ドンタップ
53　アンザン
54　ティエンザン
55　ベンチェ
56　ビンロン
57　チャビン
58　カントー（中央直轄市）
59　ソクチャン
60　キエンザン
61　ハウザン
62　バックリュー
63　カマウ

概観

ベトナムは、アジア大陸の南東端のインドシナ半島に、南シナ海（ベトナムでは東海＝ビエン・ドンと呼ぶ）に面してS字形の国土を有する（図2－1）。北には紅河デルタ、南にはメコンデルタという二つの大河が作った平野が広がっているが、その間は、ヒマラヤ山脈から続くチュオンソン山脈が海に迫る山岳地帯と狭い海岸平野が展開している。

ベトナムの国土は南北に細長く、北端と南端では一六五〇キロメートル離れているが、幅は狭く、中部の一番狭いところでは、海岸からラオスとの国境まで五〇キロメートル以下しかない。

面積は約三三万平方キロで、日本から四国の面積を外したくらいの大きさである。この国土の四分の三が山岳・丘陵地帯で、平野は四分の一しかない。山はそれほど高くなく、大半が一五〇〇メートル以下だが、西北地方にある最高峰のパンシーパンは三一四三メートルある。

近年、南シナ海の島々の領有権をめぐって中国との緊張が高まっているため、ベトナム国内で使用されている地理の教科書では、ホアンサ諸島（中国名「西沙諸島」）、チュオンサ諸島（中国名「南沙諸島」）がベトナムの領土であり、南シナ海にはベトナムの領海が広がっていることを、強調するようになっている（図2－2）。

ベトナムの気候は、中部のフエとダナンの間にあるハイヴァン峠を境にして、南北に二分されている。以北は亜熱帯モンスーン気候で、北東の季節風に乗って中国から下がってきた雲が一日中空を覆い、降水量は少ないが冷たい霧雨が降る冬がある。これに対して以南は熱帯モンスーン気候で、雨季と乾季しかなく、年間を通じて暑

図2-2 海上国境の強調

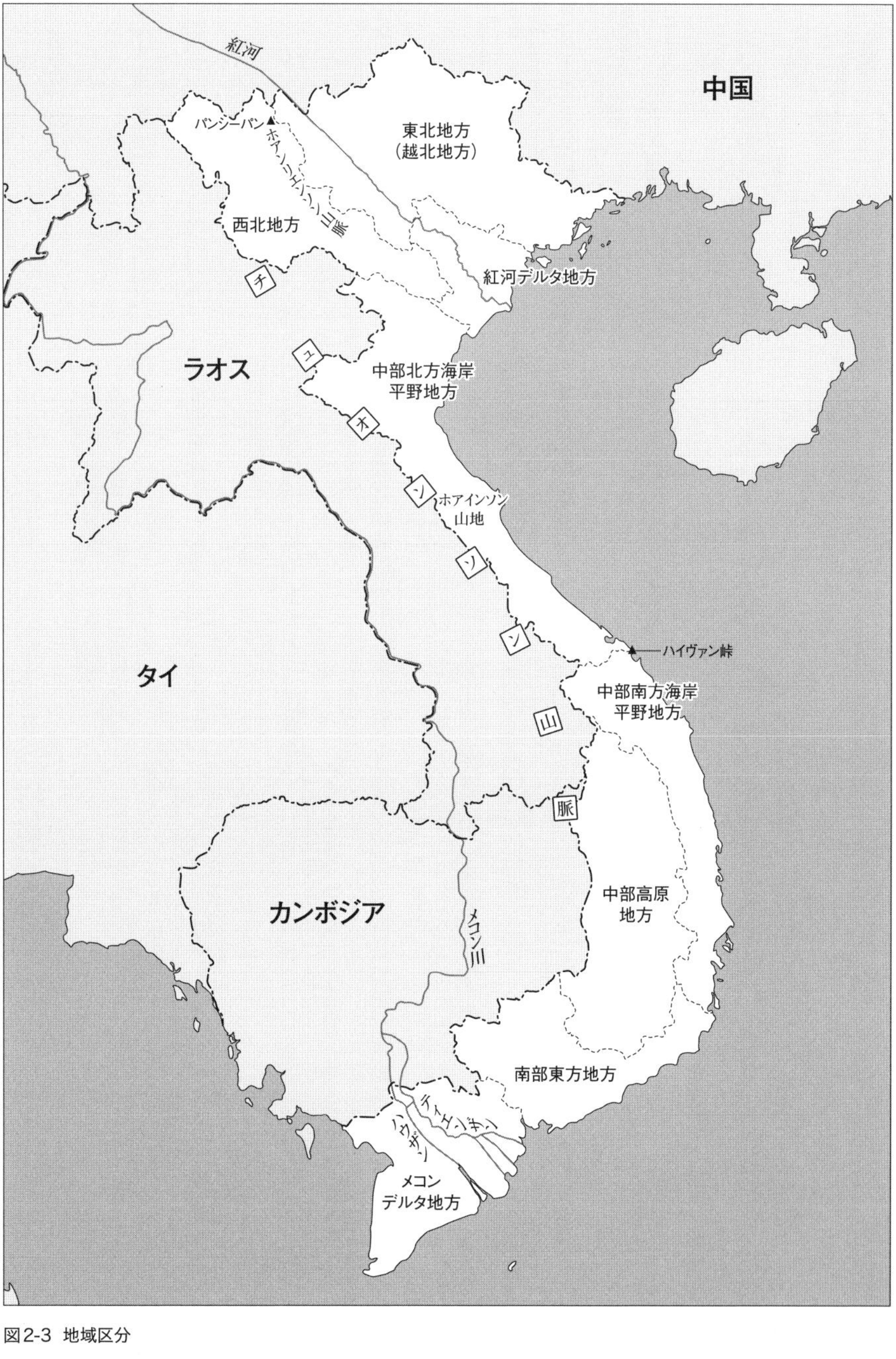
紅河
中国
パンシーパン
ホアンリエンソン山脈
東北地方
（越北地方）
西北地方
紅河デルタ地方
チ
ュ
オ
ン
ソ
ン
山
脈
ラオス
中部北方海岸
平野地方
ホアインソン
山地
ハイヴァン峠
タイ
中部南方海岸
平野地方
カンボジア
メコン川
中部高原
地方
南部東方地方
ティエン川
ハウザン川
メコン
デルタ地方

図2-3　地域区分

い日が続く。北のハノイでは一月の平均気温が一六度、七月の平均気温が二九度であるのに対し、南のホーチミン市では一月が二六度、七月が二七度である。地域によっても年によっても多少の差があるが、南北を通じて、五月から一〇月までが雨季、一一月から四月くらいまでが乾季である。

ベトナムでは、地形や生態から、全国を八つの地方に区分することが多い（図2－3）。

- 紅河デルタ地方…ハノイを中心とする北部の平野地帯
- 東北地方（越北地方）…中国と国境を接する北部の山岳地帯
- 西北地方…ラオスと国境を接する北部の山岳地帯
- 中部北方海岸平野地方…中部の北方の海岸平野とその後背山地
- 中部南方海岸平野地方…中部の南方の海岸平野とその後背山地
- 中部高原地方…ラオス、カンボジアと国境を接する中部の高原・山岳地帯
- 南部東方地方…ホーチミン市周辺の南部の平野地帯
- メコンデルタ地方…南部のメコン川のデルタ地帯

紅河デルタ地方

ハノイから北西に六〇キロほど行ったところにあるヴェットチ（フート省）の町には、ベトナムの神話で建国の祖とされている雄王（フンヴォン Hùng Vương）を祀った神社がある。雄王の命日とされる旧暦の三月一〇日は、二〇〇七年以来、ベトナムの公式の祝日に指定され、この日には雄王神社で国家指導者も参加する盛大な祭礼が行なわれる。

このヴェットチからハノイにかけては、紅河の河岸段丘と自然堤防が広がる（写真2－1）。この地域こそ、現在のベトナムの多数民族であるキン族の祖先にあたる人々を担い手とする新石器文化が栄えた、いわばベトナム発祥の地だった。

東南アジアの大河のデルタが本格的に開発されるようになるのは一九世紀になってからだが、この紅河デルタの河岸段丘と自然堤防が広がる地域は、例外的に、今から三〇〇〇年あまり前から稲作が始まっていた。これは、乾季である冬にある程度の降水があり、これを利用した

写真2-1　上空からの紅河デルタ。（2015年。筆者撮影）

稲作が可能だったからである。ベトナム北部が中国の漢に支配されてからの話になるが、紅河デルタに漢が置いた交趾《こうち》郡は、紀元一世紀初頭で戸数九万二四〇〇戸、人口七二万六二三七人に達する、当時としては人口集密地域だった。

その後、ベトナムが中国から自立して以降の陳《チャン》朝の時代（一三〜一四世紀）になると、王朝による大規模な堤防建設も始まり、雨季には水をかぶる氾濫原まで開発が及ぶようになった。さらに、一七世紀になると完全締切型の輪中堤が形成されるようになり、輪中内の低地も農地として開発されるようになった。輪中堤防で囲まれた、強固な結合を持つ村落共同体が形成されていった。

こうした古い開発の歴史を持つ紅河デルタは、人口過密地帯で、二〇一四年現在で一平方キロメートルあたりの人口密度は九八三人と一〇〇〇人に近く、バックニン省、ハイズオン省、フンイエン省、タイビン省、ナムディン省は、農業地帯でありながら人口密度が一〇〇〇人を超えている。紅河デルタの面積は国土の六・三％を占めるに過ぎないが、人口は総人口の二二・八％を占める。

メコンデルタに次ぐ穀倉地帯ではあるが、人口過密のため、長く自家消費を大きく超える食糧生産は困難で、農業経営規模は零細だったが、近年の経済発展の中で野菜栽培や副業によって現金収入を拡大する農家も出現するようになっている。

また、ドイモイ開始当初は、外国からの投資もホーチミン市を中心とする南部に集中し、経済成長も南部のほうが順調だったが、中国市場を意識した投資が北部にも向かうようになり、住民の平均月収で見た場合、一九九三年から二〇一〇年の間に一七・二倍の増大が見られ、ホーチミン市を中心とする南部東方との格差も、九三年には紅河デルタが南部東方の五八％にすぎなかったのが、一〇年の七二％へと縮小し、メコンデルタとの比較では、九三年には八六％だったのが一〇年には一二五％と逆転している（もっとも紅河デルタにはハノイが含まれるため、このことは、紅河デルタ農村がメコンデルタ農村より豊かになったことを単純には意味しない）。

東北地方（越北地方）

中国の広東省、広西チワン族自治区とベトナムの間には、南嶺山脈という石灰岩質の山並みが連なっている。これに続くのが、ベトナムの東北地方の山地で、ベトナムでは「越北地方」とも呼ばれる。ここは、歴史的に、中国とベトナムが向かい合う正面の位置を占めてきた。

ハノイから国道一号線を北上していくと、ランソンという町を経て、中国との国境にある友誼関《ゆうぎかん》に至る。ここはかつてから中国とベトナムの間の関所となっており、昔は鎮南関と呼ばれ、一〇世紀のベトナムの中国からの自立後も、たびたびベトナムの征伐を試みた中国の軍隊がこの関を通ってベトナム領内に侵攻した。

中華人民共和国になってここは友誼関と呼ばれるようになったが、友好の歴史が続くようになったわけではなく、一九七九年の中越戦争の際には中国の人民解放軍のベトナムへの侵攻のメインルートの一つになった（写真2－2）。

東北地方の主たる住民は中国側に住むチワン族と同じ系列のタイ系の民族で、ベトナムではタイー族やヌン族

写真2-2　ハノイからランソンに向かう途中の要衝チラン＝鬼門関。

と呼ばれている。

このうちタイー族は、中越国境というベトナムの戦略的要衝に住むタイ系民族の間に、ベトナムの王朝や中央政府に忠誠を示すベトナムの文化が浸透した人々を作ろうとする努力が生み出した人々であり、逆にタイ系住民から見れば、ベトナムと結ぶことによって自らの地位を向上させようとした人々だった。

東北地方は、一九四五年の八月革命前の時期、ホー・チ・ミンの率いるベトミン運動の根拠地で、ベトミンは特に地元のタイー族の人々から強い支持を得た。

こうした歴史があるため、今日のベトナム社会主義共和国でも、二〇〇一年から一一年まで共産党の書記長を務めたノン・ドゥック・マイン（Nông Đức Mạnh 1940~）など、共産党や人民軍の高級幹部の中には多数のタイー族出身者がいる。

近年は、中国との経済関係の発展に伴い国境貿易も盛んになっており、山岳少数民族地域である西北地方、中部高原と比べると、この東北地方が住民の平均月収では最も高い地位を占めている。

西北地方

西北地方は中国の雲南およびラオスと国境を接する山岳地帯である。ここを走る山脈はホアンリエンソン山脈と呼ばれ、一五〇〇メートル級の山が一八〇キロメートルにわたって連なり、最高峰は三〇〇〇メートルに達する。ベトナムでは地震が最もよく発生する地域でもある。

西北地方の元来の主要民族は、タイ系のターイ族と呼ばれる民族である。ターイ族は、この地方の盆地にムアンと呼ばれる土侯国を形成した。より高度の高いところにはモン族という焼畑移動耕作民が住み（写真2－3）、近代にはアヘンの原料となるケシの栽培が広がった。

西北地方がベトナムの版図に組み込まれるのは一五世紀以降のことだが、その後も西北地方のターイ族の土侯は、ベトナムの王朝だけでなくラオスのラーンサーン王国に対する朝貢関係も維持していた。中国との「正面」だった東北地方と違って、この西北地方に対するベトナムの王朝の統治は緩やかで、ターイ族にはベトナムの文化的な影響はほとんど浸透しないまま、フランス植民地支配を迎えた。

フランスは、ベトナムとラオス国境の戦略的要衝に住むターイ族のベトナムからの離反につとめ、第二次世界大戦後のインドシナ戦争では、ライチャウのターイ族の土侯の「自治国」を支援して、ベトナム民主共和国に敵対させた。この西北地方に一九五二年以降ベトナム民主共和国の大軍が入り、ラオスも脅かされるようになったことへのフランスの対抗策が、ラオス国境に近いディエンビエンフーでの大規模な陣地構築だった。五四年にこの陣地が陥落することによって、インドシナ戦争は終結した。

その後、西北地方には平野部からキン族の移住者が入り、一九九九年のセンサスでは人口の約二一％を占めるようになった。とはいえ、西北地方の主たる住民は今日でもなお少数民族である。急峻な山岳地帯が多く、焼畑移動耕作民も残っている西北地方は、ベトナムの最貧困地域で、二〇一〇年現在で住民の平均月収は紅河デルタ比で約四七％と半分にも満たない。

近年、こうした貧困な生活を続けるモン族などの間に米国のプロテスタント系キリスト教団の布教が進み、政府は警戒をしている。

写真2-3　モン族。（1980年。筆者撮影）

中部北方海岸平野地方

中部北方は、ラオスとの国境地帯から流れくだる幾条かの河川が作る海岸平野と、その後背山地からなる。この河川は、ゆったりと流れる大陸の大河よりは日本のそれに似た急流が多く、土砂災害も頻発する。

海岸平野は、現在ではキン族の生活圏だが、ベトナムが中国から自立する一〇世紀から一四世紀にかけては、紅河デルタに成立したベトナムの王朝の影響力が安定して及んでいたのは、今日のハティン省とクアンビン省の境にあるホアインソン山地までで、かつチャンパ王国の勢いが強い時には、その影響がホアインソンを越えて北に及ぶこともしばしばあった。ホアインソン以南の中部北方海岸平野が安定したベトナムの版図となるのは、一五世紀以降のことである。

紅河デルタとは海岸に迫る山で区切られた、今日のタインホア省以南は、紅河デルタを支配する勢力に反旗を翻そうとする人々の拠点にしばしばなった。一〇世紀のベトナムの中国からの自立を導いた呉権（ゴ・クエン Ngô

写真2-4　東西回廊。ラオバオのラオス側国境ゲート。(2009年。筆者撮影)

Quyền)、前黎《レ》朝をひらく黎桓《レ・ホアン》、一五世紀に明からの独立を回復し黎朝をひらく黎利（レ・ロイ Lê Lợi）、一六世紀から一八世紀にかけて北部を支配した鄭《チン》氏、一九世紀に阮《グエン》朝を築いた阮氏が、タインホアから出た。

　このタインホアの南に位置するゲアン省も、ホー・チ・ミンをはじめとする人材をベトナムの現代史に多数輩出した地として知られている。一九世紀の前半には、阮朝のキリスト教禁令にかかわらず、ゲアン省の地方政権はキリスト教勢力を庇護した。またフランスの植民地が始まって、阮朝がこれに屈服した後も、ここでは在郷の知識人＝文紳《ぶんしん》による反仏運動がさかんだった。

　ベトナムの地図だけを見ていると、この中部北方は、閉鎖的な地域と見なされがちだが、海に開かれた地方であり、またラオスとの交通路も多数あって、ラオスを経由してタイに出るのも容易な、開かれた地だった。

　ベトナムの国土の東西の幅が最も狭くなっているこの地方は、しばしば南北の対立の境界となった。

　ハティン省とクアンビン省の境のデオガン（ガン峠）は、ベトナムとチャンパ王国の境界だった。

　二〇世紀のベトナム戦争の時期の南北軍事境界線と

なった北緯一七度線は、クアンチ省を走っている。クアンチ省からラオスに向かう九号道路（現在は東南アジア大陸を横断する東西回廊となっている）（写真2－4）沿いには、ケサンなどベトナム戦争の激戦地が続く。クアンチの南には、ベトナム最後の王朝となった阮朝の都となったフエがある。

あまり広くない海岸平野しかないこの地方は、古くから貧しい地域で、二〇一〇年の住民の平均月収で見ても、紅河デルタの約五八％で、全国八地方のうち西北地方に次ぐ低さになっている。

二〇一六年四月には、ハティン省にある台湾系のフォルモサ製鉄所の排水が原因で、海水魚が大量に死ぬという、環境汚染事故が発生した。死んで海岸に打ち上げられた魚は、ハティン省で一〇トン、クアンビン省で一〇〇トン、クアンチ省で三〇トンに及び、トゥアティエン＝フエ省でも被害が出た。

中部南方海岸平野地方

中部南方海岸平野地方とは、フエとダナンの間にあるハイヴァン峠よりも南の、クアンナム省以南の海岸平野地方を指す。この地方は、ベトナム人の祖先とは異なるマレー系の人々が担い手であったと思われるサーフィン文化という古代海洋文化が栄え、次いでチャム人によるチャンパ王国が繁栄した地だった。

この地方は南シナ海交易の要衝に位置するだけでなく、後背山地が、沈香《じんこう》、香木などの国際商品の産地だった。チャンパ王国が海上交易で栄えた理由は、この点にあった。

一五世紀はじめまではベトナムと拮抗する国力を持っていたチャンパ王国も、一四七一年の黎の聖宗（黎思誠レ・トゥ・タイン Lê Tư Thành、1442~95）（「聖宗」はベトナムや遼の皇帝におくられた廟号。李朝、陳朝、黎朝に聖宗がいる。八四ページ参照）の首都ヴィジャヤ（現在のビンディン省クイニョン付近）への攻撃を受けて衰退し、以降、この地方へのベトナム人の進出が本格化する。これを促進したのが、一六～一七世紀にクアンナムに割拠した阮氏政権だった。

写真2-5　ホイアンの海岸。(2013年。筆者撮影)

ホイアンの日本町が栄えたのも、この阮氏政権下だった(写真2－5)。

この地方は海との結びつきが強い。農耕民だったベトナム人もこの地方ではチャム人などと交わり、漁業など海と結びついた生活をするように変化していった。ビンディン省からビントゥアン省にかけてはマグロの産地で、日本への輸出も試みられている。フーイエン省やカインホア省では伊勢エビの養殖が行なわれている。良港も多く、ダナン、クイニョン、ヴァンフォン、ニャチャンや、軍港として名高いカムラン(日露戦争の際、日本へ向かうロシアのバルチック艦隊が寄港した)などの港がある。近年ではクアンガイ省のズンクァットで石油精製基地の整備が進み、あわせて港の建設も進んでいる。中でもダナン港は、大陸部東南アジアを横断してミャンマーに至る「東西回廊」の起点で、インドシナ半島全体の海の玄関口となっている。

しかしながら、狭隘な平野しかないこの地方は、紅河デルタやメコンデルタに比べると貧しい地域である。ズンクァットの石油精製基地建設や、ニントゥアン省で予定されている原子力発電所の建設(二〇一六年に計画中止)は、「貧しい中部」への支援策として位置づけられている。

写真2-6　コントゥム市の朝。（2010年。筆者撮影）

中部高原地方

中部高原地方は、もともとは、マレー・ポリネシア語系のエデ族、ザライ族、モーン・クメール語系のバーナー族などのインドシナ半島の先住民と考えられる人々が外部の大文明の影響をあまり受けないで暮らしてきた地域で、チュオンソン山脈が東側に走って海岸平野との間を隔て、河川は国境を接するラオスやカンボジアの方角に流れている、標高五〇〇メートルから一五〇〇メートルの高原地帯である。ベトナムの安定的な版図に入ったのが最も遅かった地域で、阮《グエン》朝の時代には南方の大首長はチャンパの地方国であったパーンドゥランガの王と称し、北方の儀礼的な大首長だったザライ族の「火の王」、「水の王」は、阮朝とカンボジア王に両属していた。

気候は一一月から四月までの乾季と、五月から一〇月までの雨季に分かれる。高原地帯の涼しく湿潤な気候と肥沃な土壌に恵まれ、フランス植民地時代にはコーヒーや茶のプランテーションが広がった。ベトナム戦争の終結後はコーヒー栽培がいっそう盛んになり、ベトナムをブラジルと並ぶ世界最大のコーヒー産地に押し上げている。ベトナム初のコーヒー・チェーン「チュングエン・コーヒー」も中部高原から生まれた。このコーヒー・ブームなどもあって、ここには大量の外部からの入植者が入り、一九七六年には人口の七〇%を占めていた地元の先住少数民族は、二〇〇九年には二五・五%を占めるにすぎなくなった。

中部高原は、山岳高原地帯としては、北部の東北地方や西北地方よりも豊かな地方になっているが、外部からの入植に加えて、水力発電所の開発や国立公園設定などによって、先住民にとっての土地不足が深刻化している。また二一世紀に入ってからは中部高原のボーキサイト開発をめぐり、環境破壊や中国企業の進出への懸念などが指摘されて、大きな社会的関心を集めるなど、乱開発をめぐる争点が多数存在する地域となっている。

こうした状況下の住民の不安を背景に、二〇〇一年には、大規模な騒擾事件が発生した。ベトナム政府は、この事件を、中部高原の先住民の間に以前から存在していた分離独立を求める運動とつながる「デガ福音教会」（デガは「森の人」の意味）の「扇動」によるものとして、警戒している。

南部東方地方

現在のホーチミン市が存在する地域は、メコンデルタを支配したクメール人が、ラオスや中部高原の産品を集荷するプレイ・ノコー（「森の都市」の意味）と呼ぶ交易場だった。ここにベトナム人の勢力が及ぶのは一七世紀末で、阮《グエン》氏政権は一六九八年に嘉定《ザーディン》府を置いた。

その後、ベトナム人がサイゴンと呼ぶようになったこの地は、それに隣接するチョロン（「大きな市場」の意味）（写真2-7）と呼ばれた華僑街とともに、中国南部の人口増大による米の需要の拡大で、メコンデルタで生産される米を中国に輸出する国際交易の拠点として経済的に繁栄するようになる。このサイゴンの繁栄はフランスの注目を引くことになり、一八六〇年にフランスによっていち早く占領されることになった。

サイゴンが東南アジア全体の中心に位置していることは、タンソンニュット空港からの現在のベトナム航空の旅客機の所要時間で、シンガポールとジャカルタが三時間、ヤンゴンとマニラが二時間四五分と、東南アジア各

写真2-7　チョロンの市場。(2013年。筆者撮影)

国の代表都市に三時間以内に行けることによっても、よく示されている。サイゴンの戦略的重要性を如実に示した歴史的出来事としては、太平洋戦争開戦直後の一九四一年一二月一〇日、サイゴン近郊の飛行場から飛び立った日本軍機が、シンガポールから出撃したイギリス極東艦隊の戦艦プリンス・オブ・ウエールズなどを撃沈したマレー沖海戦をあげることもできるだろう。

サイゴン川、ドンナイ川、ティヴァン川などの河川沿いに規模の大きな港が発展しており、古くからあるサイゴン港も、近年建設された大規模なコンテナ埠頭を持つカイメップ港も、いずれも河川港である。

サイゴンは、ベトナム戦争終結後、ホーチミン市と改称された。植民地時代から現在に至るまで、南部東方地方はベトナム経済の中心地として全国の経済を牽引してきた。ホーチミン市、ビンズオン、ドンナイ、バリア＝ブンタウは、重点経済発展の四角形と呼ばれており、二〇〇四年の数値で、ベトナム全国のＧＤＰの三七・四％、工業生産の四七％を占めている。また住民の平均月収で見ても、二〇一〇年現在で紅河デルタの一・四倍近くあり、全国で最も豊かな地域となっている。

メコンデルタ地方

東南アジア最大の大河メコン川は、カンボジアの王都プノンペンを過ぎたところで、二つの大きな流れに分かれる。ベトナムでは、このうち東側の流れを「ティエンザン＝前江」、西側の流れを「ハウザン＝後江」と呼び、ベトナム領に入ったところで形成されたデルタでは、この二つの流れを中心に、多くの支流に分岐する。ベトナム語でメコンのことを「クーロン（九つの龍）」川と呼ぶのは、九つの河口で海に注ぐことから来ている。

デルタの平均標高は二メートルで、大半は低湿地で長く農業の開拓を妨げてきた。一七世紀以前には、自然堤防上に住居を構えたクメール人が氾濫原に乾季稲や浮稲を栽培していたにすぎなかった。その後、中国人やベトナム人の入植が始まるが、デルタが本格的に開発されるのは、フランス植民地支配下で大規模な排水運河の掘削が可能になってからだった。一九三〇年代までに運河の総延長は一七九〇キロメートルに達し、メコンデルタは世界有数の米作地になった。今日でも全国の食糧生産の五一％を占めており、輸出米の大半を供給している。

植民地時代には北部や中部の農村とは異なる大地主制が発展し、村落の形状も、北部や中部のような集村ではなく、運河や道路に沿った散村が多く、村落共同体の結合も緩やかで開放的だった。地主制はなくなったが、メコンデルタの農村は北部や中部に比べて階層間格差が大きく、比較的経営規模の大きな農家から土地なし農民まで存在している。

メコンデルタはベトナム人と華人やクメール人との混淆が進んだ地域で、現在でも人口の六％はクメール人、二％は華人である。民族を超えた婚姻で、ベトナム人、クメール人、華人の区別が難しいケースも多数存在している一方、メコンデルタはもともとクメール人のもので、ベトナムに奪われたとして、先住民としてのクメール人（メコンデルタのクメール人は、カンボジア語ではクメール・クロムと呼ばれている）の権利回復を主張する動きがある。クメール・クロムは、自らを代表する国家を持たない民族の国際組織である「代表なき国家民族機構（UNPO）」に参加しており、ベトナム政府は神経を尖らせている。

また、八月〜一〇月の雨季のピークには、一面三メー

写真2-8　ミトーのメコン架橋。(2013年。筆者撮影)

トル近い水に没するドンタップムオイ（メコンデルタのロンアン省、ティエンザン省、ドンタップ省に跨る低湿地帯）のような地域が存在していたが、ここでも一九八四年には中央運河が開通して、奥地まで開墾可能になった。長く新規開発の可能性があるフロンティアが広がっていたメコンデルタも、フロンティアの消滅の時代を迎えている。

沿海部の砂丘列の海側には、広大なマングローブ林が広がる。マングローブ林は生物多様性をはじめとする生態系の維持に大きな役割を果たしているが、ベトナム戦争中には枯葉剤散布の被害を受け、戦後、再生が進んだものの、今度はエビの養殖などで破壊が危惧されている。また、メコンデルタは、地球温暖化に伴う海面上昇の影響をベトナムの中でも最も強く受けることが懸念されており、海面上昇が二五センチでデルタの一四％が、五〇センチだと三二％が冠水することになると言われている。

かつては運河を活用した水路が主な交通路だったが、近年、ティエンザン、ハウザンに大きな橋が完成し、ホーチミン市からデルタの中心のカントー市まで、車で三時間あまりで行けるようになり、陸上交通の事情が大幅に改善され（写真2－8）、工業化も進むようになった。

莫登庸（マク・ダン・ズン　Mạc Đăng Dung　1483~1541）

一六世紀に莫朝《マク》を開いた莫太祖。在位は一五二七～二九年と短いが、子供に帝位を禅譲した後も上皇として権力をふるった。莫登庸は、従来のベトナム史の記述では評価が低い人物だった。理由は二つある。第一は、正統王朝である黎朝《レ》の皇位を「簒奪」した反逆者とみなされたことである。莫登庸を「偽王」とする、黎朝の正統史観が後世の歴史叙述に大きな影響を与えることになった。

第二は、中国の明に対して、「罪」を認めて、罪人のように手を縛って謝罪し、かつ中越国境の係争地を明に譲ったからであった。莫登庸の「簒奪」が起きると、明は、中国が公認していた秩序に反したとして、莫氏征討のためベトナムに出兵する構えを見せた。一五四〇年、莫登庸は、自らが投降使節団を率いて中越国境の南関《ナムカン》（中国名鎮南関。現在の友誼関）に赴き、謝罪をした。明は、この謝罪を受け入れて、ベトナム出兵を取りやめ、莫登庸を「安南都統使」に任じ、その世襲を認めた。これは事実上、莫氏のベトナム支配を認めたものだった。

このような莫登庸および莫朝に対する評価は、ドイモイの開始以降、変化をしてきている。

まず、第一の「偽王」という評価については、黎朝の正統史観に現代の歴史叙述が縛られる必要はなく、むしろ莫朝の積極的な役割を認めるべきだという議論が出ている。具体的には、科挙試験での人材の登用、陶磁器生産の発展とその輸出などの経済発展、一六八の寺院が建設ないし修復されるなど文化面での成果が指摘されている。

また第二の明との関係では、明朝の中に、ベトナム征討をめぐって対立がある状況では、莫登庸の行為は、明の出兵を回避する積極的な意義を持った対応だったという議論が出ている。

ハイフォン市のチャフオン寺にある莫登庸の絵。

3 主要都市

ハノイも今や様変わりをして、高層ビルが建ち並ぶ近代的都市としての様相を強めており、天の川も町なかでは見えなくなっている。現在のハノイの最大の問題は、交通渋滞であろう。当局はバスや都市鉄道といった公共交通網の整備に力を入れているが、目に見えた改善は実現できていない。

ハノイ

ベトナムの首都ハノイは、行政区画上は中央直轄市で、その規模は二〇〇八年に隣接したハタイ省などを合併したため大きく拡大し、二〇一四年現在、面積が三三二四・五平方キロメートル（ちなみに東京都は二一八八平方キロメートル）、人口は七〇九・六万を擁している。

二〇一〇年にユネスコの世界遺産に指定された、ハノイの王宮跡のタンロン遺跡（タンロン＝昇龍はハノイの古名）からは、七世紀の唐の安南都護府にまで遡れる遺物が出土し、この地が既に北部ベトナムの中心地だったことが証明された。ベトナムの中国からの自立後、一〇一〇年に李《リ》朝の太祖がここに都を移して以来、一八世紀に黎《レ》朝が滅びるまで、歴代のベトナム独立王朝の王都だった。フランス植民地時代にはハノイにインドシナ総督府が置かれて、政治・文化の中心となり、ベトナム民主共和国の独立以降はその首都となった。

私は、ベトナム戦争終結間もない一九七七年にハノイに長期滞在していたことがある。

当時、ベトナム語の勉強に使っていた現地で出版されていた教科書には、「首都ハノイは光り輝いている」と書かれていた。確かに戦争が終わったばかりで、人々の表情は明るかったが、実際のハノイの夜は、電気事情も悪かったこともあり、大都会とは思えない暗さだった。晴れた夜、紅河の土手に登ると、満天の星空で天の川がよく見えた。「天の川がよく見える百万都市としては世界でも稀有な存在」というのが、当時私が考えたハノイ自慢の謳い文句だった。

町の中心部にはフランス植民地時代の洋館が建ち並んではいたが、当時のハノイは周辺の農村から隔絶された都市ではなく、町なかにも田んぼが広がり、水牛が歩いている、農村の延長のような町だった。経済状態が悪かったため、団地アパートでも豚やにわとりを飼っている家庭が多く、人々の生活も農村的だった。ある時、町の中心部を走っている鉄道の踏切で列車が通る時間でもないのに遮断機が下りているので、何事かと思って見ていると、逃げたにわとりが踏切を走りぬけ、その後をかごを持った鉄道員が追いかけていた。

当時の狭い意味のハノイの中心部四区（ベトナムでは「内

写真3-1　続々建設される高層アパート。（2016年。筆者撮影）

城」と呼ばれる。東京で言えば区部にあたる）は、面積が約三九平方キロメートルで、東京の江東区程度と、あまり広くなく、かつデルタのきわめて平坦な空間に広がっていて、坂が少ないので、自転車で走り回るには都合よくできた町だった。ベトナムがドイモイを開始し、その経済発展が本格化する直前の一九九〇年代の初頭、環境問題のシンポジウムがハノイで開始された折に、ある欧米の環境保護活動家がベトナムでのバイクや自動車の増加に警鐘を鳴らす発言をしたところ、会場のベトナム人から「ベトナム人は永遠に自転車を使えということか?」という反発があった。自転車の世界だったハノイも、二一世紀には完全にバイクと自動車の世界になった。

　こうして、ハノイも今や様変わりをして、高層ビルが建ち並ぶ近代的都市としての様相を強めており、天の川も町なかでは見えなくなっている（写真3−1）。現在のハノイの最大の問題は、交通渋滞であろう。「バイクと自動車の時代」になった二〇〇五年には、市内を走る交通手段の平均時速は二六キロだったというが、このまま交通事情が悪化すると、二〇二〇年には「自転車の時代」以下の九・四キロになると言われており、当局はバスや

写真3-2　飲食品店街トンズイタン通り。（2017年。筆者撮影）

都市鉄道といった公共交通網の整備に力を入れているが、目に見えた改善は実現できていない。

ハノイの都市地域は四つの地区に区分できる。第一は、町の中心のホアンキエム（還剣）湖の北に広がるハノイの旧市街である。ここは、かつての王城の東側、紅河との間に形成された庶民の商業、手工業地域で、商品を意味する「ハン」のあとに具体的な産品名がついた通りが並んでいる。たとえばハンバックは、バック＝銀製品を扱う店が並ぶ通りを意味している。一五世紀の黎《レ》朝の聖宗の時代に現在のハイズオン省のチャウケ村の出身者がここに銀の鋳造所を作ってから、もっぱらこの村の出身者によって銀にかかわる店が開かれていった歴史を持つ。伝統的なハノイの手工業・商業街は、このように農村と結びついた形で形成された。

間口が狭く奥行が長い、日本の町屋に似た構造を持つ家屋が連なるこの旧市街は、古い町並みの趣きを今日に伝えており、現在では観光客相手の土産物や飲食品店も増えて、新しいにぎわいを見せている（写真3－2）。

第二は、フランス式の洋館が建ち並ぶ街で、一九四五年九月にホー・チ・ミンが独立を宣言したバーディン広場から、ホアンキエム湖の南側、パリのオペラ座をまねて一九一一年に建てられた市民劇場あたりにかけて広がっている。ベトナム戦争時の北爆（北ベトナム爆撃）でも大規模な破壊は免れたハノイには、フランス植民地時代の景観が比較的よく保存されており、ハノイは二〇世紀初頭のフランスの南プロヴァンス様式の洋館が世界でも最もよく保存されている町と言われ、フランス政府も保存に協力している。

第三は、この旧市街、フランス式の町の外側に広がる、一九六〇、七〇年代、つまりはドイモイ以前の「国家丸抱え」方式の社会主義が実施されていた時代に、団地式の集合住宅や公共建造物が作られた地域である。ここに、「**1ベトナムはどんな国か**」で紹介した、住民が勝手に改造した「大衆住宅」が広がった。

九〇年代以降、ベトナムの経済が軌道に乗るようになって、国はこうした建造物の改造ないしは取り壊しを進めるようになったが、勝手な改造で居住空間を拡大した住民と代替地に関する折り合いがつかず、この地域の再開発は遅れた。とはいっても、さすがに今では「大衆住宅」はめっきり少なくなってきている。

第四は、この「国家丸抱え」方式の社会主義時代の建造物があった地域の外縁に現在急速に拡大している、ドイモイ時代に開発された高層ビル、大型ショッピングモール、高架の自動車専用道路などの近代的な都市的景観がハノイで最もよく見られる地域である。ハノイのニューリッチが住む高級マンションが建ち並んでいるのも、この地域である。

ハノイ市の行政区画の大拡大が行なわれた二〇〇八年、次のような「狂歌」が、人々の口から口へと伝えられた。

とっても小さな国なのにそれはそれは大きな首都
大きな首都なのにすごく狭い道
このすごく狭い道にはそれはそれは大きな別邸
大きな別邸にはそれはそれは小さくかわいいお妾さん
小さくかわいいお妾さんは大きなお偉いさんの財産
大きなお偉いさんには小さな小さな鞄
小さな小さな鞄にはそれはそれは大きなプロジェクト
大きな大きなプロジェクトなのに効果はとても小さい
効果は小さいくせに赤字は膨大
膨大な赤字は小さな過ちとしてしか扱われず
かくしてベトナムは次第次第にとても小さな国になる

ハイフォン

トンキン湾（北部湾）に面する、ベトナム北部を代表する港町。行政的には中央直轄市で、二〇一四年現在の人口は一九四万六〇〇〇人で、ハノイ、ホーチミン市に次ぐ、全国第三位の大都市である。

現在のハイフォンが存在する地域は、トンキン湾から王都ハノイに河川伝いに達する際の要衝に位置している。市の東北を流れるバイックダン（白藤）江は、一〇世紀の呉権《ゴ・クエン》と中国の南漢との戦い、黎桓《レ・ホアン》と宋との戦い、そして一三世紀の陳興道（チャン・フン・ダオ Trần Hưng Đạo）と元との戦いなどの戦場となったことで有名である。

その後、一六世紀の莫《マク》朝期には、ベトナム最初の海洋都市が建設され、またベトナムの生糸や陶磁器を求めて多くの外国船が来航した一七世紀には、西洋人がドメア（Domea）と呼んだ港が栄えた。その後は、鎖国政策や海賊の横行などで、この地域の港町はさびれるが、一九世紀の阮《グエン》朝の嗣徳（トゥドック Tự Đức 1829~83）帝の時代に、カム川の河口に港が建設され、海防のための役所が置かれた。これが海防＝ハイフォンという地名の起源となった。

しかしながら、ハイフォンが大都市として本格的に発展するのはフランス植民地時代になってからで、長くベトナムの都だったハノイと違い、都市としてのハイフォンは基本的には植民地支配の産物だった。ハイフォンはベトナム北部最大の貿易港、軍港として繁栄し、近隣のクアンニン省で採掘された優良な無煙炭であるホンゲイ炭や、中国と結ぶ雲南鉄道によって運ばれてきた物資の輸出港として栄えた。

軍事的な要衝であるハイフォンは、戦争のたびにその名前が国際的な注目を浴びた。一九四〇年の日本軍の北部仏印（フランス領インドシナ）進駐の際には、最初の日本軍部隊の上陸地になった。ベトナムの独立後、復帰を図るフランスとの間でのインドシナ戦争は、四六年のハイフォンでの衝突をきっかけに本格化した。さらに、ベトナム戦争末期の七二年、米国のニクソン政権による北ベトナム港湾の機雷封鎖の主な標的になったのもハイフォンだった。

私がハイフォンを最初に訪れたのは一九七四年で、ハ

写真3-3 ハイフォン港

ノイからハイフォンまで一〇〇キロあまりの国道五号線は、北爆で破壊された箇所が多く、五時間以上を要したが、今では高速道路で二時間弱で行けるようになった。

二〇一四年現在のハイフォン市の人口は一九四万六〇〇〇人で、ホーチミン市、ハノイに次ぐベトナム第三の都市であり、工業生産では北部ではハノイに次ぐ第二位の地位を占め、外国からの累積投資額でも北部ではハノイに次ぎ、全国でも第六位に位置している。

ハイフォン港の欠陥は、河川港のため浅く、大きな船が入れないことだったが、近年では、ディンヴーに本格的なコンテナ港ができ、二万トン級のコンテナ船の利用も可能になって、これまでは香港で積み替えをしていた一部輸出品を直接出荷できるようになった。

また、ハイフォンは「火炎樹の町」とも言われ、美しい火炎樹の並木で知られ、フランス植民地時代から避暑地として開発されたドーソンやユネスコのエコパークに指定されているカットバ島などの観光地にも恵まれ、ユネスコ世界遺産のハロン湾にも隣接している。

写真3-4 ランソン市。

ランソン

ランソン省は、中国の広西チワン族自治区と接する国境の省で、チワン族と同系のヌン族やタイー族というタイ系の民族が住民の多数を占めており、ランソン市を流れるキクン川は、中国へ向かって流れている。二〇一四年現在、省の人口は約七五万人、省都ランソン市の人口は九万二〇〇〇人あまりである。

中越国境の町ランソン市は一九七九年の中越戦争の際にも中国軍によって占領された。この戦争を取材していた日本人ジャーナリストの高野功氏が、中国軍の狙撃で亡くなったのもこの地である。私はこの戦争から一年あまりが経過した八〇年の初夏に初めてランソンを訪れているが、当時は市の中心部はまだ瓦礫の山だった。

ここはハノイから国道一号線で一五四キロあまりに位置している。東京から車で一五〇キロと言うと、東名自動車道で言えば静岡県の静岡市の手前にある日本平あたりになる。外国軍が静岡を越えて東京に迫っているとなったら、東京都民はさぞやパニックに陥るであろうが、中越戦争の際にはハノイの市民は冷静だったという。この戦争が国境地帯に限定された戦争だという認識が共有されていたせいか、ベトナム戦争終結直後のこの当時、頭の上から爆弾を落とした米軍よりは、一五〇キロ遠方に地上部隊がいるだけの中国軍に対する脅威感は少なかったのかもしれない。

ハノイとランソンを結ぶ道路は長い間整備されず、「中国軍の戦車がハノイに直進できる道路をベトナムが作るわけがない⁉」などという冗談もあったが、現在では普通の乗用車であれば二時間で行けるようになり、列車でも時速九〇キロが出せるベトナムの鉄道としては画期的な急行列車が走るようになって、ハノイから国境のドンダンまで三時間半で行けるようになった。

中国は、ランソンにとっては経済的繁栄のもとでもある。二〇一〇年のランソン市の一人あたりGDPは二六〇〇ドルで、全国平均の一一六八ドルの二倍以上に達していたが、これは中国との貿易の増大によるものである。

ナムディン

紅河河口に位置する省で、省都ナムディン市はハノイから南に九〇キロあまりのところに位置している。二〇一四年現在の省の人口は約一八五万人、ナムディン市の人口は約四八万人で、北部ではハノイ、ハイフォンに次ぐ大都市である。

一三世紀に王朝を建てた陳《チャン》氏の発祥の地で、古い歴史を有している。一五世紀の黎《レ》朝期には現在のナムディンを含む山南《ソンナム》は数多くの科挙試験の上位合格者を輩出したことで知られるが、一七世紀以降本格化するカトリックのベトナムでの宣教活動では、ナムディンは北部ベトナムでの拠点となった。

その後も住民の間でのカトリック教徒の比率は高く、今日でも、ナムディン市の大教会や隣接するニンビン省のファットジエムの教会をはじめ、数多くの大きな教会建築が存在している。

フランス植民地時代にインドシナで最大規模の紡績工場が作られ、紡績の町としても知られてきたが、ベトナ

写真3-5 ナムディン郊外農村。(2013年。筆者撮影)

写真3-6 ナムディン市のホテル。(2013年。筆者撮影)

ム戦争後の経済的混乱期には市の活気も失われた。

故桜井由躬雄氏が提唱したナムディン市郊外の旧バックコック村（現在はタインロイ村の一角）の農村調査は、日本人研究者による最も体系的なベトナム農村調査になるが、この調査が始まった一九九三年は、ドイモイの開始でようやく経済が活性化しはじめたばかりの時期だった（写真3―5）。

調査団は、ナムディン市内の公共宿泊施設である「交際所（ザオテー）」に寝泊まりしたが、施設の規模は大きかったものの、長年修理が入っておらず、施設の一部は「幽霊屋敷」のような状態だった。今では、ナムディン市内にはきれいなホテルができ、郊外には工業団地もできて、面貌を一新している（写真3―6）。

紅河の河口に近いナムディン省には、貴重な生態空間が広がっており、ザオトゥイ県にあるスアントゥイ国立公園は、ベトナム最初のラムサール条約で保護される湿地が広がっている。また、海沿いのハイハウ県では、近年の海面上昇による被害が深刻化している。

ヴィン

ハノイから、国道一号線を二九五キロあまり南下したところにゲアン省の省都ヴィン市がある。二〇一四年現在、ゲアン省の人口は約三〇〇万人、ヴィン市が約三一万四〇〇〇人である。

ヴィンは、ベトナム戦争中に、米軍機による北爆で町全体がさら地にされた地方都市の一つである。これは、ヴィンが戦争中の北から南への支援ルートの要衝に位置していたからで、国道一号線を南下してきた兵員や物資は、ゲアン省を越えてすぐ南のハティン省に入ったところで山間部を走るホーチミン・ルート（現在は、その一部は国道一五号線として整備されている）に入った。その入り口にあたるドンロクの三叉路は、一九六八年七月に輸送路を守備していた一〇名の若い女性青年突撃隊員が米軍の爆撃で犠牲になった地として有名である。今でもヴィンは陸路でラオスへ向かう交通の要衝で、クアロの海水浴場にはラオス人の姿を多く見かける。

ホー・チ・ミンの故郷キムリエン村は、ヴィンから一

写真3-7　ヴィン市の公園。（2010年。筆者撮影）

二キロのところにある。ゲアンは、ホーをはじめベトナム近現代史で名前を知られる数多くの人材を輩出したことで知られる。これは、ゲアンをはじめとする北中部が気候の苛烈な貧しい地域であったことと関連していると考えられている。夏、この地方には「ラオス風」と呼ばれる風が吹く。これは、南西の季節風がラオスから山を越えて吹き込む際、湿気が失われて乾燥した熱風になるフェーン現象を指す言葉で、これが吹くと気温は四〇度を超え、今でも熱中症による死者が毎年出ている。

また、ゲアンの貧しさを象徴するものとして、「ゲアンの人は『木魚』を見て飯を食う」という話がある。これは、昔、貧しいが学問好きだった青年が科挙試験を受けに都に上る際、おかずを買う金がなかったので、木彫りの魚を持ち、それを見ながら飯を食べたという故事によると言われる話で、ゲアンの人々の貧しさを揶揄したり、学問好きを称えたりするために使われている。

二一世紀に入ると市の面貌が一新され、ホテルやオフィスなど現代的なビルが並ぶ都市に変わった。この変化は、多くのベトナムの地方都市に共通しているように思われる（写真3－7）。

写真3-8　フエ王宮。(2013年。筆者撮影)

フエ

二〇一三年のトゥアティエン＝フエ省の人口は約一一二万あまり、フエ市の人口は約三五万人である。ハイヴァン峠の北に位置し、四季の区別がある最南端の地で、一月には最低気温が一〇度を割り込む日もある。

ベトナム語で故都（Cố đô）フエと呼ばれるように、フエは一八世紀末に成立する西山《タイソン》朝および一九世紀初頭に成立する阮《グエン》朝の王都で、一九四五年の八月革命の際の保大（バオダイ Bảo Đại 1913~97）帝の退位で、首都をハノイに譲った。フエが都市として発展するようになるのは、一七世紀に阮氏政権の拠点となってからで、当初は富春（フースアン）と呼ばれていた。

現在のフエ城は一九世紀初頭に阮朝の嘉隆（ザーロン Gia Long 1762~1820）帝、明命（ミンマン Minh Mệnh 1791~1841）帝が築いたもので、中国北京の紫禁城の様式を基本としつつ、日本の函館五稜郭などに似た星形の稜堡式城郭の様式も取り入れた宮城である。ベトナム戦争中の一九六八年のテト攻勢の際に戦場となり、荒廃が進んだが、そ

写真3-9　フエ市内のファン・ボイ・チャウ記念公園。（2013年。筆者撮影）

の後ユネスコの支援もあって復旧が進み、世界遺産に登録されている。王宮の正門にあたる午門の修復や宮廷雅楽の復興などには、日本も大きな役割を果たした（写真3－8）。雅楽の復興に日本が関わったのには、理由がある。日本には、八世紀に現在のベトナム中部にあった林《りん》邑《ゆう》（後のチャンパ）から、音楽が伝えられた。この音楽は、その後「林邑楽」として、日本の宮中雅楽の中で伝承され、今日に伝えられている。

二〇世紀初頭のフランス植民地時代に、独立を担う人材を育てるために青年を密かに日本に留学させる東遊《ドンズー》運動を提唱したファン・ボイ・チャウ（Phan Bội Châu 1867～1940）が、植民地政権によって軟禁され死亡したのはこの地だったので、フエには東遊運動に関わる史跡も多く、市の中心部のフオン川に面したファン・ボイ・チャウ記念公園（写真3－9）には、ファン・ボイ・チャウと親交のあった日本人医師浅羽佐喜太郎《あさばさきたろう》にまつわる静岡県袋井市の「浅羽ベトナム会」の尽力で作られた東遊運動記念碑があり、市の郊外の山中には、ファン・ボイ・チャウが東遊運動の盟主にかついだ阮朝皇族のクオンデ（Cường Để 1882～1951）侯の墓がある。

二〇一七年の平成天皇・皇后両陛下のベトナム訪問に際しては、ハノイと並んでフエが訪問先として選ばれた。その背景には、フエがベトナムの王朝の「故都」であったことに加えて、こうした午門の修復や雅楽の復興や東遊運動に関わる史跡の存在など、この地と日本との結びつきがあったと言えるだろう。

私がフエを最初に訪れたのは、一九九〇年のことだった。この当時に比べると、王城の修復も町の開発も格段に進んだが、フエは依然、ベトナムの旧都としての落ち着いた雰囲気を残している。

フエに独特のものは多数あるが、トウガラシを多用した辛い料理の多いこともその一つであろう。これは、一七世紀にここにベトナム人が進出した時、先住のチャム人から取り入れた文化とも言われている。辛いフエ料理は、中国の都城をモデルにした都に伝わる東南アジア的文化なのかもしれない。

ダナン

国道一号線で、ハノイから七六六キロ、ホーチミン市から九五七キロに位置するダナン市は、一九九七年に周辺のクアンナム省から分離して、独自の中央直轄市になった。二〇一四年の人口は一〇〇万人を超えている（写真3－10）。

ダナン以南は、乾季と雨季の区別しかない熱帯気候で、年平均気温も二六度近くある。

ダナンという名前の起源は、「大きな川の河口」というチャム語と言われている。フランス植民地時代にはツーランと呼ばれていた。ホイアンが衰える一九世紀からは、中部ベトナム最大の港だったので、海からベトナムをねらった勢力はダナンの戦略的位置に注目した。

フランスによる植民地化の動きは、一八五八年のダナン攻撃に始まり、ベトナム戦争で南ベトナムに投入された最初の米軍戦闘部隊である第三海兵師団が上陸したのも、ダナンの海岸だった。現在のダナン空港は、ベトナム戦争中は米軍基地で、現在でも戦争当時の枯葉剤の除

写真 3-10　ダナン市内。(2009年。筆者撮影)

染作業が米国の協力で行なわれている。

私が初めてダナンを訪れたのは、ドイモイ開始直後の一九八八年で、まだ町の活気は十分回復していなかったが、地元の政権担当者に未来志向で改革的な考えを持った人が多いのが印象的だった。この傾向はその後も継承され、二〇〇三年から二〇一三年までは、「汚職追放運動と闘士」として声望が高かったグエン・バ・タイン(Nguyễn Bá Thanh 1953-2015)が、市の共産党のトップである書記をつとめるなどした。

近年では、ダナンは、一級行政区レベルの経済的競争力ランキングでは、しばしばトップの位置を占めるようになっている。ベトナムの大都市としては都市計画がすぐれ、交通渋滞も少なく、地元の人々は、今にハノイやホーチミン市を追い抜くと、意気軒高である。

ダナンは、ベトナム中部最大の都市というだけでなく、大陸部東南アジアを横断して、ラオス・タイを経てミャンマーに至る東西回廊(二〇〇六年開通)の、太平洋岸の起点としての位置を占めるようにもなっている。

写真3-11　ホイアンの古い町並みの商家。（2013年。筆者撮影）

ホイアン

ダナンの南方三〇キロにある、トゥボン川の河口に位置する古い港町。おそらくはチャンパ王国の時代から港として栄えていたと考えられており、トゥボン川を四五キロほど遡ったところには、チャンパの遺跡ミソンがある。一六～一八世紀には阮《グエン》氏政権下のベトナム中部を代表する国際交易港として栄え、一七世紀の朱印船貿易時代には日本町も存在したことで知られる。

トゥボン川の土砂堆積が進み、大型船の入港が難しくなるなどして、一九世紀以降は国際港としての役割はダナンに奪われた。そのため、植民地時代に近代的都市として改造されることがなく、一八世紀末～一九世紀に遡る東南アジアの古い港町の景観をとどめる木造建築が数多く残る町となった。ベトナム戦争とその後の経済的困難の時代は価値ある建造物も荒廃が進み、広い世界でホイアンの名は忘れかけられていた。この危機を脱する突破口を開いたのは、ホイアンの町並みが持つ文化財的価値を生かすことがホイアンの発展の唯一の道であると考えた地元の人々の決意だった（写真3－11）。

ホイアンの町並み保存を世界に訴えるために、一九九〇年にダナンで開催された国際シンポジウムがホイアンに起死回生の機会を与えた。このシンポジウムには、日本から多くの研究者が参加したが、その後、日本の文化庁、昭和女子大学、ＪＩＣＡなどが本格的にホイアンの町並み保存に協力し、地元の人々との協力の努力は、一九九九年のユネスコによる世界遺産指定に結実した。

伝統的建造物の保存は、日本などでも、住民が求める生活の利便性と矛盾する難しい課題を持つ事業だが、ホイアンは、町全体として古い景観を維持することが、多くの観光客を呼び込み、地元民の生活向上に帰結することを、見事に証明してみせた。二〇一四年には、年間でホイアンを訪れた観光客は、のべで一七〇万人に達している。ホイアンの町並み保存事業が始まった一九九〇年代初頭には、ホイアン市内に適切な宿泊場所がなかったことからすれば、数百のホテルが林立する現在は隔世の感がある。ホイアンからダナンにかけての海岸沿いには高級リゾートホテルが建ち並んでいるが、外国人観光客だけでなく、ベトナム人の家族連れの利用も増えている。

バンメトート

バンメトート市は中部高原ダクラク省の省都で、二〇一四年現在の市の人口は約四〇万人、省の人口は一八三万人である。かつてはエデ族をはじめとする少数民族が人口の過半を占めていたが、他の中部高原各省同様、ベトナム戦争後はベトナム人（キン族）の入植者が増加し、ダクラク省でも人口の七割を占めるようになっている。

バンメトート市は標高五〇〇メートルにあり、ホーチミン市までの距離は約三五〇キロのところに位置している。私が最初にバンメトート市を訪れたのは二〇〇九年だったが、ベトナムの都市にしてはめずらしく、大きな通りが走る、よく整備された都市という印象だった。ベトナム政府からは、都市計画が最もきちんとできている町として表彰されている。

バンメトートは、一九七五年三月、のちにホーチミン作戦と呼ばれるようになる、ベトナム戦争に終止符をうつ、北ベトナム軍と解放戦線軍の軍事攻勢が開始された場所として知られている。町の中心部の六差路にある戦勝記

写真3-12　ヨックドン国立公園の象。(2010年。筆者撮影)

念塔は、この戦いにちなむものである。中部高原地帯は、ベトナム戦争中に、北ベトナムから、ラオス、カンボジア領を迂回して南ベトナムに達していた補給路であるホーチミン・ルートが南ベトナム領内に入る戦略的要衝に位置し、六五年に米軍戦闘部隊が南ベトナムに投入された際の、最初の米軍と北ベトナム軍の大規模な戦いが展開されたのも、ダクラク省の北のザライ省のイアドラン渓谷だった。ベトナム戦争の激戦地、中部高原の力関係の変化は、南ベトナム全体の戦局を左右したのである。

今日のバンメトートは「コーヒーの都」と呼ばれ、周辺の栽培面積は二〇万ヘクタールに達し、今やブラジルに次いで世界第二位の産地(ロブスタ種に限れば世界一)になったベトナムのコーヒー栽培の中心地である。しかし、このコーヒー栽培の拡大をはじめとする近年の開発の進展は、バンメトート周辺の生態環境に悪い影響を与えている。バンメトート市からカンボジア国境へ向かって車で四〇分あまりのところにあるヨックドン国立公園は、中部高原でも数が少なくなった野生の象やトラが生息する場所として知られているが、近年の森林面積の減少で野生象と住民の間の摩擦が拡大している(写真3-12)。

ホーチミン市

二〇一四年の人口が約七九八万に達するベトナム最大の都市（写真3－13）。ハノイからは陸路で一七三〇キロに位置する。現在の名称は、ベトナム戦争が終結した後の、一九七六年の南北統一国会で、国名をベトナム社会主義共和国と改称したのに合わせて、サイゴン＝ザーディン市をホーチミン市とすることが決定されて生まれた。命名した側からすれば、「ホーチミン」という「建国の父」の名前をつけることは、しばらく前まで「傀儡政権の都」と見なされてきたこの街への最大の敬意を表したもので、新しい門出を祝うものだった。ベトナム民主共和国の独立後、サイゴンはすぐにフランスに再占領された。抗仏戦争ということでは、サイゴンは全国に先駆けていた。こうした状況下で、一九四六年に召集されたベトナム民主共和国第一期国会に、全国に先んじてフランスと戦っているサイゴンに敬意を表するために、「ホーチミン市」という名前を贈ろうという提案が出されたことがある。これが、ホーチミン市という名前の起源と言われている。

しかし、これはいわば「勝者」の論理で、「征服者」として政権関係者やサイゴン市民から見ると、「北」の連中が自分たちの「首魁」の名前を押し付けてきたと見なされ、今なおホーチミン市という名に拒絶反応を示す人もいる。

もっとも、公式名称がホーチミン市になったといっても、サイゴンという名前が消えたわけではない。ホーチミン市は、旧サイゴン地区とザーディン地区を合わせた行政区画であり、市の中心の旧サイゴン地区は今もサイゴンと呼ばれており、タンソンニュット国際空港のIATAコードはサイゴンに由来するSGNが今も使用されている。「北」が好きか嫌いかにかかわらず、サイゴンは今のベトナムでも頻用されている名前である。

私がホーチミン市を最初に訪問したのは一九七八年の一月だった。ハノイから空路で行って印象的だったのは、道路が北と比べると広くて舗装もよくデコボコ道が少ないことだった。ホテルも一九五九年に作られたカラベルだったので、北のフランス風のホテルよりは「現代的」な感じがした。町の中心街の大きな建造物は、当時はフランス植民地時代に遡れるものが多く、それほど違和感

写真3-13 ホーチミン市。

はなかったが、空気の匂いが日本返還以前の沖縄に似ているように感じられ、ハノイとは異質な世界という印象だった。

南部東北地方の項でも述べたように、現在のホーチミン市がベトナムの支配下に入ったのは三〇〇年あまり前のことで、この地はベトナム人にとって新開地だった。ここは、ベトナム人が異質な人々と出会うコスモポリタン的な雰囲気が強いところだった。フランス植民地支配期の一九一四年の人口統計で見ても、当時のハノイのヨーロッパ人（大半はフランス人）・ベトナム人・華人の人口比は、三・二％、九四・二％、二・四％だったが、サイゴンは九・八％、五三・八％、三二・九％だった。華人人口はベトナム戦争後の難民流出時に大きく減少するが、その後、回復傾向にあり、二〇〇九年には四一万四〇〇〇人あまりで、依然ベトナム最大の華人集住地となっている。二〇一五年にはホーチミン市で働いている外国人は二万人に達すると言われ、ベトナムで最も多い。これに難民などで海外へ行った家族・親族を持つ人が多いことも加えると、ホーチミン市は依然として、ベトナム人にとって、広く世界に開かれたフロンティアである。

写真3-14 カントーの朝市。(2013年。筆者撮影)

カントー

メコンデルタの中心都市カントーは、二〇〇三年に中央直轄市となり、周辺とハウザン省とは区別されるようになった。二〇一四年の人口は約一二四万人である(写真3-14)。ホーチミン市からは国道一号線で約一七〇キロのところにあり、二〇一〇年までにメコン川にかかる二本の大きな橋が完成したために、現在では三時間あまりで行くことができるようになっている。

カントー大学はメコンデルタの農業開発のセンターで、農学分野を中心に日本の大学・研究機関とも長い関係を持っている大学である。カントー大学の副学長を一九八二年から九七年までつとめた農学者ヴォー・トン・スアン(Võ Tòng Xuân 1940〜)氏は、「稲の博士」として国際的に知られており、日本の九州大学で学位を取り、メコンデルタの稲作の改良に大きな貢献をした。私は一九七八年にカントーを訪問した時、スアン博士ら、カントー大学の稲作研究者と会う機会があり、ベトナム戦争が終結して平和になったメコンデルタの稲作の発展にかける熱

写真3-15 カントー市の町並み。(2013年。筆者撮影)

い思いをうかがったことがある。

スアン博士らは、七五年以降に北ベトナムでの農業集団化の経験をそのまま南に持ち込んだ共産党・政府の農業政策を批判し、のちのドイモイにつながる政策提言をしたことでも知られている。

二〇一〇年に完成した、カントー市のメコン川にかかるカントー橋は、日本のODAの支援で作られた東南アジアでは最大級の吊り橋である。

こうした交通事情の改善もあり、市近郊では工業区が発展している。ここの労働者は、近郊農村の実家から通う在郷通勤型の就労をしている人が多い。食糧や住居や子供の世話を実家に頼れる在郷通勤は、公的な福利厚生制度が未整備なベトナムでは、重要な役割を果たしており、ハノイやホーチミン市といった大都市近郊の工業区に比べると、労働争議の発生頻度も低い。

ベトナムの10人

潘清簡（ファン・タイン・ザン Phan Thanh Giản 1796~1867）

一九世紀阮《グエン》朝の高官で、植民地支配形成期にフランスとの交渉の責任者をつとめた。メコンデルタの現在のベンチェ省で生まれ、一八二六年の科挙試験で進士（科挙試験の皇帝臨席のもとに行なわれる殿試の合格者）に合格し、メコンデルタ出身の最初の進士合格者となった。その後、阮朝の明命《ミンマン》、紹治《ティエウチ》、嗣徳《トゥドック》三代の皇帝に仕えて様々な要職をつとめ、五六年から五九年にかけては、『欽定越史通鑑綱目』の編纂に参与するなど、文人としての才覚も発揮している。

五八年に始まるフランスのベトナム侵略に際しては、阮朝側の対仏交渉の責任者となり、一八六二年にはフランス軍司令官ボナールとの間にサイゴン条約を締結し、南部の東三省を割譲した。六三年にはフランス本国に赴き、賠償金の支払いを条件に東三省の返還を要求した。この和平交渉はフランスの強硬派の反対で実現せず、現地住民の抵抗を口実に侵略を、西三省にも拡大した。六七年六月にフランス軍がヴィンロン城を占領した後、八月に絶食の後、服毒自殺をした。

ザンは、植民地支配に道を開く結果になった交渉の責任者であったため、長らく「売国奴」扱いされてきたが、ドイモイの開始以降、その評価も変化した。ヴィンロンでザンの評価をめぐるシンポジウムが開催されたのは、一九九四年のことである。このシンポで、歴史家の一人のヴァン・タンは、「ファン・タイン・ザン翁が、愛国者であり、民を慈しみ、重んじたことをはっきりさせるべきである」とした。こうした変化を踏まえ、二〇〇八年には、ベトナム文化省の文化財局が、国立歴史研究所の意見に基づき、ファン・タイン・ザンに対して敬意を表する行事を行なったり、建造物を作ることを公式に承認した。

潘清簡。

4　歴史　先史からベトナム民主共和国独立まで

ベトナムの近代ナショナリズムにとって、前近代に形成された「南国意識」は、貴重な歴史遺産ではあったが、フランス植民地支配の形成によって生まれた新しい課題に、十全の回答を与えるものではなかった。

ベトナム歴史像の変遷

二〇一五年は、ベトナム戦争終結四〇周年だったが、ベトナム史の描き方は、この四〇年で大きく変化した。

ベトナム戦争が激しく展開されていた時代には、米国という世界最強の覇権国家に果敢に抵抗するベトナムの民族的な活力の源泉を明らかにすることが、ベトナム史研究の主たる目的のように考えられていた。中国の漢王朝の時代の紀元前二世紀から、自立を達成する一〇世紀まで、一〇〇〇年以上も中国諸王朝の支配を受けたにもかかわらず、同化されることなく、民族的存在を維持したベトナムは、独立を達成して以降も、中国歴代王朝からの軍事攻撃を受けたが、果敢に抵抗して独立を守った。この長年の「建国と国家防衛の戦い」の歴史がベトナム史の特徴であり、現在の米国への抵抗も説明している、というのが、この時代のベトナム史像だった。ベトナム共産党（ベトナム戦争当時は労働党）も、一九七〇年に出た『四〇年史』からは、建国神話の雄王《フンヴオン》の時代から数えて「四〇〇〇年の愛国主義の伝統」を誇るようになった。

ベトナム戦争中の北ベトナムの歴史学の関心は、外国からの侵略に対する抵抗運動史に集中していた。こうした抵抗運動を支えた社会的な基盤としては、農業と、農業を支える大規模な堤防工事を組織しえた中央集権的な国家の存在が重視されていた。

ベトナム戦争の終結、その後のドイモイの開始によって、ベトナムが直面している最も重要な課題は、戦争ではなく、経済発展となり、ASEANの一員として、他の東南アジア諸国と協調しながら、地域統合やグローバリゼーションの流れに乗ることが重視されるようになった。

こうした中で、歴史的関心も、ベトナムを世界に結び付けたネットワークにシフトし、海を舞台とした国際交易とベトナムとの関係が注目されるようになった。

これと同時に、ASEANの一員となったベトナムは、今まで以上に、ベトナムの多元性、多様性を自覚することになる。ベトナム戦争中の民族抵抗史観では、「建国と国家防衛の戦い」の主体は、多民族国家ベトナムの多数民族キン族だった。他の少数民族は、キン族と団結して侵略者に抵抗したかぎりではベトナム史の担い手と見なされたが、キン族の大越（ダイヴェット　Đại Việt）とは別

写真4-1　ハナム省ゴクルー村の神社に祀られていたドンソン銅鼓。

のチャンパ王国という国家を築いたチャム人などは、こうしたベトナム史像ではうまく位置づけられていなかった。こうしたベトナム史をもっぱらキン族中心の歴史として描くことへの疑問が提示されるようになり、ドンソン文化－大越だけでなく、サーフィン文化－チャンパ、オケオ文化－扶南《ふなん》という三つの流れを持ったベトナム史を描くべきだという主張もなされるようになっている。

チャンパ王国は、「海の世界」との関わりという面からも、多元的なベトナム史という角度からも、大きく注目されるようになっている。大越とチャンパとの関係も、従来は相違・対立が強調されていたのに対し、近年では親近性が注目されるようになり、ベトナム人、特に中部ベトナムのベトナム人への文化的影響に注目する研究者も生まれるようになっている。

また、民族抵抗史観は、外国侵略者に協力したり抵抗に消極的だったような人々が「悪者」扱いされることが多い歴史観だった。あらゆる立場の人々の叡智を経済建設に結集することを考えると、こうした「悪者」が多い歴史観は不都合であり、ベトナム国内の歴史叙述からは、今や「悪者」扱いされる歴史的人物が次々に姿を消しており、フランス植民地時代までは、「越奸《えつかん》（ベトナム人裏切り者）」扱いされる人はほとんどいなくなっている。

こうした新しい動向も踏まえつつ、ベトナム史の流れを概観しておきたい。

三つの古代文化

現在のベトナム北部、紅河の自然堤防上に、フングエン文化と呼ばれる新石器文化が前二〇〇〇年紀初めに出現するが、フングエン文化は、前一五〇〇年頃には金属器を持つようになった。この基盤の上に、前五世紀頃に雲南から銅鼓を受け入れて、東南アジアを代表する初期金属器文化であるドンソン文化が成立した。後にベトナムの北部と雲南の東部が銅鼓生産の中心となり、前四世紀から後二世紀にかけて、ドンソン銅鼓は中国南部から東南アジア各地に広がった（写真4－1）。

ドンソン銅鼓は富と権力の象徴であったと考えられ、それを使用した社会には首長制が形成されていたと思われる。雄王《フンヴオン》や安陽王（アンズオンヴオン An Dương Vương）といったベトナムの伝説上の王もこうした背景のもとで語り継がれるようになったものと思われる。ハノイ近郊にある紅河デルタでは最古の都城であるコーロア城は、前三世紀に安陽王が建てたと伝えられている。

しかし、ベトナム北部の国家形成は、中華帝国の介入を招き、完成しなかった。ベトナム北部は、広東を中心に成立した南越の支配下におさめられたのに続いて、前一一一年からは、漢の武帝に征服された。ベトナム史で言う「北属期」の始まりである。漢は、現在のベトナムの北部から中部海岸北方に、交趾《こうち》、九真、日南の三郡を置いた。交趾では紀元後四〇年に起きた徴姉妹（チュン姉妹）という在地指導者層の反乱を鎮圧して以降、後漢は現地社会の漢化、中国化を進めた。

中国で唐王朝が滅びた後の一〇世紀、ベトナム北部は中国からの自立を達成する。ベトナム国内の歴史学では、紀元前のドンソン人と、この一〇世紀のベトナムの自立の担い手は、連続線上に位置づけられているが、ベトナム自立の担い手が、「中国化した土着人」だったのか、「土着化した中国人」だったのか、はたまたその両方であったのかは、まだ断定はできない。

ドンソン文化と同じ頃、現在のベトナム中部には、別の金属器文化が栄えていた。これは、南シナ海をまたぐオーストロネシア系の海洋民が担い手である文化で、サーフィン文化と呼ばれている。日本の弥生文化に共通する甕棺《かめかん》の使用や、玦状《けつじょう》耳飾りなどのユニークな装飾品で知られる（写真4－2）。

二世紀末、日南郡の南境で、中国の史書が林邑《りんゆう》と呼んだ国家が自立するが、これは、サーフィン文化を基盤とした、オーストロネシア系のチャム人を中心とする国家だったと考えられている。四世紀には南シナ海交易の主導権を握るとともに、インド文明を吸収した国造りを進めるようになった。七世紀以降はチャンパと名乗るようになり、八世紀には聖地ミソンや都城シンハプラ（チャーキュウ）に多くのヒンドゥー建築を築いた。

さらに南のメコンデルタでも、二世紀には扶南という国が成立したと考えられている。扶南の港市だったオケオ（現在のベトナムのアンザン省）の遺跡からは、大量のインド製品や中国製品に並んで、ローマ帝国の金貨も出土しており、この地が東西海上交易と結びついて発展したことを物語っている（写真4－3）。扶南の担い手となった人々の民族系統は不明であるが、六世紀後半以降衰退に向かい、クメール人の真臘《しんろう》に併合される。

写真4-2 サーフィン文化の玦状耳飾り。

写真4-3 オケオ文化のヴィシュヌ像（7世紀）。

李《リ》朝・陳《チャン》朝

唐は、現在のベトナム北部に安南都護府を置いて支配をしていたが、その勢力が衰退する八六〇年代、雲南にあった南詔が安南都護府を攻撃して以降、中国はベトナム北部を実効支配することはできなくなり、様々な勢力が「節度使」などと称して勝手な支配を行なう状態が続いていた。こうした中で、九三八年に、広東にあった南漢の軍を破った呉権《ゴ・クエン》は、「節度使」から一歩進んで、王を自称した。その後「十二使君」の抗争という土豪の抗争を平定した丁部領《ディン・ボ・リン》は、帝を自称し、大瞿越（ダイコーヴェット Đại Cồ Việt）という国号を定めた（中国の秦漢帝国の出現以前、華南からベトナム北部には「越」と呼ばれる人々がおり、様々なグループがあって百越とも呼ばれた。ベトナム人は、この百越の最も南にいた「駱越（ラクヴェット）」を祖とすると考えられ、大瞿越はそうした「越」人の建てた大きな国という意味で、一一世紀以降の国号の「大越《ダイヴェット》」も同義である）。この二つの出来事のいずれかをもって中国からの自立の達成とするが、現在のベトナム国内の歴史学では呉権の事跡をメルクマールとするのが普通である。

丁部領以降も、土豪たちの勢力争いが続き、唐滅亡以後の混乱に終止符を打った宋が、九八〇年には、ベトナムの王位継承をめぐる混乱に乗じて再征服を試みるといったことも起きた。一〇〇九年に李《リ》朝が成立して、ようやくベトナム北部に安定王朝が成立した。

さて、ベトナムは東南アジアでは唯一「中国化」した国家であり、それは一〇〇〇年以上に及ぶ中国の直接支配の産物だったと見なされることがある。ベトナムの中国的な色彩が直接支配の産物であるならば、中国から自立を達成した直後のほうが中国の影響は強そうなものだが、実際にはそうでなく、一〇世紀のベトナムは、中国的な中央集権国家からはほど遠い、王個人のカリスマ性がモノを言う、定まった王位継承ルールなど存在しない、「東南アジア的国家」だった。

ベトナムに、中国的な国家体制の導入を促進させたのは、他ならぬ「中国からの脅威」だった。北方の大国＝中国がベトナムにとってはその存否に関わる重い存在であったことは、一〇世紀以降に中国を統一した宋、元、明、清という各王朝が、いずれもベトナムに対する大規模な出兵を行なったことからも明らかである。

こうした「中国からの脅威」に有効に対処するためには、王位継承ルールがなく、実力次第ということで常に王位継承をめぐって内輪もめが起こるのではまずいことになる。かくして、ベトナムは、長子継承制という王位継承ルールの確立から、官僚制度に支えられた集権的体制の整備にいたる国家体制の「中国化」の道を歩むことになった。

これが、ベトナム史家の桃木至朗氏が言うところの「脱中国化のための中国化」であり、それは、中国支配の産物というよりは、ベトナムの主体的選択によるものだった。ベトナムが儒教と科挙官僚制度に支えられた中国的な集権的国家体制を完備するのは、一五世紀の黎《レ》朝初期のことだった。

李朝は、一〇一〇年に、それまでの華閭《ホアルー》から紅河デルタの中心の昇龍《タンロン》（現在のハノイ）に遷都し、男系の嫡子が王位を継承するルールを基本的に確立することで、一二二五年まで続いた。

李朝は、基本的には仏教王朝だったが、ベトナムの年代記に皇帝の周辺に龍が出現した記録が五九回記されているように、仏教以外の「神々」も王権の神聖化に活用された。一〇七二年に孔子を祀る文廟が建設されているが、これも李朝の利用できる宗教は何でも活用するという路線の体現だったと、桃木氏は指摘している。

写真4-4　ハノイの李太祖像。（2017年。筆者撮影）

写真4-5　ホーチミン市のチャン・フン・ダオ像。

長子継承制をとったという点では集権化の一歩は踏み出したものの、李《リ》朝の時代には、各地には依然、在地有力者が割拠していた。また、紅河デルタの稲作も、大規模な堤防工事などを必要としない、地形と気候に合わせた小規模な開発という、いわゆる「農学的適応」（土木工事を必要とする工学的適用に対し、自然環境に適した品種の採用など、農学的手法で環境に適応した稲作）が主流だった。

それでも、李朝で長く平和が続いたことは、人口を増大させた。この人口がそれまでの農業では養いきれなくなるとともに、地方勢力の抗争が激しくなり、李朝は滅んだ。

次いで成立した陳《チャン》朝は、一二四八年には河堤正副使を置き、紅河デルタでの大規模な堤防建設に乗り出した。これによって、それまでは収量の少ない冬春作しかできなかった低湿地でも、より有利な雨季作が可能になり、沿海部でも防潮堤によって干拓が進み、「工学的適応」の稲作が展開されるようになった。

これを基盤に、陳朝は、地方の要所を王族が掌握する体制を構築した。地方に田庄を持った王族は、流浪の民を奴婢《ぬひ》として開墾にあたらせたが、こうした王族の奴婢は、一二五七年、八四〜八五年、八七〜八八年の三回にわたるモンゴル＝元の侵攻の際には、これと戦う軍事力の中核となった。

陳朝は上皇制を採用することで王位継承争いを防ぐとともに、官僚制の形成にも着手し、一七回の文官登用の科挙試験が実施された。これによって、一四世紀に入ると、文人官僚の役割が増大し、儒教の役割も大きくなっていく。

一四世紀は、気候の寒冷化とともに、疫病や自然災害が世界各地に広がり、「一四世紀の危機」と呼ばれる。この時期に、陳朝ベトナムも大きな曲がり角に達しており、「工学的適応」の進展がもたらした農業経営の安定と人口増が、陳朝の基盤だった隷属民を用いた大規模な田庄の経営を時代遅れなものとし、家族経営を基盤とする小農社会が広がりはじめていた。これに加えて、後述するチャンパの攻撃もあり、一四〇〇年には胡季犛（ホー・クイ・リ Hồ Quý Ly）によって陳朝は滅亡に追い込まれた。

中華世界の南国へ

中国の宋は、その成立後、九八〇年と一〇七六～七七年に、ベトナムに対する出兵を行なったが、いずれも失敗し、ベトナムの独立の基盤はより強固なものになった。一〇五四年、李朝は国号を大越《ダイヴェット》とした。一一七四年には、中国の宋朝は、ベトナムの王に「安南国王」という称号を与えた。これは、それまで中国の王朝が出していた「交趾《こうち》郡王」といった、中国内地の封建諸侯扱いの称号ではなく、外国の王としてベトナムの支配者を遇することを意味していた。「大越」と称して中国と伍する独自の帝国であることを自己主張する一方で、中国の王朝に対して朝貢を行ない、中国皇帝から「王号」を授かるという、その後一九世紀まで続く二重の中国との関係のあり方が、この時に形成された。

このうちの前者の側面を見事に描いているのが、一一世紀の宋の侵攻の際、李朝の将軍李常傑（リ・トゥオン・キエット Lý Thường Kiệt）が陣中で詠んだと伝えられる、次のような漢詩であろう。

南国山河南帝居　截然定分在天書
如何逆虜来侵犯　汝輩行看取敗虚
南国の山河は南帝の居　截然定め分かつと天の書にあり
如何ぞ逆虜（宋の侵略軍のこと）来りて侵犯す　汝ら行きて敗虚を看取せよ

南国（＝ベトナム）の山河は南帝（ベトナムの帝王）の居であり、北国＝中国と南国ははっきりと分かれた存在であることは天の書にもある通りである、しかるになぜ北方の賊は南国を侵犯するのか…とうたったこの詩でまず注目をされるのは、「北国」＝中国に対して、ベトナムが自らを「南国」と意識していたことと、その支配者を「南帝」と呼んでいることである。中華帝国の冊封《さくほう》体制の論理は、世界（天下）の支配者は天子たる中国の皇帝だけであり、周辺諸国は、中華帝国に朝貢して、皇帝から「〇〇王」という称号を授かり、その国の支配者として公認されるというものであり、周辺諸国の王が「帝」を名乗ることはありえないことだった。にもかかわらず、あえて「南帝」としたのは、ベトナムの中国に対する対等意識を明示したものだった。

　こうしたベトナムを「南のもう一つの中華」と考える意識は、一三世紀の元寇の撃退などを通じて、陳《チャン》朝後期までには明確になってくる。陳朝期には、中華文明の光に照らされた都に規定された人々という意味で、紅河デルタ住民を京（キン）人と呼ぶ習慣も成立してくる。

　この陳朝後期までには確立していたと思われる南国意識を最も体系的に提示しているのは、一五世紀の明の支配からベトナムの独立を回復し黎《レ》朝をひらいた太祖黎利《レ・ロイ》の命令で、儒学者の阮廌（グエン・チャイ Nguyễn Trãi）（写真4－7）が撰した「平呉大誥」の冒頭の一節である。

惟我大越之国　実為文献之邦
山川封域既深　南北之風俗亦異
自趙丁李陳之肇造我国　与漢唐宋元而各帝一方
雖彊弱時有不同　而豪傑世未嘗乏
おもうに我が大越国は実に文献の邦たり
山川の封域すでに深くして　南北の風俗また異なる
趙丁李陳の我が国をはじめて造れるより　漢唐宋元と各々一方に帝たり
強弱は時によりて不同ありといえども　豪傑は世に未だかつて乏しからず

　ここでは、中国に対するベトナムの自立の根拠が、四つあげられている。まず第一に、ベトナムは「文献の邦」、つまりは中国同様の文明国であり、「蛮夷」の地ではない、第二に、ベトナムと中国は、「山川の封域」つまりは、地理的・領域的に明確に区別された存在である、第三に、「南北之風俗」、つまりはベトナムと中国の文化、習俗はそれぞれ異なっている、第四に、趙（漢の支配以前に存在した南越国）、丁《ディン》、李《リ》、陳という、ベトナムの歴代王朝が、漢・唐・宋・元と堂々と相対峙し、強弱は時に応じて変化はあったが、英雄にこと欠いたことはない、という四点である。つまりは、ベトナムは、文明の光かがやく中華世界の一員であるが、北＝中国とは明確に区別された独自の存在であるというのが、ここに示された「南国意識」というベトナムの国家意識だった。

　もっとも、こうした主張を、現在のようなベトナム人という集団性がこの時期に成立していたとは理解すべき

写真4-6　雄王神社（ヴェットチ）にある「南国山河」の額。（2008年。筆者撮影）

ではないだろう。阮廌は、別のところで、「国人」は、中国、チャンパ、ラオス、シャム、カンボジアなどの言葉や服装を習って、「国俗」を乱すようなことはあってはならないとしているが、逆に言えば、一五世紀の前半には、こうした周辺の言葉や服装を使用する「国人」＝ベトナム人がまだたくさんいたということであろう。

【ベトナムの太祖】

李朝の太祖　李公蘊（リ・コン・ウアン　Lý Công Uẩn　974~1028）

陳朝の太祖　陳承（チャン・トゥア　Trần Thừa　1184~1234）

陳太祖は特殊な例で、子供の陳煚（チャン・カイン　Trần Cảnh　1218~78）が陳朝の初代皇帝＝陳太宗となったため、上皇に推戴された。陳太祖は皇帝になったことがない太祖。

黎朝の太祖　黎利（レ・ロイ　Lê Lợi　1385~1433）

莫朝の太祖　莫登庸（マク・ダン・ズン　1483~1541）

写真4-7　阮廌像。

チャンパ王国とそのベトナムとの関係

　チャンパ王国は、現在のベトナム中部の、河川ごとの港市を基盤とする地方権力のゆるやかな連合国家だったと考えられている。南シナ海交易の要衝に位置し、後背山岳地帯で産する沈香などの森林産物という有力輸出品を産したことから、海上交易で栄えた。九世紀には、現在のクアンナム省のドンズオンに新都インドラプラが作られ、大規模なヒンドゥー＝仏教寺院が建設されて栄えたが（写真4－8）、一〇世紀末以降は、現在のビンディンのヴィジャヤがチャンパの中心となった。

　従来の外国におけるチャンパ史研究では、八〜一〇世紀をチャンパ美術の最盛期とし、ヴィジャヤ時代は、ベトナムの南進とアンコール帝国の繁栄にチャンパが圧倒された衰退期と見なす傾向が強かったが、一一七七年にはチャンパがアンコールを急襲・破壊したこともあり、一四世紀には一時ベトナムの陳《チャン》朝を滅亡の一歩手前まで追い詰めるなど、周辺諸国との抗争は一進一退状況であり、地方権力が、その都度、強い方になびいて、力関係が激変したかに見えて、実際にはチャンパの勢力圏が大きく減退することはなく、むしろ一四〜一五世紀が発展のピークであるとする見方が有力になっている。

　南宋時代の中国の書物では、南の「諸蕃」に行くのはチャンパが最も近く、広州から船で八日で達するとしている。航海技術の発達によって、中国南方の港を出発した船は、かつてのようにベトナム北部に立ち寄ることなく、チャンパまで達するようになり、南シナ海貿易におけるチャンパの優位が固まった。特産の沈香に加えて、一四世紀になると、輸出用の陶磁器や綿布の生産も盛んになった。

　このチャンパとベトナムとの関係だが、かつては、「インド化したチャンパ」と「中華世界のベトナム」という、全く異質な国家の抗争史として語られることが多く、加えて南シナ海貿易のメインルートから外れ、農業国家としての発展を余儀なくされたベトナムが、領土を南へと広げる「南進」を一〇世紀の中国からの自立達成直後から開始していたような歴史像が描かれてきた。

　先にも述べたように、一四世紀末までのチャンパとベトナムの抗争はほぼ互角の形勢にあり、ベトナムが領土

写真4-8　ミソンのチャンパ遺跡。

を安定的に拡大したことはなかった。特に、ビナスオール王（在位一三六〇～九〇年）のもとでチャンパの勢力が強大化した一三七〇年代には、一三七一年、七六年、七八年と、三度にわたってチャンパの水軍がベトナムの都タンロンに進入して、陳朝を脅かした。チャンパの猛攻は、一三九〇年に、ビナスオールが陳朝側の「火銃」で戦死するまで続いた。

また、農業国家としての発展が強調されるあまり、李朝や陳朝時代の交易にはほとんど注目されてこなかったが、近年では、中国の広西、海南島、ベトナム北部、チャンパの間の海を「交《こう》趾《ち》洋」と呼び、ここでの活発な貿易がベトナムに与えた影響を重視する研究も出現している。特に、李《り》朝の段階では、交易からの収入は国家にとって大きな意味を持っていた。当時の大越の最南端だった現在のゲアン、ハティン地域は、チャンパとの境界であるだけでなく、真臘の南シナ海への出口の一つでもあり、ベトナムが南海諸国の対中国貿易の中継者としての役割を果たす上で重要な地域だった。ベトナムから中国へ輸出される沈香はチャンパ産だった当時、戦争による略奪や通常の貿易でチャンパからの産品を確保できるかどうかは、ベトナムにとって大きな意味を持っていた。

近年ベトナムでは、チャンパとベトナムの文化的交流を重視する研究が増えている。李陳《リチャン》朝期のベトナムの建築、彫刻、音楽などに関するチャンパの影響はしばしば指摘されているが、ハノイ市内の西湖の西にあるフーザー（Phú Gia）村は、古くは婆伽村と呼ばれ、一一世紀の李朝の聖宗の時代に戦争捕虜として連れてこられたチャム人の村が起源だったと言われている。軍事や生産技術の面でも、チャム人の貢献を指摘する研究がある。

前近代ベトナム史の発展のピークは、後に述べる、中国的な国家体制を完成させた一五世紀の黎《レ》朝の聖宗期だったとするのが、長年のベトナム史の基本的イメージだったが、最近では、ベトナム国内で、大越とチャンパがともに栄えた一〇～一五世紀こそが、最も文化が栄えた時代ではないかという議論も出ている。

【ベトナムの聖宗】
李朝の聖宗（李日尊　リ・ニャット・トン　Lý Nhật Tôn　1023～72）
陳朝の聖宗（陳晃　チャン・ホアン　Trần Hoảng　1240～90）
黎朝の聖宗（洪徳帝　ホンドゥック　Hồng Đức ＝ 黎思誠　レ・トゥ・タイン　Lê Tư Thành　1442～95）

胡《ホー》朝と明の支配

紅河デルタの東縁のタイビン川流域に、南冊《ナムサック》（属明期以降は南策）と呼ばれる地方がある。ここは、現在のクアンニン省にあった雲屯《ヴァンドン》という海港と、王都ハノイを結ぶ河川交通の要衝を占め、一四世紀に本格化した輸出用の陶磁器生産は、この地が拠点だったと考えられている。ここには、陳朝王族の田庄が置かれ、王朝を支える重要な経済的基盤となっていた。

一四〇〇年に陳朝を滅ぼす胡季犛《ホー・クイ・リ》は、一三七〇年代から八〇年代にかけてハノイを脅かしたチャンパを撃退するとともに、南冊地方を含むデルタ地方の王族による大土地所有を解体し、官僚制度を整備して集権的な国家体制を強化しようとした。中国に成立した明の脅威に備えて、出身地の清化《タインホア》に都を移して西都としたが、対外的積極策をとる明の永楽帝は、胡《ホー》氏による陳朝からの王位簒奪やチャンパ攻撃を口実にして、一四〇六年に大軍を派遣して、翌〇七年には胡朝を滅ぼし、二〇年にわたる中国による直接支配を敷いた（写真4－9）。

写真4-9 タインホアにホー・クイ・リが築いた西都の遺跡。

胡季犛《ホー・クイ・リ》の改革がめざした、ベトナムにも登場した小農に基礎を置き、社会をしっかりと把握できる集権的国家を建設するという方向は、明の支配を経て、黎朝のもとで実現されていくことになる。

南冊勢力の名族である莫《マク》氏一族が、侵攻開始直後に明に下ったのをはじめ、紅河デルタを基盤とする勢力には、明の支配に協力する者も少なくなかった。これに対して、胡氏の本拠だった清化は、その後の明に対する反乱でもしばしば拠点となり、清化の藍山《ラムソン》で一四一八年に黎利《レ・ロイ》が起こした反乱＝藍山起義が、二七年には明軍の撤退、二八年の黎朝の成立をもたらした。これには、二四年に永楽帝が没したあとの明の皇帝が、ベトナム統治は高くつくとして、その維持に消極的になっていたことも作用していた。反明抵抗でも生じた「紅河デルタ対清化」勢力の亀裂・対抗という問題は、黎朝の体制にも引き続き影を落とすことになった。

黎《レ》朝初期の大越

黎《レ》朝の初期は、政権抗争が連続した時代だった。黎朝の成立を導いた「開国功臣」には、清化《タインホア》出身者が多かったが、その勢力を抑えて皇帝の権力を拡大しようとする動きと、それへの抵抗で、不安定な状態が続いた。この抗争の中で、阮廌《グエン・チャイ》も殺害された。

黎朝の支配は、聖宗洪徳帝（ホンドゥック Hồng Đức 1442~95）の時代に安定する。

黎朝は、長期の戦争で流民化した人々や平和の訪れで増加した人口を、紅河デルタ下流の未耕地に入植させ、「社」と呼ばれる行政村ごとに農民を登録して、「公田（官田）」と呼ばれた国有田を分配して耕作させた。社は、納税、賦役、徴兵を行なう単位として機能した。均質な小農に基盤を置く農村共同体が形成され、こうした社会を管理するための儒教（朱子学）の普及と、皇帝の独裁を可能とする科挙官僚制度や、黎朝刑律に代表される法制度の整備が行なわれた。この刑律は、中国制度をもとに作成されたものだったが、妻の財産権が強いなど、ベトナム固有の特徴を持っていた。

八尾隆生氏が指摘しているように、科挙試験は、聖宗の光順四年（一四六三年）以降、三年一回の試験実施が定期化し、それまで黎朝の実権を握ってきた清化出身の「開国功臣」の制御を超えて、科挙官僚が地位を拡大していくことが可能になった。聖宗年間に行なわれた一二回の科挙で五〇〇人の科挙官僚が採用され、あらゆる文官の要職を占めるようになった。この科挙試験合格者の中では、南策《ナムサック》出身者をはじめ、紅河デルタの出身者が大きな比重を占めた。

対外的には、黎朝は、大越の「中華帝国」化のために、ラオスのラーンサーン王国への出兵など、周辺に威を示す軍事行動を行なうが、聖宗が一四七〇～七一年に行なったチャンパへの親征は、それまでの略奪ではなく、明らかにその征服を意図した軍事行動だった。ヴィジャヤ以北を大越に奪われたチャンパは、現在のニントゥアン省、ビントゥアン省に位置したパーンドゥランガにその中心を移した。ここに、大越とチャンパの国力が拮抗する状態には終止符が打たれた。

この大越のチャンパ攻撃には、折からの「交易の時代」

の訪れの中で、南シナ海貿易の要衝だった現在のベトナム中部を支配するという意図があったと考えられている。この時期、明の海禁政策のために、中国製の陶磁器の輸出は激減していたが、国際市場でその需要が後退していたわけではなかった。これは、ベトナムにとっては好機

写真4-10　15世紀ベトナム産の染付麒麟文大壺(インドネシア国立博物館蔵)。

だった。南策地方などで生産されたベトナム青花(白地に青の紋様のある焼物)は、黎朝期には大規模に輸出されるようになり、重要な市場だったマジャパヒト(一三世紀から一五世紀にかけて、今日のインドネシアのジャワ島中東部を中心に栄えた王国)からは、青花タイルの特注もあった(写真4-10)。

聖宗時代の中央集権化の過度の進展は、聖宗の死とともに、科挙官僚の進出で勢力が削られていた清化勢力の反撃など、宮廷内抗争の激化という混乱を招くことになった。このような状況で、南策出身の武人である莫登庸(マク・ダン・ズン Mạc Đăng Dung)によって新王朝(莫《マク》朝)が建てられ、黎朝は断絶する。

莫氏は、「洪徳善政(黎聖宗=洪徳帝の善政)」の継承をうたって、科挙官僚層の協力を結集しようとしたが、このいわば「紅河デルタ政権」の試みには、清化勢力が抵抗し、ベトナムは内乱の時代に入っていく。

分裂の時代

一五三三年、清化《タインホア》勢力の武将阮淦（グエン・キム Nguyễn Kim）は、黎《レ》朝の末裔を擁してラオスで莫《マク》氏に反抗の挙兵をした。清化勢力の中心は、阮淦の死後は鄭《チン》氏に移り、一五九二年には鄭松（チン・トゥン Trịnh Tùng）がハノイを落として、黎朝の中興を果たす。

その後、莫氏は、中国国境に近いカオバンにこもり、ここで一六七七年まで鄭氏への抵抗を続けた。この間、阮淦の子の阮潢（グエン・ホアン Nguyễn Hoàng）は現在のクアンビンからクアンナムにかけての地域に割拠して、半独立政権を築いた。これを広南《クアンナム》の阮《グエン》氏政権と呼ぶ。

北部も実権は鄭氏が握っていたが、建前としては「チュア」（皇帝のもとの統治者。日本で言えば将軍のようなもの）と呼ばれた鄭氏も阮氏も、黎朝の存在は認めていた。かくして大越は、二つの政権（カオバンの莫氏を入れれば三つ）が対峙する、分裂の時代を迎えることになる。鄭氏の支配する北部をダンゴアイ（北河）、阮氏の支配する南部をダンチョン（南河）と呼ぶ。一六二七〜七二年には両者の間で断続的に戦争が発生した。

一六〜一七世紀は、ヨーロッパ勢力と日本が東アジアの交易に参加し、この地域の国際交易はいっそうの活性化を見ていた。当時発行された日本の朱印状三五六通のうち、七三通がダンチョン、五一通がダンゴアイに向けたものだった。

まずダンチョンだが、一六世紀末から一七世紀にはじめにかけての日明貿易が断絶した時期に、現在のベトナム中部、特にホイアンが、中国と日本の船の「出会い貿易」の場として脚光を浴びた。ダンチョンが朱印状の宛先としては最も多かった理由はここにあり、ホイアンには日本町も形成された。

一方、当時、東京《トンキン》と呼ばれたベトナム北部＝ダンゴアイは、明清交替の混乱で中国からの絹製品の輸出が減少した時期に、それに代わる生糸・絹織物の生産地として注目された。日本の鎖国以前は朱印船が、鎖国後はオランダ東インド会社の船が長崎に向けて大量のベトナム産絹製品を運んだ。しかし、一六七〇年以降、日本での絹の自給体制の形成などで、ダンゴアイと日本の間の貿易も衰退する。ダンチョンとダンゴアイの内戦は、この日

写真4-11　茶屋新六交趾渡航図巻(部分)。

本との貿易の最盛期、ダンチョンとダンゴアイが貿易上のライバルであった時期に展開された(写真4－11)。「交易の時代」の繁栄が去ると、ベトナム北部は、農業以外に頼るものがない状況に再び直面した。いったん天災が発生すると、大量の流民が発生する。村落は、村で養い切れなくなった人々を流民として切り捨てつつ、これらの人々の土地を集積し、公田に対する管理権を掌握して、国家に対する自律性を強めていく。中央政府にとっても、地主や武人などの中間権力を抑えられる村落の権限強化は都合がよかった。ここに、桜井由躬雄氏が指摘しているように、現在まで北中部ベトナムに見られる強固な村落共同体が形成されたと考えられている。

これに対して、阮氏政権の方は、南進による領域の膨張という選択肢があった。一七世紀末には、チャンパを属国化し、クメールの内紛につけこんで、現在のホーチミン市まで進出し、莫玖(マク・キュウ Mạc Cửu)など明朝遺臣の華人勢力を利用して、メコンデルタへの進出を開始した。ベトナム人、カンボジア人、華人、チャム人などが入り混じった、開放的でコスモポリタンな新しい世界が、メコンデルタというフロンティアに誕生した。

西山《タイソン》朝から阮《グエン》朝へ

阮《グエン》氏政権は、こうした南への膨張だけですべての問題を解決できたわけではなかった。一七世紀後半以降、その旧来からの支配地域では徴税が強化され、これに対する反発が広がった。一七七一年に現在のビンディン省の西山《タイソン》で起きた阮氏三兄弟（広南《クアンナム》阮氏と区別して西山阮氏と呼ぶ）の反乱は、大きな変動をもたらすことになった。広南阮氏の苦境を見て、北部の鄭《チン》氏は七五年にフエを占領し、広南阮氏はサイゴンに逃れた。これを西山阮氏が討ち、広南阮氏政権は滅びた。

その後、西山阮氏の阮恵（グエン・フエ Nguyễn Huệ）は、八六年にはハノイの鄭氏政権も滅ぼした。黎《レ》朝の昭統（チエウトン Chiêu Thống 1765~93）帝は中国に亡命して清軍を引き入れたが、阮恵は七九年に西山の光中（クアンチュン Quảng Trung 1753~92）帝と称して帝位につき、清軍を打ち破った。ここに黎朝も滅亡したのである（写真4－12）。

広南阮氏一族の生き残りの阮映（グエン・アイン Nguyễn Ánh）は、シャム、カンボジア、ラオス、華僑、フランスなど、当時のタイ湾交易に関係していた諸勢力の支援を得て勢力を回復し、九二年に西山の光中帝が死去すると、本格的な反抗に転じ、西山朝を滅ぼして、一八〇二年に阮映が嘉隆《ザーロン》（在位一八〇二～一九年）帝として即位して阮朝を立て、フエに都した。今日のベトナムの版図とほぼ同一の南北に細長く伸びたベトナムを統一的に支配する政権の誕生だった。

一八世紀末から一九世紀初頭に大陸部の東南アジアに出現した、ビルマのコンバウン朝、ベトナムの阮朝、シャムのラッタナコーシン朝は、それまでの王朝よりもはるかに広大な版図を築き、今日の国民国家としてのビルマ、ベトナム、タイの礎石となるものを築いた。ベトナムの西山朝から阮朝への動きも、この流れの一環だった。

写真4-12　光中帝の像（ビンディン省）。

越南《ベトナム》、大南《ダイナム》へ

阮朝のベトナムは、これまでのベトナムとは国土の広さも全く異なる大きな国家であるという意識を持っていた。即位をした嘉隆帝は、清朝に、それまでの安南に代わる国号として「南越」を使いたいと願いでた。これは、かつて広東からベトナム北部にかけての一大帝国を築いた南越にあやかりたいという思いがあったと思われるが、まさにその故に清の拒否にあい、国号は「越南《ベトナム》」ということに落ち着く。一方、自称の方は、一八三八年に、「大《ダイ》南《ナム》」という名称を採用した。

インドシナ半島の東海岸に南北に細長く伸びた国土を持ち、周辺の東南アジア世界と今まで以上に強い関係を持つようになった阮朝は、その多元性を持った国土の統合のためにも、今まで以上に自らが「中華」であることを、強く自己主張せざるをえなかった。

嘉隆帝の時代には、都はフエに置かれたが、北部と南部は、それぞれ北城総鎮、嘉定総鎮のもとで、大幅な自治が認められていた。特に黎文悦（レ・ヴァン・ズエット Lê Văn Duyệt）が一八一四年から長官をつとめていた嘉定総鎮では、華人や西欧人を含む外国商人が優遇されるなど、商業的な開放的空間に適合した政策が採用された。しかし二代目の明命《ミンマン》帝（在位一八二〇〜四〇年）（写真4−13）になると、総鎮を廃止して、全国に省・州を置くなど、中央集権化と全国一律の統治体制構築が図られ、山

写真4-13　明命陵。

地民も直轄支配の対象とした。明命《ミンマン》は、紅河デルタで生まれていた均質的な小農が形成する自給的村落を基盤とし、儒教イデオロギーによる社会秩序の形成をめざし、対外的には鎖国政策に転じ、国内で増大していたカトリックに対しても迫害が加えられるようになった。

「大南」という国名を採用して、ベトナムの「中華帝国」化を進めた明命は、カンボジア・ラオスに対する覇権をめぐって、シャムと抗争を繰り返すようになった。特にカンボジアに関しては、一八三四年以降、実質的にはベトナムの占領下に置かれ、ベトナム化が試みられたが、シャムとそれが支援するカンボジア王族の抵抗を排除できず、結局は四五年にはシャムが擁立してきたアン・ドゥオンの即位に同意して、カンボジアから撤退した。

メコンデルタに対しても明命は、検地を実施し、村落に公田を与えるなど、紅河デルタと似た方法で土地管理を強化し、米の輸出を禁止しようとしたが、これは大土地所有者が徒党を組んで国家管理に抵抗したメコンデルタでは有効に機能せず、商業的な稲作が引き続き維持された。版図の中に多様な地域を組み込んだベトナムを一元的な秩序によって統制するには限界があった。

ベトナム戦争中の北ベトナムの歴史学界では、阮朝《グエン》に対する評価はきわめて低かった。対外抵抗をモノサシとする歴史では、フランスの植民地支配に屈服した阮朝の評価は低くならざるをえなかったし、これに加えて、一六世紀以来封建勢力が進歩的な役割を終え封建体制の危機が深まっていくという歴史観では、阮朝は、農民蜂起から育ち清の大軍を破った西山朝を滅ぼした反動的王朝で、封建体制の危機の極点に位置するものと扱われた。

ドイモイが始まると、こうした阮朝（およびその前身としての広南阮氏政権）に対する評価は、あまりに一面的で、公平性、客観性に欠けると指摘されるようになり、再評価が始まっている。再評価の論点は多岐にわたっているが、その一つのポイントは、ほぼ現在に近い版図のベトナムを最初に本格的に統治しようした王朝という点にある。それは、ベトナム戦争を経て南北を統一した今日のベトナム社会主義共和国の直面する問題と重なる面があり、嘉隆《ザーロン》や明命の苦悩もけっして他人事ではなくなっている面があるからであろう。

こうした阮朝の事跡の中でも注目に値するのは、科挙試験の普及・定着であろう。阮朝期の科挙試験について

写真 4-14　フエ国士監（阮朝の最高学府）。

は嶋尾稔氏の研究が詳しいが、阮朝の支配は、かつてのダンチョン（南河）がダンゴアイ（北河）を征服する形で成立したが、明命帝が「南北一家」というスローガンを掲げたことに示されるように、科挙試験という公平な試験制度によって、全国から平等に人材を登用するという建前をとった。ただ、試験となると、黎《レ》朝以来の伝統のある北部＝北河が断然有利になるため、明命帝は科挙試験以外のルートでの南人＝南河出身者の登用を、第三代の紹治（ティェウチ Triệu Trị 1807–47）帝は地方ごとの試験場の定員を定め南河を優遇することで、是正を図った。紹治帝の時代の一八四一年の試験から採用された郷試《きょうし》（地方レベルの試験）の試験場ごとの定員を見ると、ハノイ二三人、ナムディン二一人、ゲアン二五人（以上、北河）、フエ（承天）三八人、サイゴン一六人（以上、南河）となっている（写真4－14）。それでも、阮朝時代の地方レベルの試験の合格者である「挙人」の合格者の総数を見ると、北河出身者が三四二七名、南河出身者が一七七六名となっており、被征服地であった北河が、この面では優位にあった。もっとも高官への登用となると南人のほうが多かったが、「南北一家」は空虚なスローガンではなかった。

フランス植民地支配の形成

フランスは、パリ外国宣教会が一八世紀後半以降、カトリックのベトナムにおける布教活動の中心になり、阮《グエン》映《アイン》＝嘉隆帝《ザーロン》には、ピニョー神父をはじめとするフランス人の宣教師や軍人が支援者としてつくなど、ベトナムと強い関係を持っていた。

しかし、明命帝《ミンマン》による鎖国とキリスト教弾圧はフランスとの関係を悪化させ、紹治帝《ティェウチ》の時期にベトナムが国交樹立に応じなかったためフランスがダナンを砲撃したことは、両国の対立を決定的なものにした。一八五八年、嗣《トゥドック》徳帝によるスペイン人宣教師処刑を口実に、フランス・スペイン連合艦隊がダナン・フエを攻撃するが、フランスはこれに続いて矛先をベトナム南部に転じ、六二年にはメコンデルタの東部三省をフランスに割譲する第一次サイゴン条約を嗣徳帝の政府に認めさせ、本格的なベトナムの植民地化を開始した。さらに、フランスは、六七年にはメコンデルタの西部三省も占領し、フランスの直轄植民地コーチシナが形成された（写真4－15）。

フランスは一八六三年にはメコン川を遡って中国に達することを意図して、カンボジアを保護国としたが、メコン経由では雲南に達することが困難と知ると、ベトナム北部の紅河に注目するようになる。

七三年に、紅河で武器を雲南に輸出しようとしたフランス商人とベトナムの官憲の間に衝突が起きた際、派遣されたフランシス・ガルニエが、ハノイや紅河デルタの主要都市を占拠し、阮《グエン》朝政府の要請を受けた劉永福《りゅうえいふく》の黒旗軍（太平天国の流れを汲む華人武装集団でこの時期は中越国境地帯にいた）によって打ち破られるという事件が起きた。

普仏戦争直後の時期で、遠隔地ベトナムで戦火を拡大する余力のなかったフランスは、この時は紅河の通航権で満足せざるをえなかったが、八二～八三年に、紅河デルタの匪賊討伐に派遣されたアンリ・リヴィエールが、ハノイをはじめとするデルタ要衝を占拠し、反撃に転じた黒旗軍と阮朝軍に討たれるという事件が発生した時には、植民地拡張に積極的になっていたフランス政府は、援軍をベトナムに送り込んだ。嗣徳帝の死とも重なって混乱状態にあった阮朝政府は、フランスの圧力に屈服し、ダナンなどの開港と、北部へのフランス軍の出兵を認め

写真4-15　ザーディン城を攻撃する仏軍。

る第一次フエ条約の締結を余儀なくされた。

　フランス軍のベトナム北部出兵に対抗して、宗主国を自認していた清は一八八四年ベトナムに対する出兵を行ない、清仏戦争が起きた。フランスは、戦況を不利と見た清の李鴻章《りこうしょう》との間で、清軍のベトナム北部からの撤退とフエ条約を追認する天津協約を結んだ。これを受けて、フエに派遣されたフランス政府代表のジュール・パトノートルは、阮朝との間に、フランスの保護国となり、外交権をフランスに委ねるなどを約した、第二次フエ条約を結んだ。

　ここに、ベトナムはその主権を失い、フランスによって植民地化されることになるが、清軍・阮朝軍の抵抗が続いたため、フランスは福建や台湾を攻撃して、八五年には李鴻章に天津条約の締結を迫って、清軍のベトナムからの完全撤退を実現した。清は、ベトナムに対する宗主権を放棄し、ベトナムは、フランスの直轄領の南部コーチシナ、保護国化された阮朝が存在する中部アンナン、フランスの理事長官の管理下に置かれる保護領北部トンキンという三つの地域に分割された。

　中国的な集権国家と、高度の自治組織だった村落を結んだのは、文紳と呼ばれた在村の儒教知識人だった。阮《グエン》朝は、科挙制度による人材登用を重視したが、科挙試験の合格者が増える中で、地方レベルの試験に合格しただけでは官職につかず、村に残って漢学塾を主宰するような人も増大した。これに官吏を退職して帰村した人も加えた科挙試験合格者を頂点に、漢学の素養がある在村の知識人層が形成された。フランスの植民地支配形成に対して、最も激しく抵抗したのは、この文紳層だった。

第二次フエ条約の締結後に帝位についた咸宜帝（ハムギ Hàm Nghi 1871~1943）は、一八八五年にフエを脱出して、フランスへの抵抗を呼びかける勤王の詔勅を発した。これに応えて、ベトナムの北部と中部では、文紳による勤王蜂起が各地で起きた。その多くは、八八年までには収束するが、山地にこもった勢力の中には二〇世紀まで抵抗を続けるものもあった。その代表が、北部バックザン省の山岳地帯イエンテに拠った黄花探（ホアン・ホア・タム Hoàng Hoa Thám 1853~1913）が指導した蜂起で、その抵抗は一九一三年まで続いた。

フランス植民地支配の意味

一八八七年、フランスは、トンキン、アンナン、コーチシナにカンボジアを加えて、フランス領インドシナ連邦を形成し、九九年にはこれにラオスが加わった。

このフランス支配の形成は、それまでの「中華世界の南国」としてのベトナムという歩みに大きな変化を求めるものだった。まず第一に、ベトナムに対するフランスの支配は、中国の王朝がベトナムに対して主張していた宗主権を否定して形成された。ベトナムは、中華帝国を中心に前近代の東アジアに存在していた冊封体制という伝統的国際体系から切り離され、帝国主義時代の列強の一つであるフランスによる植民地支配という地球大的広がりを持つ近代的国際体系に組み込まれることになった。

第二に、このフランスの支配は、ベトナム単独ではなく、カンボジア、ラオスを包摂するインドシナという枠組みで形成された。ベトナムが「中華世界の南国」を自認していた時期には、周辺の東南アジアは「蛮夷の世界」であり、ベトナムはこれらと自分の区別を強調していた

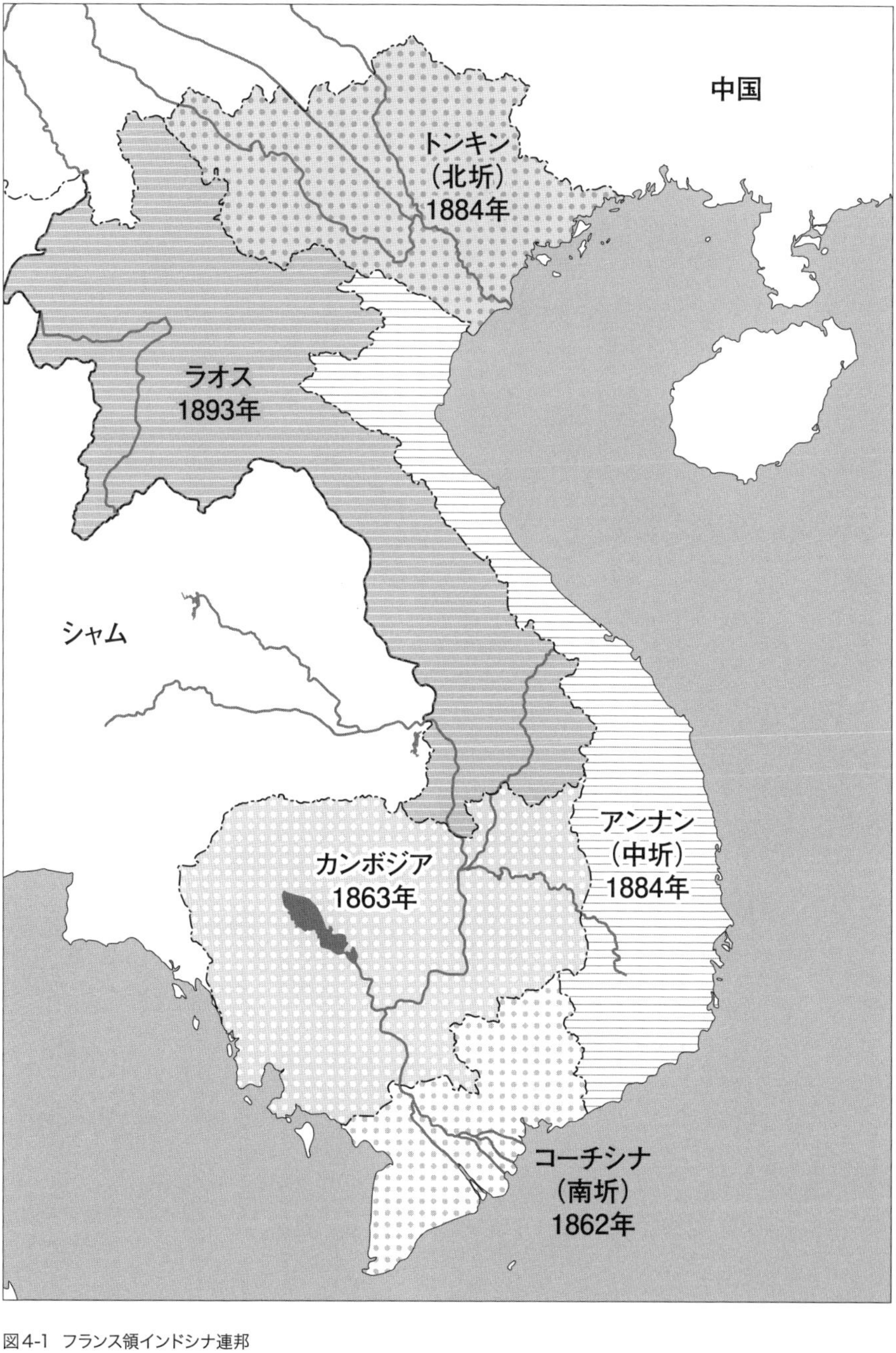

図4-1　フランス領インドシナ連邦

が、そのカンボジア、ラオスといっしょにフランスの支配に組み込まれたことは、否応なく、ベトナムに周辺の東南アジア世界との関わりの強化を迫るものとなった。

第三に、フランスはベトナム人をフランス語・フランス文明に近づかせるために、ベトナム語のローマ字表記法の普及を図った。これは、ベトナム知識人を漢字を聖なる文字とする中華世界から切り離す役割を果たした。

フランス支配の文化的な目標はインドシナを「アジアのフランス」にすることだったが、フランス文明普及の第一の対象となった「土着人」は、科挙官僚制度の伝統を持ち、教育意欲が高いベトナム人だった。フランスは、カンボジア語やラオス語に関しては、文字のローマ字化とその普及にほとんど熱意を持たなかったのに、ベトナム語に関しては、このローマ字表記法の普及に、フランス語に次ぐ第二の公用語という限定はあったものの、力を入れたのは、ベトナム人の間での人材養成を重視したからだった。インドシナ総督府の官吏として採用されたのも、フランス人を除くと、もっぱらベトナム人だった。

ベトナムで科挙試験が廃止されたのは一九一九年だったが、これに伴い、フランスは「土着民教育」に積極的な姿勢を示さざるをえなくなる。フランスがインドシナ大学（一九〇六年開設）などの高等教育機関を設置したのは、植民地行政の必要からではあったが、ベトナム人の教育意欲を取り込む道を設けないと、それが日本などフランスの支配にとって潜在的に脅威となりうる勢力によって組織されるのではないかと懸念したためでもあった。

ベトナム人の教育意欲への考慮は、フランスに初等・中等教育の拡充にもある程度の力を入れさせることになった。高等教育はフランス語の世界だったが、初等教育では「フランス・ベトナム学校」でベトナム語の教育も行なわれた。一九三〇年の時点で、初等・中等学校の就学生の総数は四三万四三三五人だった。むろん同世代の若者のうち七～八割は学校教育の枠外に置かれていたが、逆に見れば、若者の二～三割は学校教育に関わっていたことになる。こうしたフランスが導入した西欧式の教育によって養成されたベトナム人が知識人社会で主流を担うようになるのは一九二〇年代以降であるが、この時期になるとベトナム語のローマ字表記がベトナム人の間でも優位を占めるようになる。

第四に、ベトナムに資本主義的な経済開発をもたらしたのは、フランスの植民地支配だった。植民地時代の経済開発の中心は、コーチシナの米生産、コーチシナ東部やアンナン南部を中心としたゴム、コーヒーなどの農園栽培、北部での石炭などの鉱物資源の開発だった。

メコンデルタではフランスによって大規模な運河建設が行なわれ、耕地面積が急増して、二〇世紀初頭には、チャオプラヤーデルタ（シャム）、イラワジデルタ（ビルマ）と並ぶ、世界の三大米輸出地になった。フランスは植民地を本国商品の独占的市場にする関税制度を導入したため、インドシナの輸入ではフランス本国や他のフランス植民地からの比重が高まり、かつこれらの地域との貿易収支はインドシナの大幅入超となった。これを相殺しえたのは、香港、シンガポール、日本、中国、オランダ領東インドなど、周辺アジア諸国への米の輸出だった。フランスは自らの植民地的権益を守るためにも、メコンデルタの米のアジア諸国への輸出増進を奨励せざるをえなかった。この輸出用米作地としてのメコンデルタの開発は、フランス人だけでなく、ベトナム人大地主層を生み出すとともに、サイゴンに、フランス人、華人、ベトナム人からなる、貿易商、精米業者、籾商人といった都市富裕者層も作りあげていった。

二〇世紀のベトナムは、一九四五～五四年のインドシナ戦争（抗仏戦争）とそれに次ぐ七五年までのベトナム戦争（抗米戦争）という、二つの民族解放戦争を戦い抜いた、植民地主義と闘う民族解放運動の世界有数の担い手として知られている。当然のことながら、ベトナム戦争の時期までは、ベトナムでの歴史叙述において、フランス植民地支配はその否定的側面が強調され、告発の対象とされてきた。ところが、最近のベトナムでは、ハノイにある植民地時代に建てられた美しい洋館の保存にベトナムが熱心になり、「コロニアルなもの」を自らの観光資源として活用しようとしているなど、植民地主義告発という流れとは異なる動きが目立つようになっている。ここでは、私自身が体験したエピソードを紹介しておきたい。

一九九九年から二〇一四年にかけて、東京大学は北京大学、ソウル国立大学、ベトナム国家大学ハノイ校（以下、ベトナム国家大学）といっしょに、東アジア四大学フォーラムという、大学教育に関わるフォーラムを、毎年、東京、北京、ソウル、ハノイの持ち回りで開催してきた。二〇〇六年のフォーラムはハノイで開催されたが、この年はたまたまベトナム国家大学が創立一〇〇周年を、ソウル国立大学が創立六〇周年を祝う年になった。この二つの大学の前身は植民地時代にさかのぼり、ベトナム国家大学ハノイ校の前身はフランス植民地時代に作られたインドシナ大学であり、ソウル国立大学の前身は日本支配時代に作られた京城帝国大学（一九二四年創立）である。ベトナム国家大学はその創立をインドシナ大学から数えて二〇〇六年に一〇〇周年を祝ったのに対し、ソウル国立大学は一九四六年からの韓国が日本支配から解放されて以降の歴史を自らの歴史とし、京城帝国大学には創立をさかのぼっていない。この二つの大学では、その「植民地的起源」に対する現時点での考え方は大きく相違しているわけである。

この年にベトナム国家大学の創立一〇〇周年の記念式典が、旧インドシナ大学の大講堂（現在は国家大学グィ・ニュー・コントゥム会堂）で開催された。この講堂の天井には、植民地時代の一九二八年にインドシナ大学の構成員だったインドシナ高等美術学校の校長だったタルデューというフランス人画家が描いた「進歩のアレゴリー（寓意像）」という壁画があった。この壁画は、長い間、絵はかすれ、何が描かれているのかわからない状態にあったが、一〇〇周年を記念して、きれいに復元された（写真4－16）。

私はこの記念式典に参加していて、復元壁画の除幕式に参列していたが、復元された絵を見てやや驚いた。絵の中央には、ベトナムの伝統的な学校の門に「進歩の女神」が立っており、その輝きが周辺にいる様々な階層のベトナム人を照らしている。この「女神」は、どう見ても西洋女性に見え、フランスがもたらした「文明の光」がベトナム人を照らしているという植民地支配の思想そのものが絵になっていると見えた。そのような絵をベトナム国家大学が復元したことに驚きを感じたのである。

ベトナム国家大学が発行した公式の一〇〇年史の中には、「この絵は大学という場所に置かれることになったので、画家タルデューは東洋の文化（人材を重視し、学ぶことを高く評価する）と西洋の文明思想（進歩のアレゴリー）を結合した、きわめて独特な表象によって、知識が文明と進歩の礎であることを表現するのを忘れなかった」とある。つまりは、植民地主義的というよりは、東西文化の交流の産物と見るべきだとしている。

ベトナム国家大学を代表する二人の近代史家ディン・

写真4-16　ベトナム国家大学ハノイ校(旧インドシナ大学)講堂の天井壁画。(2010年。筆者撮影)

スアン・ラム（Đinh Xuân Lâm）とグエン・ヴァン・カイン（Nguyễn Văn Khánh）両氏は、九一年に刊行された共同論文で、フランス植民地支配の再評価を提唱して、次のように述べている。

「ずっと以前から今日に至るまで、ほとんどの人々が、ベトナム侵略戦争によってフランス植民地主義は我が国を植民地とし、わが人民にきわめて多大な痛みと悲しみをもたらした、という評価で一致している。…植民地主義者のこうした罪悪は、ベトナム人民および世界の進歩的人民によって永遠に糾弾され恨まれるだろう。しかし他面では、我が国を侵略し、平定し、開発し、搾取する過程で、フランス植民地主義が、当時のベトナム社会からすればより進歩した生産様式をベトナムにもたらし、資本主義の発展と成長を刺激し促進する条件を作り出し、民族の文化の近代化の速度を速めたことも認めなければならない。…フランス植民地主義のベトナムにおける影響を研究するには、消極面、つまりは我が国土に対する害だけではなく、積極面、つまりは植民地主義が無意識のうちにもたらした物質的、文化的に価値あるものも、はっきりと認識しなければならない」

ベトナム民族運動の展開

ベトナムの近代ナショナリズムにとって、前近代に形成された「南国意識」は、貴重な歴史遺産ではあったが、フランス植民地支配の形成によって生まれた新しい課題に、十全の回答を与えるものではなかった。

まず第一に、帝国主義による世界分割の一環として形成されたフランスのインドシナ統治に対抗するためには、中華世界の一員としてのベトナムという世界観を脱して、広く地球大的広がりを持つ世界の中にベトナムを位置づけることが求められるようになった。第二に、東南アジアやインドシナ半島の中にベトナムを定位するという、前近代では「未完」に終わった課題は、インドシナ植民地の形成によって、より重要なものとなった。特に、カンボジア人やラオス人など周辺の異質な人々との結合の論理の形成は、植民地支配からの脱却のためには不可欠の課題だった。第三に、伝統的な「南国意識」は、原初的な民族意識という性格を持ってはいたが、基本的には王のもとでの臣下としての人々の一体性という、王朝体制を支える国家意識だった。これでは阮《グエン》朝がフランス支配に組み込まれて以降は、抵抗の原理にはなりえず、「血をわけた同胞」としての人々の一体感、つまりはネーション（国民ないし民族）としてのベトナム人の結合が模索されるようになった。「1ベトナムはどんな国か」で述べたように、ローマ字化されたベトナム語を植民地支配の道具として忌諱《きき》していた知識人の間でも、ネーションとしてのベトナム人のまとまりを形成するために不可欠の大衆啓蒙という点からすると、漢字や字喃《チューノム》に比べて習得のやさしいローマ字表記法の優位を認めるべきだという認識が広がり、ローマ字表記法は「クォックグー（国語）」と呼ばれて広く受け入れられるようになった。

こうした課題に最初に挑戦したのは、二〇世紀初頭に東遊《ドンズー》運動やトンキン義塾運動などの中心になったファン・ボイ・チャウ（写真4-17）やファン・チャウ・チン（Phan Châu Trinh 1872~1926）をはじめとする開明的文紳たちだった。開明的文紳は、勤王運動の担い手と同じように、科挙試験をめざして儒教を学んだ伝統的知識人だったが、伝統の固守ではもはやフランスに抵抗しえないことを自覚して、中国の改革派の書物を通じて、意識的に西欧近代の知識の吸収につとめた「開明派」であることが、新しい特徴だった。

ファン・ボイ・チャウは日露戦争後の日本にベトナムの青年を留学させて、独立運動を担う人材を養成する東遊運動を提唱する。一九〇五年に日本にやってきたのは、「同文同種」の友としての日本に援助を求めるという発想で、基本的には中華世界という観念を継承したものだった。中華世界の中で、中国を選ばず、日本を選んだのが新味で、清仏戦争後、中国はもはや頼みとならないという思いが文紳の間でも広がる中で、日清・日露戦争に勝利してアジアの強国と見なされるようになった日本に注目する人々も生まれるようになった。しかし、チャウの発想は、その後の日本滞在の中で、中華世界観を超えるものに変化していく。彼は、日本にいたアジア各地の革命家との接触を通じて、「同病の友」との連帯、つまりは被抑圧民族との連帯を求めるようになった。

写真4-17　ファン・ボイ・チャウ。

一九世紀の勤王運動を指導した伝統的文紳は、西欧が進歩しており、自分たちは後れているとは考えず、伝統的な中華世界観に基づく攘夷思想による抵抗を行なった。その敗北を目の当たりにしたファン・ボイ・チャウらは、ベトナムの「後進性」を自覚せざるをえなかった。その際の認識の枠組みとなったのが、世界の諸民族は「野蛮」から「半開」そして「文明」という進化の道を歩み、その間に激しい生存競争があり、「文明」化に失敗した民族には「滅種」すなわち民族としての存在そのものの危機が待ち受けているという、進化論を人間社会に適用した「社会ダーウィニズム」だった。

チャウらは、ベトナムの直面している危機を「亡国滅種」の危機ととらえた。これは、国が失われただけでなく、この国を支えるベトナム人の民族的な結合も滅亡の危機に瀕しているという認識だった。「忠君愛国」ではなく、血を分けたベトナム人の民族的な一体性の重要さが認識されるようになり、「同胞」という言葉や、建国神話に起源を持つ「龍仙の子孫」としてのベトナム人のまとまりといったことが強調されるようになった。

しかし、他方では、社会ダーウィニズムは周辺の諸民族を蔑視する面を持っていた。歴史的に中華文明という高文明に連なったことのあるベトナム人は、カンボジア人、ラオス人やその他の山地民とは違って、「半開」から「文明」へと達する可能性を持ったインドシナ半島では唯一の存在と考えられたのである。これはファン・ボイ・チャウのインドシナ観にもつながっていた。チャウは、フランスの支配によって失われたベトナムを現に存在するインドシナと地理的には同一視していたが、そこに住むカンボジア人、ラオス人や山地民を「同病の友」=被抑圧民族の連帯の対象とは考えず、「蛮夷の経営」の対象としてしか考えていなかった。

第一次世界大戦後になると、知識人社会ではフランス式教育を受けた新学知識人の活躍が目立つようになり、新聞や雑誌などの形態をとったクォックグーによる言論空間が広がっていった。また、大戦後の好景気の中で進んだ植民地開発の中で資産家や労働者といった新しい社会階層が形成され、こうした階層と結びついた民族運動も登場した。

一九二〇年代半ばまでは、ブイ・クアン・チュウ（Bùi Quang Chiêu 1873~1945）が結成した、コーチシナの大地主や資産家を支援者に作られたインドシナ立憲党や、ファム・クイン（Phạm Quỳnh 1892~1945）が主宰した、インドシナ総督のアルベール・サローの「仏越提携論」に呼応する言論の場となった雑誌『ナムフォン（南風）』など、比較的穏健な政治潮流の影響力が大きかった。

しかし、一九二五年にファン・ボイ・チャウがフランス官憲に逮捕された際に起きた抗議運動、およびファン・チャウ・チンの死去に際しての追悼運動が、学生中心に高揚し、これらの運動を組織し退学処分などを受けた知識青年を吸収して、より急進的な政治グループが台頭してくる。その代表がグエン・タイ・ホック（Nguyễn Thái Học 1901~30）が二七年に結成したベトナム国民党と、グエン・アイ・クォック（Nguyễn Ái Quốc 後のホー・チ・ミン）が二五年に結成したベトナム青年革命会とそこから発展した三〇年結成のベトナム共産党だった。しかし、この二つの結社は、三〇年に国民党がイエンバイ蜂起、

写真4-18 1930年代のハノイ。

共産党がゲティン・ソビエト運動という反仏蜂起を組織し、植民地政権によって厳しく弾圧される（写真4－18）。

この時期になると、大衆をどれほど組織しているかが、政治勢力の優劣を大きく左右するようになる。この点で注目されるのは、メコンデルタに生まれたカオダイ教とホアハオ教という新興宗教で、いずれも地上に天国が出現することを願う、人々の「千年王国」的願望をとらえ、両大戦間期に大教団に発展した。また、厳しく弾圧されていた共産党（三〇年一〇月インドシナ共産党に改称）も、一九三六年にフランス本国で人民戦線政府が誕生し、インドシナでの活動が合法化されると、大都市を中心に活動を強化し、サイゴンではトロツキストと共闘して選挙で勝利を収めるなどした。しかし第二次世界大戦が勃発すると、植民地政権は再び政治活動を厳しく規制し、これに抗して共産党のコーチシナ組織が四〇年一一月に計画した南圻《ナムキ》蜂起への弾圧で地元の共産党組織を壊滅に追い込むとともに新興宗教勢力の反仏運動も抑え込んだ。

インドシナには、アジア太平洋戦争の開戦に先立って、四〇年九月と四一年七月に、それぞれ北部と南部に日本軍がフランスとの協定に基づいて進駐した（仏印進駐）。

そのため、アジア太平洋戦争の開戦後も日本軍の占領下に置かれた他の東南アジアとは異なり、インドシナにはフランスの植民地政権が存続し、軍を進駐させていた日本との「日仏共同支配」が行なわれていた。四五年三月、戦局の悪化の中でこれ以上フランス植民地政権の対日協力は期待できないと判断した日本は、「仏印処理」というクーデタを起こし、フランス植民地政権を打倒した。その後、日本は、ベトナム、カンボジア、ラオスの国王に、それぞれの国の「独立」を宣言させる一方、フランスのインドシナ総督府の権限を日本が引き継ぎ、インドシナをその支配下に置いた。

この「仏印処理」以降、急速に台頭したのが、四一年五月にグエン・アイ・クォックが結成したベトナム独立同盟（略称「ベトミン」）だった。大戦末期のベトミンの台頭には、三つほど要因があったと思われる。

第一に、日本の「仏印処理」で、それまでベトナム人の政治活動を封じ込めてきたフランス植民地政権の秘密警察をはじめとする弾圧機構が解体され、新しい支配者日本は憲兵隊がベトミン掃討を試みはするが、フランスに代わるような有効な弾圧装置は作れなかった。

第二に、「仏印処理」後、優位に立ってもおかしくはなかった親日派が、長年にわたる「日仏共同支配」のもとで、有力な政治勢力に成長していなかった。大戦当時、日本には東遊《ドンズー》運動の盟主で阮《グエン》朝の王族だったクオンデ侯が保護されており、親日派は、日本がフランス支配を排除した際には、親仏的な皇帝保大《バオダイ》帝を廃位して、クオンデが擁立されることを期待していた。しかし、「仏印処理」後のベトナムの内政の混乱を嫌った日本の軍部は保大帝を廃位することはせず、そのため、それまでの親日政治運動の中心人物だったゴ・ディン・ジエム（Ngô Đình Diệm 1901~63 ベトナム戦争中の南ベトナムの大統領）などは「仏印処理」後の政権形成を断り、その結果、保大帝のもとでは、それまであまり政治活動の経験がない知識人を中心としたチャン・チョン・キム（Trần Trọng Kim 1882~1953）内閣が組閣された。キム政権は、一時、日本から付与された独立を利用して実力を蓄え、大戦後のフランスの復帰と闘う実力を養成するという発想から、都市知識人の支持を得たが、折からベトナム北部で発生していた飢饉に有効に対処できないなど、「日本に容認された政府」としての限界が見え、逆に、「日本の籾倉を襲

写真4-19　ハノイのオペラ座前でのベトミンの集会。(1945年8月19日)

って飢饉を救え」というスローガンを掲げたベトミンの活動が広がる中で、キム政権の内部からもベトミンを支持する人が出るようになった。

第三に、大戦が日本の敗北によって終結すると、一貫して反日の立場をとり連合国と結びつきを持った政治勢力としてのベトミンの正当性が、きわめて強くなった。

かくして、日本が降伏を宣言した四五年八月、ベトナム各地では、ベトミンが呼びかけた八月革命の総蜂起が起き、キム政権の機構から権力を奪取した(写真4―19)。フエでは、保大帝がベトミンへの政権譲渡を決意して退位を宣言した。かくして、四五年九月二日、グエン・アイ・クォックがホー・チ・ミンの名でベトナム民主共和国の独立を宣言したのである。

ただ、ベトナムの独立を、第二次世界大戦末期の混乱に乗じて起きた出来事とはみなせない。フランスは確かに「仏印処理」まではベトナム人の反仏運動を抑え込んでいたが、一九三九年までには人口の約一〇%、一八〇万にまで拡大していたクォックグー識字人口を中心に形成されていた、ベトナム人のネーションとしての結びつきと独立への希求の増大そのものまで抑え込んでいたわけではなかった。フィリピンに独立を約束していた米国、ビルマに自治を与えた英国とは異なり、フランスは、インドシナに独立も自治も約束していなかった。これで第二次世界大戦を乗り切れると考えたフランスのほうに、「大きな誤算」があったのである。

写真4-20 バーディン広場での独立宣言。

ベトナム人のインドシナ再解釈

ここでは、フランス支配の形成がベトナム人の伝統的な「南国意識」に投げかけた三つの課題のうち、開明的文紳たちの時期には答えが出ていなかった周辺の諸民族との関係について、その後の人々がどう考えたのかを見ておきたい。

これは、ベトナム人がフランスが作り出した支配の枠組みであるインドシナをどのように主体的に再解釈していったのかという問題と関連している。クォックグーでは、インドシナは、一九世紀の終わり以降は、ドンズオン（Đông Dương 漢字をあてはめると「東洋」）と表記されるようになった。これは、インドシナという概念にベトナム人なりの意味を付与しやすい言葉だったと言ってよいだろう。インドシナの再解釈ということで、まず二人の知識人を取り上げたい。

最初の人物は、グエン・ヴァン・ヴィン（Nguyễn Văn Vĩnh 1882~1936）である（写真4-21）。彼は、フランスがハノイに作った最初の官吏養成学校である通訳学校を一八九六年に首席で卒業し、官吏となったあとジャーナリストとして活躍し、一九一三年にクォックグーによる最初の本格的雑誌『インドシナ雑誌』を刊行した。

ヴィンは、ベトナムという枠組みそのものにこだわるべきではないという議論を展開した。彼の思想の基本は、フランス統治下にある「今の方が昔よりも一〇〇倍もまし」であるという発想で、ベトナム人の将来は、自らの過去と完全に決別し、徹底してフランス文化に同化することであるとした。そうであれば、ベトナムという枠組みにしがみつく理由はなく、ヴィンは、ベトナム人がフランス文化に自らを一体化していく枠組みとしては、過去のしがらみのあるベトナムよりインドシナという枠組みの方が適していると考え、「インドシナの政治改革」を唱え、自らの雑誌も『インドシナ雑誌』と命名した。

写真4-21　グエン・ヴァン・ヴィン。

二人目の人物は、ファム・クイン（一一四ページ参照）である。クインはヴィンと同じ通訳学校を一九〇八年に卒業し、フランス極東学院に勤務した。彼は、先にも述べたようにアルベール・サロー総督の「仏越提携論」に呼応して、「健全なベトナムの国家主義の形成」を提唱し、『南風雑誌』を主宰した。クインはフランス文化への同化を主張したヴィンを批判して、次のように述べている。

もしベトナム人（クインは「安南の民」と呼んでいる）が国家を持たない「バラバラの部族」にすぎないならば、フランスへの同化政策が適しているが、実際には、南国＝ベトナムは「古来完全な一国家」であり、「二〇〇〇年の歴史」の中で進化し、他の民族（カンボジア人、ラオス人、山地民など）とは全く異なっており、これを同化しようとするのは「自然の理」に反している。

クインは、ヴィンの議論を、ベトナムという枠組みを消し去っている点でもベトナム人を他の「劣等民族」と同一視している点でも犯罪的とした上で、インドシナレベルでは、フランス人にカンボジア人とラオス人が加わった議会とベトナム人の議会を設け、その上で、ベトナムに関しては一八八四年の保護条約の完全履行、つまりは立憲君主制のベトナムへの内政権の付与を要求した。つまり、クインはインドシナの他の民族とベトナム人を峻別し、ベトナムという枠組みを明示する政治改革を求めたのである。

一九二〇年代までにはカンボジアやラオスに官吏、労働者などとして滞在するベトナム人も増大し、ベトナム人の活動の舞台がインドシナ大的な広がりを持つようになり、ベトナム人の間でのインドシナ再解釈も様々な形で進んだが、多くの場合、カンボジア人やラオス人などインドシナに居住する異質な人々のことはあまり視野に入らず、もっぱらベトナム人の問題としてインドシナが議論されるという特徴があった。

こうした状況に変化をもたらしたのは、共産主義的な政治潮流だった。二〇年代末から三〇年代初頭のベトナム人共産主義者の間では、ナショナリズムの延長に共産主義を受容したグエン・アイ・クォックと、彼のもとで養成された人材ではあったが、二八年のコミンテルン第五回大会が出した階級闘争至上主義的な発想に忠実な若い共産主義者との意見の対立があった。

三〇年二月に、三つのベトナム人共産主義者グループを統一して共産党を結成した際に、グエン・アイ・クォックが採用した党名は、ベトナム共産党だった。この名称に、クォックは、ベトナム人がベトナムの独立のために闘う共産党という意味を込めたと思われる。これは、共産党は、その構成員の民族的願望のためにではなく、国際的な階級闘争に奉仕するために、ある地域を管轄している「地域共産党」であるべきだという、当時のコミンテルンの考えとは相違するものだった。

コミンテルンでの訓練を受け、モスクワから帰国したチャン・フー（Trần Phú 1904–31）（写真4–22）は、グエン・アイ・クォックの考えを批判し、三〇年一〇月に開催された第一回中央委員会で党名をインドシナ共産党に変更する。

この党名変更は、革命運動の出発点を、ベトナム人の民族的願望よりも、インドシナが単一の支配のもとにあるという植民地支配の現実に置くべきことを明示したものだった。この当時は、インドシナ在住の共産主義者はベトナム人が大半で、あとは若干の華僑の共産主義者がいただけで、カンボジア人やラオス人はまだいなかった。地域共産党は、党員の民族的出自を問題にせず、インドシナという地域を管轄してフランス支配と闘う共産党だったので、党員の大半がベトナム人である党がインドシナ共産党と名乗ることは問題にならなかった。逆に、インドシナ共産党への改称は、ベトナム人共産主義者に、カンボジア人やラオス人やその他の諸民族を組織化し、これらの異質な人々と連携する課題を明示したのである。

　かくして、インドシナ共産党への改称は、当時の若手ベトナム人共産主義者の教条主義的な国際主義の反映だったが、カンボジア人やラオス人との連携を明確な課題として意識した史上初のベトナム人政治結社の誕生を意味しており、それまでのナショナリストが明確な回答を出していなかった異質な文化を持つ周辺の人々との結合の論理の模索に、一つの回答を出す意味を、ベトナム政治史で担うことになる。

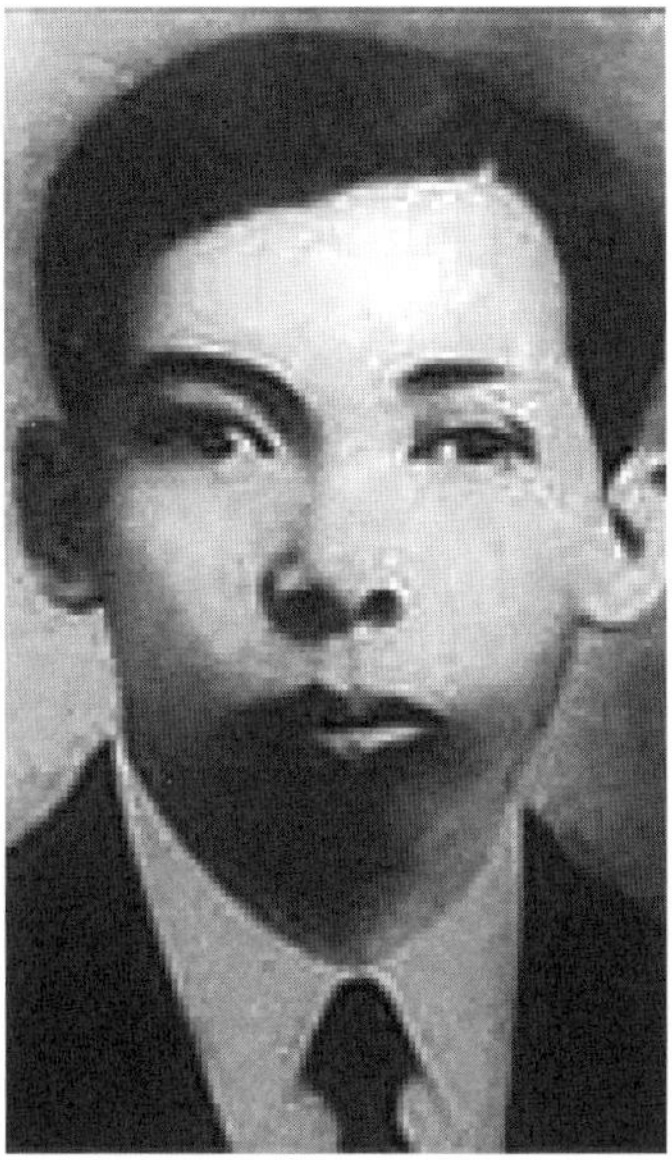
写真4-22　チャン・フー。

　インドシナ革命では、ベトナム人（狭義のベトナム人、キン族）が「多数民族」、カンボジア人、ラオス人を含むその他の民族が「少数民族」と見なされ、「多数民族」たるベトナム人は「少数民族」の結集を重視しなければならないとされた。しかし、若手ベトナム人共産主義者のインドシナ革命論は、有効には機能しなかった。彼らはインドシナ規模での「プロレタリアートの階級的連帯」を形成しようとしたが、実はこの時代にカンボジアやラオスに存在した農業労働者や鉱山労働者といった労働者の大半は、ベトナム人だった。階級的連帯の論理では、民族の枠を超えた運動の構築は難しく、三〇年代に、インドシナ共産党は、越北地方のタイ系民族を除くと、「少数民族の結集」という課題にはあまり成果をあげられなかった。

　第二次世界大戦が迫ると、コミンテルンも、再び民族的契機を重視する方向へ転換する。コミンテルンや若手ベトナム共産主義者から「ナショナリスト」と批判されていたグエン・アイ・クォックが、ベトナムに帰国して現地の運動を指導する機会を得られたのも、この転換のおかげだった。三〇年ぶりに帰国したクォックが指導した四一年五月の第八回中央委員会では、再びベトナム人のナショナルな解放の枠組みとしてベトナムという枠組みを明示する必要が提示され、ベトナム民主共和国樹立という国家構想と、その樹立を促進する統一戦線組織としてのベトミンの結成が決定された。

この転換事態は、ベトナム人がベトナムという枠組みでの解放を望んでいたという、ベトナムの民族的実情に応じたベトナム第一主義的な転換だったが、ここで復活した「ベトナム革命」は、二〇年代までの発想への単なる回帰ではなかった。まず、「インドシナ革命」は引き続き必要と見なされ、ただ三〇年代のような階級的連帯ではなく、「ベトナム革命」、「カンボジア革命」、「ラオス革命」という三つの民族解放革命の連帯でその実現が構想されるようになった。また、以前は「ベトナム民族」という場合にはもっぱらキン族だけを指す概念だったが、ベトナム民主共和国は、キン族がベトナムに居住する他の少数民族と共有すべきものと考えられるようになった。実際に、大戦中のベトミン運動の最強の根拠地が越北地方という少数民族地域に置かれたという事情も加わり、ベトナム民主共和国は、独立当初から多民族国家として設計されることになった。これは、ベトナムを狭義のベトナム人の専有物と考えた伝統的な「南国意識」からは大きな転換だった。

もっとも、このように書くと、ベトナムのベトナムとしての独立は自明の理であったかのように聞こえるが、これには留保が必要である。世界でも、東南アジアでも、植民地国家がその後の独立国家の枠組みとして継承されているケースは多数ある。オランダ領東インドがそのままインドネシアに継承されたのにフランス領インドシナはなぜそうならなかったのかは、改めて問うても不思議ではない設問である。

植民地国家が独立国家に継承されるメカニズムを、ベネディクト・アンダーソンは、植民地国家の教育体系と官僚組織が作る「巡礼圏」が、それまで共通の意識を持たなかった人々を一つに結び付ける役割を果たしたと説明している。この点で見ると、インドシナという「巡礼

写真4-23　仏印処理後の親日派の集会。（古田元夫．1997.）

圏」は、もっぱらベトナム人によって担われ、ベトナム人、カンボジア人、ラオス人を結び付ける機能はあまり果たさなかったことを、まずは指摘すべきであろう。

それでも、独立の際の権力移譲のあり方によっては、インドシナ国家樹立の可能性は残っていた。四五年の「仏印処理」の直前まで、復国という親日派ベトナム人組織が構想していた案では、フランス植民地政権打倒の後、ベトナム、カンボジア、ラオスの三王国が独立を回復したのち、この三国で「越南連邦」を組織し、連邦の首領にはクオンデ侯が、副首領にはカンボジア王とラオス王がなるという構想だった。日本が、クオンデの帰国、保大帝の廃位という道を歩んでいれば、こうした連邦結成が日程にのぼった可能性は否定できない。そういう意味では、「仏印処理」の際に日本が三国の国王に独立を宣言させればよいとしたことが、この地の独立国家形成の枠組みが、インドシナではなく、三国になる流れを決定的にしたとも言えるだろう。

ファム・クイン（Phạm Quỳnh　1892~1945）

フランス植民地時代に活躍した知識人、政治家。ハノイの生まれで、北部の知識人としては最も早くフランス式の教育を受けた人物で、「健全なベトナムの国家主義の形成」を主張した。この主張は、第一次世界大戦後のフランスのインドシナ総督アルベール・サローの協同政策に合致し、クインは戦間期（一九一八年の第一次大戦終結から一九三九年の第二次大戦勃発までの約二〇年）の代表的な親仏知識人と見なされた。一九一七年には『ナムフォン（南風）』という雑誌の刊行にたずさわり、三二年までその編集長をつとめた。漢文、フランス語、ローマ字化されたベトナム語＝クォックグーの三言語で書かれたこの雑誌は、クォックグーの表現能力の向上に寄与した。

クインは、三二年から、阮《グエン》朝の皇帝バオダイのもとで政治の世界に入り、政権の筆頭職の礼部尚書をつとめた。四五年三月に日本軍が仏印処理で仏植民地政権を打倒すると、政界から退いたが、八月革命直後にフエ近郊で、現地のベトミン勢力によって拘束され、処刑された。

ファム・クインは植民地時代の親仏知識人とみなされ、長い間、ベトナム民主共和国、社会主義共和国での評価は低かった。しかし、ドイモイの開始以降、特に二一世紀に入って、再評価の動きがベトナム国内で起きている。代表的歴史家のひとりであるヴァン・タオは、二〇〇六年の論文で、次のように指摘している。

「ファム・クインは、人民に対して残虐な行為は行なっておらず、愛国者を逮捕したり流刑にするといった命令に署名することもなかった。…氏は、ベトナムの文壇、新聞雑誌上に東西文化を伝える上で功績があり、二〇世紀初頭のベトナム民族の言語と文化を豊富なものとするのに貢献した」（Văn Tạo, 2006）

ファム・クイン。

5
独立ベトナムの歩み　Ⅰ 戦争の時代

アメリカにとっては、ベトナム戦争は、あくまで、遠い外国で行なわれている局地戦争にすぎなかった。その犠牲としては、五万八〇〇〇という戦死者の数は、アメリカの世論が「耐えられない」と感ずる規模のものだった。これに対して、ベトナムの革命勢力にとっては、この戦争は、祖国をアメリカの侵略から守り、南北統一を達成するための総力戦争だった。一〇〇万を超える戦死は、多大な犠牲ではあったが、総力戦争としては耐えうる犠牲だった。最終的には、このことが、ベトナム戦争の結果を決めたと言ってよいだろう。

抗仏戦争（一九四五〜五四年）

かつての植民地宗主国フランスには、ベトナム民主共和国の独立を認める用意はできていなかった。インドシナでは、日本の降伏後、連合国の取り決めで、北緯一六度線以南にはイギリス軍が、以北には中国軍（蔣介石政権の国民党軍）が、日本軍の武装解除のために進駐した。南部ではフランスはその復帰に同情的だったイギリスの支援を得て、一九四五年九月二三日にサイゴンでベトミン政権を排除したのを皮切りに、支配回復を進めた。

北部に進駐した中国国民党軍は、フランスには冷淡だったが、共産主義者が指導するベトナム民主共和国にも警戒的で、親中国的な民族主義者の政府参加を求めるなど圧力をかけた。しかし、中国国内の共産党との緊張の高まりの中で、国民党にはベトナムへの関与を続ける余力はなく、四六年三月にはベトナムからの撤退を開始し、北部にもフランス軍が進駐することになった。

フランス軍の北部進駐に際して、ベトナム民主共和国とフランスの間では、民主共和国をフランス連合の「自由国」とする暫定協定が結ばれ、外交交渉が行なわれたが、フランスがかつての直轄領コーチシナに「コーチシナ共和国臨時政府」を樹立するなどの動きに出たため、交渉は決裂し、四六年一二月にはホー・チ・ミンがフランスに対する全国抗戦を呼びかけ、戦争が本格化した。カンボジアやラオスでも、復帰するフランスに抵抗を試みる独立勢力が存在し、戦争はインドシナ戦争と呼ばれるようになった。

戦争の展開は、大きく四つの時期に区分ができる。

第一期は、四七年の末までの時期で、フランスはベトミン軍など容易に粉砕できると考え、「即戦即勝」をめざして、ベトナム民主共和国の指揮中枢がいた越北地方への攻撃を展開するが、ベトミン軍はこれをしのぎ、戦争は長期化の様相を見せ始めた。

第二期は、四八年から五〇年の半ばまでの時期で、ベトミン側は、越北地方、中部北方のタインホア、ゲアン、ハティン、中部南方のクアンナムからフーイエンにかけて、および南部のメコンデルタの一部に比較的安定した根拠地を確保し、一方、フランスは、大都市とその周辺平野部を中心とした占領地の政治的強化を重視し、阮朝《グエン》最後の皇帝のバオダイを擁してベトナム国を樹立する一方、少数民族地区では、中部高原の「西圻自治国」、北部の「ヌン自治国」、「ターイ自治国」、「ムオン自治国」などを擁立して、ベトナム民主共和国に対抗し、戦局は膠着した。四九年一〇月に中華人民共和国が成立し、アジアにも冷戦の対立構造が及ぶと、ベトナム民主共和国は中国やソ連からの、フランスは米国からの支援に期待を寄せるようになる。また、この時期には、ベトナム側は「インドシナは単一の戦場」であることを強調し、ラオスやカンボジアの抗戦との有機的連携をより重視するようになった。

写真5-1　1946年3月2日ハノイのオペラ座で開催された国会。演壇には「南部はベトナムのもの」というスローガンが掲げられている。

第三期は、五〇年の半ばから五二年にかけての時期で、中国からの軍事援助を得たベトミン軍が師団規模の主力軍を建設し、五〇年秋の中越国境地帯での国境作戦をはじめ、大規模な攻勢を展開した時期である。国境作戦で中国との国境地帯の多くを支配下に置き、補給路を確保したベトミン軍は、五〇年末から五一年にかけて北部平野部での大規模な作戦を展開したが、フランス軍の反撃にあい、平野部での軍事的力関係には大きな変化が生まれなかった。そこで五二年一〇月には、ベトミン軍は矛先をラオスとの国境の西北地方に転じて西北作戦を開始し、同地方の大半を支配下に置いて、翌五三年四月にはそこからラオスに進入する上ラオス作戦を展開した。

第四期は、五三年から戦争が終結する五四年七月までの時期である。第三期の作戦の後、ベトミン軍指導部で

写真5-2 ディエンビエンフー。ベトナム人民軍がフランス軍陣地を攻略した際の写真。

は、攻勢の主方向を引き続き西北からラオスにかけての山岳地帯に向ける案と北部平野に向ける案があったが、五三年九月には前者が採用され、ベトミン軍主力が西北地方から上ラオスに展開し、ラオスの王都ルアンプラバーンを脅かす形勢になった。フランス軍の司令官ナヴァール将軍は、ラオス国境に近い西北地方のディエンビエンフーに降下部隊を投入して一大要塞を作り、ここにベトミン軍主力をおびき寄せて一挙に叩こうとした。これに対して、ベトミン軍もここがインドシナ戦争の戦局全体の動向を左右する決戦の場になると判断し、五四年三月にはフランス軍陣地に対する総攻撃を開始した。ベトミン軍は最大の難点だった補給の問題を大量の人的資源の動員で解決し、フランスが予想しなかった大型火器と大量の兵力をフランス軍陣地周辺の高地に配置し、五四年五月七日にフランス軍はベトミン軍に降伏した（写真5－2）。フランスにとって、インドシナ戦争勝利の展望がなくなる中、戦争の帰趨は、ジュネーヴ会議での交渉に委ねられることになった。この戦争での戦死者は、フランス側で約七万五〇〇〇人、ベトミン側で三〇万人に達すると言われている。

「ホー・チ・ミンの国」から「中国モデル」の受容へ

ベトナム民主共和国は、共産党が指導するベトミンを中心に樹立された国家だったが、ソ連軍の支配下で生まれた東欧や北朝鮮の共産党政権とは異なり、八月革命という自生的な革命によって生まれた政権だった。国家のあり方としても、四〇年代いっぱいまでは、ベトナム民主共和国は共産党政権としてはユニークな存在だった。

ベトナムのユニークさの一因は、ソ連や中国共産党の解放区という当時の国際共産主義運動の中心からはベトナムが地理的に遠く離れた存在で、ソ連や中国共産党からの直接的な支援を望めなかったことにあったが、他方では指導者ホー・チ・ミンの個性を反映したものだった。

ベトナム民主共和国のユニークさの第一は、政権を掌握した共産党が自らの解散を宣言するという前代未聞の挙に出たことだった。これは、共産党政権に好感を持たない中国国民党軍の進駐下で、四五年一一月にホー・チ・ミンが、国民党軍との摩擦を軽減し、フランスの復帰に対抗する挙国一致体制をとるためにとった措置だった。むろん、これは「偽装解散」で、共産党組織はその後も温存はされていたが、「階級的権利の上に国家的権利を置き、民族の共通の権利のためには、党派の個別利害を犠牲にする用意がある」という宣言が示すように、共産党は、コミンテルン時代のように国際的な階級闘争の利益を第一にするのではなく、国民の利益に奉仕する「国民共産党」になるべきだというホー・チ・ミンの発想を色濃く反映した措置だった。

第二のユニークさは、ベトナム民主共和国は、閣僚や政府の要職に多数の非共産党員のナショナリストを登用していたことである。これは、中国国民党軍の圧力で親中国のナショナリストを入閣させる以前の段階からの特徴で、仏印処理後に生まれたチャン・チョン・キム内閣という「親日政権」の閣僚経験者も含まれていた。

第三のユニークさは、共産主義者が農民の支持を集める上で大きな意味を持つことが隣国中国で証明されていた地主制の廃止と農民への土地分配という土地革命の実施が回避されていた点にあった。これは、フランスへの抵抗に地主層など社会の上層階級を含めた広範な人々を結集するために採用された政策だった。

写真5-3 ベトナム民主共和国臨時政府閣僚。(1945年8月25日)

第四のユニークさは、ベトナム民主共和国が、その外交活動の力点を、遠方の社会主義国よりも周辺の東南アジア諸国に置いていた点にある。当時の東南アジアは、大戦後の世界で最も早く独立運動が高揚した地域だった。ソ連を含め世界中のどこからも国家的承認を得られなかったベトナム民主共和国は、タイのバンコクとビルマのラングーンに準外交施設とも言うべき代表部を置き、ここを拠点としてその外交活動を展開し、独立への動きが盛んな東南アジア諸国の連携をめざした。インドシナの反仏抵抗に同情的な自由タイ政府の支援のもとに、四七年には「東南アジア連盟」という、植民地主義に抵抗する東南アジア諸国の連携を図る組織が結成されるなどした。このような意味で、初期のベトナム民主共和国は、ホー・チ・ミンの個性が色濃く反映された「ホー・チ・ミンの国」であるとともに、東南アジアという地域の中に自らを定位せんとした「地域国家」だった。

しかし、こうしたベトナム民主共和国のユニークさは、四九年一〇月に中国に中華人民共和国が成立し、インドシナ戦争が冷戦構造に組み込まれる中で、急速に失われることになる。中華人民共和国が生まれた頃、ベトナムの抗仏戦争はフランスの「即戦即勝」の目論見は挫いたものの、ベトナムにとっても犠牲は大きく、戦争の勝利の見通しは立っていなかった。こうした状況下で、陸続きの中国に共産党政権が誕生したことは、ベトナムの指導者にとっては光明に思えた。

五〇年一月一四日、ホー・チ・ミンは、ベトナム民主共和国を代表して、その承認と外交関係の樹立を求めるアピールを発表した。これに応えて、中華人民共和国が一月一八日に、ソ連が一月三〇日にベトナム民主共和国を承認すると、ホーは中越国境を越えて中国に入り、北京を経由してモスクワへ向かった。この時期は、中国の毛沢東もモスクワを訪問していた。ホーは、中ソの最高指導者に、ベトナムの抗戦への支援を要請した。

五〇年二月にホーと会見したスターリンは、中ソなどの社会主義陣営（当時は民主陣営と自称）の支援がほしいならば、ベトナムのユニークさを放棄せよと、あからさまに迫った。スターリンは、ホーとの会談で、共産党の解散と土地改革の回避を問題にし、前にある二つの椅子を指して、「こちらは農民の椅子、あちらは地主の椅子、ベトナムの革命家はどちらの椅子に座るつもりか」とホーに迫ったと言われている。スターリンが、より直裁に、「共産党を早期に公開して活動せよ。もはや共産主義者が闇の中に隠れているべき時ではない。抵抗戦争が激しいからこそ、土地改革をして、農民の精神と物質的パワーを戦闘に動員する必要がある。階級闘争と労農同盟がプロレタリア革命の基本原理だということを思い出さなければならない」と述べたという回想もある。いずれにせよ、スターリンは、ソ連や中国などの社会主義諸国の援助がほしいならば、「旗幟を鮮明」にするよう、ホーに迫ったのであった。

当時は、「中国モデル」が、スターリンも公認した「アジア革命」の普遍モデルだった。ホーには、ベトナムのユニークさを放棄し、「中国モデル」を導入するという選択肢しかなかった。その場となったのが、五一年二月に開催された党大会だった。この大会では、四五年の「解散」以来、地下に潜行していたインドシナ共産党を改組し、ベトナム・カンボジア・ラオスの三党に分離し、ベトナムに関してはベトナム労働党という名称で党が公然化することになった（写真5－4）。ベトナム民主共和国は、この労働党の指導のもとにある、世界の「民主陣営」の

写真5-4 インドシナ共産党第2回大会。(1951年)

一員であることが強調されるようになった。

ホーは大会で、スターリンを「世界革命の総司令官」、毛沢東を「アジア革命の総司令官」と呼び、労働党の規約では、「マルクス・レーニン主義」に加えて、「スターリン主義」と「毛沢東思想」を党の「思想的基盤、行動の指針」とした。党大会の段階では、土地改革の即時発動は慎重に回避されたが、抗戦中にもその発動が想定されるようになった。

こうしたイデオロギー的連帯を強調することで、ベトナム民主共和国は、中華人民共和国からの支援を確保し、いまやアメリカの支援を得るようになったフランスに対抗することができるようになったが、「中国モデル」の採用は、ベトナム民主共和国のユニークさの喪失という大きな代償を伴うものだった。かくしてベトナムは、その個性を誇る「地域国家」から、「民主陣営」に共通する普遍性のある革命のモデルを体現する「普遍国家」へと、そのありようを大きく転換したのである。

この時期の「民主陣営」からの支援は、中国が中心的な役割を果たした。中国からは、五〇年三月、中央軍事委員会弁公庁主任の羅貴波が、中国共産党中央の代表としてベトナムに派遣され、八月には韋国清《いこくせい》（元第一〇兵団政治委員）を団長とする顧問団がベトナムに入った。五〇～五四年の時期に、中国からは、銃一五万五〇〇〇丁、火砲三七〇〇門近くなど、大量の軍事物資がベトナムに提供された。

ジュネーヴ会議

インドシナ戦争の休戦をめぐるジュネーヴ会議は、ディエンビエンフーの戦いを頂点とする現地での戦局とともに、スターリン死後の東西関係の緊張緩和という、当時の国際政治の流れにも大きく規定されていた。この会議は、ドイツ問題をはじめとする東西関係を討議するために五四年一月から二月にかけて開催された、米・英・仏・ソ四大国の外相によるベルリン会議の合意で行なわれることになったもので、朝鮮の統一とインドシナ戦争の休戦が議題だった。この経緯が示しているように、ジュネーヴ会議は、朝鮮戦争、インドシナ戦争という二つの戦争で、戦場で戦っていた当事者による直接交渉ではなく、大国主導の国際会議として設定されたもので、戦場の現実だけでなく、大国の思惑が強く作用する場となった。

五三年に停戦が成立していた朝鮮については、南北朝鮮の統一という政治問題の解決が課題で、会議は四月二六日に始まったが、結論が得られないまま、六月一五日には討議打ち切りとなった。

インドシナ戦争に関する会議は、フランス軍がディエンビエンフーで降伏した翌日の五月八日から始まった。会議は、ラオス・カンボジアの参加者、ベトナムにおける軍事境界線の設定などをめぐって難航したが、七月二一日にようやくベトナム・ラオス・カンボジアそれぞれに関する停戦協定が締結された。

ベトナムに関しては、最終宣言における二年後の総選挙実施の公約と引き換えに、南北をほぼ二分する北緯一七度線に、暫定軍事境界線が設定されることになった。当時、ベトナムでは、ベトミンの支配が全土の四分の三近くに広がっていたので、ベトナムを二分する境界線の設定は、ベトナム民主共和国にとっては、大きな譲歩だった。

インドシナ戦争に停戦の兆しが見えてくるのは、フランスで六月半ばに、アメリカの支援に期待して、和平に消極的だったラニエル内閣に代わって、「七月二〇日までにインドシナで停戦」すると宣言したマンデス・フランスが首相兼外相になってからだった。

当時の東西両陣営間の最大の関心事は、ＥＤＣ（欧州防衛共同体）構想だった。西ドイツの再軍備に道を開くこの構想にソ連は強く反対しており、ソ連は、フランスをインドシナ戦争の負担から解放すれば、アメリカに過度に依存する必要がなくなり、国内のEDC反対の機運が高まるのではないかと期待していた。このソ連外交からすれば、マンデス・フランスの登場は好機だった。この

写真5-5　ジュネーヴ協定に調印するタ・クアン・ブー国防次官。

マンデス・フランスの登場で生まれた機会に和平を実現し、アジアで朝鮮戦争に次ぐ米軍の関わる戦争の発生を防ぎたいという点では、中国の立場も一致していた。マンデス・フランスは「七月二〇日まで」というタイム・リミットを設けることで、フランスがEDCを批准しないかわりに、ベトナム分割の暫定境界線についてベトナムが譲歩するよう、中ソに迫ることができたのである。この作戦はうまく機能し、ぎりぎりのところで、ソ連・中国・ベトナムの北緯一六度線という主張を押し切り、一七度線での分割ということになった。

ジュネーヴ会議の過程で、ベトナムを説得する役割をもっぱら担ったのは中国だった。五四年七月三日から五日にかけて、中国の柳州で周恩来はホー・チ・ミンと会談し、暫定境界線がよくて一六度線、場合によっては一七度線になりうることを示唆し、譲歩の必要を説得した。この段階ではホーはなお一七度線案には応じられないと述べたが、周との会談の後に召集したベトナム労働党（現在のベトナム共産党）の中央委員会総会では、妥協を拒否する強硬派を「フランスだけを見てアメリカを見ない」という「木を見て森を見ない」態度と批判し、「アメリカ

帝国主義が直接干渉しインドシナ戦争を長期化し拡大したりしないよう、われわれは平和の旗をしっかり握らなければなら」ないという論理での説得にあたっている。

こうした結果、ジュネーヴ会議ではインドシナ戦争に関してかろうじて停戦が成立することになった。小国ベトナムとしては、戦争の長期化が中ソという同盟国からの支援が十分に得られないままにアメリカと対決するという危険性を持つ以上、不満はあっても協定に調印する以外の選択肢はなかった。ジュネーヴ会議は、大国間の緊張緩和の枠組みに規制されたがゆえに、ベトナムの南北分断という、後のベトナム戦争の原因になる重荷をベトナムに負わせることになった（写真5－5）。協定によって、ベトミン軍は、北緯一七度の軍事境界線以北の北ベトナムに、フランス軍およびその支援を受けたベトナム国軍は、境界線以南の南ベトナムに集結することになった。

土地改革の展開

一方ベトナム国内では、「中国モデル」採用の一環として、一九五三年から地主階級の廃絶をめざす土地改革が本格的に開始された。中国の経験を機械的に導入し、多くの中国からの顧問の指導のもとに実施された土地改革は、実際には当時の北部農村人口の二％あまりに過ぎなかった地主が、中国の経験から四～五％はいるはずだという想定に立って、多くの富農や中農も「地主」に分類して大衆動員による「糾弾」「打倒」の対象とし、抗仏戦争期に形成された農村の上層階層の出身者を多く含む基層の党組織を「組織整頓」の対象として糾弾するなど、過激な展開を見せるようになり、抗仏戦争時代の革命の基盤だったベトナム北部農村に不穏な状況を作り出していた（写真5－6）。

労働党は、五六年八月二五日から一〇月五日にかけて開催された第二期第一〇回中央委員会総会で、このような土地改革の「行き過ぎ」を認め、自己批判を行なうことになった。

写真5-6　土地改革の際に地主・富農を断罪した人民裁判。壇上にはホー・チ・ミンと毛沢東の写真が飾られている。

この土地改革では、紅河デルタと中流域の二〇三三村全体で、当初六万三一一三戸が地主とされたが、矯正後は三万一二六九戸と、五〇・四％も少なくなった。矯正後の数値では地主の占める比率は二・二％となり、五％という「中国モデル」の機械的適用がいかに深刻な事態を招いたかがわかる。当初、地主とされた人の間で「悪徳地主」とされたのは一万四九〇八人だったが、これも矯正後は三九三二人に減少した。土地改革で処刑されたり自殺した人がどの程度にのぼるかは、八〇〇〇人から三万二〇〇〇人まで諸説あるが、ベトナムの公式の文献では、土地改革中に逮捕され、党が自己批判をした後の五七年九月までに「不当逮捕」であったとして釈放された人は、二万三七四八人に達するという数値が出されている。

この五〇年代半ばの北部での土地改革については、今日ではベトナム共産党は、地主的土地所有を廃し、農民的土地所有を実現した「成果」を確認しつつも、抗仏戦争の過程で地主の力は衰退しており、もはや北部の耕地の一八％程度を占める程度になっていたのだから、大衆動員による地主階級の打倒というような方法によらないでも土地改革は実施できた、大衆動員による「糾弾」「打倒」は不要だった、という総括を公式に発表している。この土地改革の混乱も、ベトナムが冷戦構造に巻き込まれ、そのユニークさを失った結果だった。

しかし、ベトナムを冷戦構造に巻き込まれた被害者としてのみ描くのは一面的であろう。五〇年のホーの訪中、訪ソ、五一年の「中国モデル」の採用、五四年のジュネーヴ協定調印、そして土地改革の発動は、いずれも、それ以外の選択肢はありえなかったという面はあるものの、ベトナム側の主体的判断によるものだった。これらの過程には、小国ベトナムが、冷戦構造への積極的関与をうたうことで、ソ連や中国からの支援という大国の関与を引き出したという側面も存在していた。

ベトナムの事例は、小国が冷戦に巻き込まれると同時に、主体的に冷戦構造を活用した面もあったことを示していると言えよう。

ゴ・ディン・ジエム政権と南ベトナム解放民族戦線

ジュネーヴ協定がもたらした北緯一七度線の暫定軍事境界線を、冷戦の図式で世界を見ていたアメリカは、自陣営と共産圏との「縄張り」を明確にした線と受け止め、一七度線以南の南ベトナムを「反共の砦」として、ここに北の勢力が拡大するのを阻止しようとした。協定でうたわれた南北統一選挙では、フランスと戦ったホー・チ・ミンの率いる北、ベトナム民主共和国側の勝利が予想されたから、アメリカはその実施に積極的ではなく、南の反共体制の維持を図ろうとした。これは、ベトナムにとっては南北分断の固定化を意味していた（写真5－7）。

こうしたアメリカの思惑にそって登場したのが、カトリック教徒で、熱烈な反共ナショナリストだったゴ・ディン・ジエムだった。ジュネーヴ協定締結の直前にアメリカの後押しでバオダイ政権（ベトナム国）の首相となったジエムは、バオダイをはじめとする親仏勢力を巧みに排除して、一九五五年一〇月にはベトナム共和国を樹立して自らがその大統領になった。

写真5-7　17度線の南北軍事境界線。手前が北側。

当初は先行きが危ぶまれていたジエム政権がその権力を安定させたことを、アメリカは「ベトナムの奇跡」として歓迎し、積極的に援助を供与した。ジエムは、アメリカの戦略にそって登場した人物だったが、アメリカの言いなりになるには、あまりに誇り高いナショナリストだった。ジエムは、アメリカには自分を支持する以外の選択肢がないことを見越して、アメリカの勧める改革をサボタージュし、その援助を独裁体制の強化に利用した。ジエムは、ベトナム民主共和国の南北統一選挙の呼びかけを拒否する一方、共産主義者を中心とする抗仏戦争の担い手やその他の反対勢力を厳しく弾圧した。

ジエム政権の支配が安定したことは、ジュネーヴ協定締結後、南北統一選挙の実施に期待をかけて、南での武装闘争の発動を控えていたベトナム労働党（ジュネーヴ協定後は北の政権政党となったが、南にも党組織は存続していた）を、深刻なディレンマに追い込んだ。ジエム政権が存続するかぎりは南北統一選挙の可能性はなく、非武装の政治闘争ではジエム政権の弾圧から南の党組織を防衛することも困難だった。協定締結直後には五万～六万いた南の労働党員は、五九年には五〇〇〇人に減少していた。

総選挙実施の可能性がなくなり、ジエム政権による弾圧が強化される中で、南の革命勢力の一部には武装闘争再開論が出ていたが、当時のベトナム労働党指導部は、これは中ソなど主要な同盟国の支持を得られない選択肢であると考えていた。朝鮮戦争で、北朝鮮が、アメリカが自陣営の「縄張り」と考えている韓国に公然と軍事進攻した結果、米軍の介入を招く戦争になり、結局は南北統一という悲願を達成できなかったという「朝鮮戦争の教訓」から、当時の国際共産主義運動では、境界線を越えてアメリカが自分の「縄張り」と見なしている地域に共産主義者が軍事攻撃をかけることは、米軍との局地戦争を引き起こす、望ましくない選択肢とみなされるようになっており、このような発想は、ベトナム労働党指導部にも共有されていた。ジュネーヴ会議で平和が回復されて間もないベトナムで、米国が自陣営の「縄張り」とみなしていた南ベトナムで共産主義者が武装闘争に踏み切ることとすら、米軍の介入を引き起こしかねない「冒険」と見なされた。こうした「冒険」には、平和共存を強調していたソ連も、自らが関わった朝鮮戦争の停戦を実現したばかりで平和な国際環境での国造りに専心したかった中国も、同調しないであろうことは明白だった。

米軍の介入を招かないでジエム政権を追い詰める方策があるのかという問いに回答を出したのは、長い間、南の党組織の責任者をつとめていたレ・ズアン（Lê Duẩn 1907–86）だった。レ・ズアンは、チュオン・チン（Trường Chinh 1907–88）が土地改革の混乱の責任をとって党書記長を辞任したあと、ハノイに行き、党中央の書記となり、南部問題に関する党の路線転換に大きな役割を果たした。労働党中央が南に関してその路線を明確に転換し、南における武装闘争の発動に承認を与えるのは、五九年の初頭に開催された第二期第一五回中央委員会総会においてであった。この時までに党指導部が到達した見解は、「南ベトナムの反乱」という形でジエム政権を追い詰めれば、米国に介入の口実を与えず——したがって米国との戦争を懸念するソ連・中国の支持を失うことなく——親米政権を打倒して南を解放できるという構想だった。つまり、「南ベトナム人民」を主体とし、政治的に組織された大衆を主力として、それを武装勢力が補完する形で「総蜂起」を行ない、ジエム政権を崩壊に追い込むというシナリオだった。この南の解放という課題は基本的には「南

写真5-8 解放戦線の結成大会。先頭で宣誓しているのはグエン・フー・ト議長。

の人民の任務」であり、北からの支援は北の正規軍たる人民軍戦闘部隊の公然たる南下という形によらない限定的なものとされた。これならば、米国の介入を招くことなく、したがって中ソという同盟国の反発も招かずに、ジエム政権を倒せると期待されたのである。

この考えは六〇年の労働党第三回大会でも承認され、ベトナム戦争が米軍の直接参戦で局地戦争へとエスカレートする六〇年代半ばまでの、ベトナム労働党の基本路線となった。また六〇年一二月に結成された南ベトナム解放民族戦線は、こうした「南ベトナム人民」の組織であり、その綱領は、ジエム政権打倒後に築く南ベトナムの外交政策を「平和、中立」としていた（写真5−8）。

解放戦線が結成されると、ジエム政権の農村支配の脆弱性があらわになった。アメリカのケネディ政権は、南ベトナムを、第三世界で共産主義者の組織したゲリラ戦「人民戦争」に対抗する柔軟反応戦略のモデル・ケースとして、六一年一一月以降、軍事顧問団を大量に派遣した。アメリカの軍事顧問の指導のもとに、南ベトナム政府軍の解放戦線掃討作戦が強化され、農民とゲリラを切断するために、村を厳重な防衛線で囲む「戦略村計画」

が導入された。これは、アメリカの軍事的支援のもとに、現地政府が表に立って共産ゲリラと対決する特殊戦争戦略の本格的な展開であり、アメリカの本格的な軍事介入のはじまりであった。

当初はヘリコプターなどの近代兵器の登場が解放戦線のゲリラに動揺を与えたりしていたが、既に南ベトナムの農民の間に浸透していた解放戦線を特殊戦争で封じ込めることはできなかった。解放戦線のゲリラ要員の数も、米軍の推計で、六〇年の七〇〇〇人から六四年の一〇万六〇〇〇人へと急増していた。五九年の南での武装闘争発動以来、北から南への軍事要員の支援も本格化し、六四年までにその数は四万四〇〇〇人に及んだが、その大半はジュネーヴ協定の際に南から北に集結した南出身者だった。また、六三年の時点では、解放戦線の武器のうち明らかに北から持ち込まれたものは八％にすぎなかった。アメリカやジエム政権は、解放戦線を「北からの侵略の手先」と非難したが、この時期の解放戦線は主に南の資源に依拠して闘っていたのである。解放戦線の戦闘能力は、六三年一月には、アプバックで米軍顧問の指導する南政府軍の部隊を敗走させるまで成長していた。

ジエム政権の崩壊と戦争のエスカレーション

農村部を中心に解放戦線の活動が盛んになる中、アメリカは、ジエム政権がその基盤を拡大すべく改革に乗り出すことを強く勧告した。しかし、ジエムはこの勧告を拒絶し、その独裁的性格を強めた。そのことは、解放戦線とは一線を画していた都市の仏教徒の反発を招き、一九六三年になると、僧侶の「焼身自殺」など、激しい反政府運動が都市部で発生した（写真5－9）。

この事態にアメリカが「遺憾」の意を表し、ジエム政権との間に隙間があることが明らかになると、南ベトナムの軍部には、クーデターでジエム政権を打倒しようという計画が生まれた。アメリカ政府の一部はこの動きを歓迎する姿勢を示し、一一月三日に発生したズオン・ヴァン・ミン（Dương Văn Minh　1916~2001）将軍を中心とする軍部のクーデターでジエムは暗殺され、政権も打倒された。

しかし、ジエム政権崩壊後に生まれた軍事政権は安定せず、アメリカでも一一月二二日にケネディ大統領が暗

写真5-9 仏教僧の焼身自殺。（1963年サイゴン）

殺され、南ベトナムの反共体制の前途には暗雲がたれこめた。このような事態に、労働党の側も機敏に対応した。六三年一二月に開催された第三期第九回中央委員会総会では、「有利なチャンスをつかみ、力量を集中して、数年のうちに決定的な勝利を獲得する」という、南における闘争を強化する方針が決定された。このうち「力量を集中」するというのは、それまで避けてきた北の人民軍の戦闘部隊を南の戦場に投入することを意味しており、重要な方針転換だった。

最近の外国でのベトナム戦争研究では、労働党がジュネーヴ協定の拘束から自らを解放して戦争の拡大を決意したという点では、五九年の第二期第一五回中央委員会よりも、六三年の第三期第九回中央委員会の方が画期的であったとし、この九中総は、レ・ズアン第一書記を中心とする戦争拡大派による、ホー・チ・ミン、ヴォー・グエン・ザップ（Võ Nguyên Giáp 1911~2013）ら、それまでの政治局多数派であった慎重派に対する「クーデター」に等しい出来事だったという指摘もなされている。

では、この時点で、労働党は、米軍戦闘部隊の本格的な参戦＝局地戦争へのエスカレーションもやむなしと考えるようになったのであろうか。それは、そうではなかった。当時の労働党は、世界各地に重要な関与をしている覇権国家アメリカは、泥沼にはまることがわかりきっているところには本格的な軍事介入は行なわないだろうと考えていた。北の戦闘部隊の南への投入で、南の軍事情勢がアメリカにとって「絶望」的であることを示せば、アメリカに戦争のエスカレーションを思いとどまらせることができるという判断だったわけである。

いまひとつ注意を要するのは、人民軍戦闘部隊の南下がただちに実施されたわけではないということである。一七度線の軍事境界線の公然たる突破は、さすがに避けなければならなかったので、人民軍の南下は、ラオスやカンボジアを経由するホーチミン・ルートを主に徒歩で行なう以外になかった。その実施は、六四年から六五年にかけての乾季に行なわれることになった。

一方アメリカも、南ベトナムで見出せない解決を北を叩くことに求めようとする声が、ジョンソン政権の中で強まっていた。ジョンソン政権は、六四年にまず、ラオスを経由するホーチミン・ルートの爆撃と、北ベトナムに対する南ベトナムの特殊部隊による隠密作戦の強化を許可した。

六四年七月末、こうした作戦が発動される中で、これに呼応し、米軍第七艦隊の駆逐艦による北ベトナム沿岸のパトロールが実施された。八月二日、この任務に従事している米駆逐艦と北ベトナム艦艇の間で交戦があった。米軍は、この出来事にもかかわらずパトロールを継続し、四日に再び米駆逐艦への北の攻撃が報告された。これが、いわゆるトンキン湾事件である。二度目の交戦は、実際に起きたかどうかきわめて疑わしい出来事だったが、ジョンソン政権は、これへの報復と称して米軍機による北ベトナムへの初めての爆撃(北爆)を行ない、米議会は大統領に戦争拡大の白紙委任を与える「トンキン湾決議」を採択した。

労働党は、トンキン湾事件を、アメリカがそれだけ南の事態を深刻に受け止めている危機感のあらわれと判断した。しかも、人民軍の南下以前に北爆が実施されたことは、人民軍南下を自制すべきだという慎重論を一掃する役割を果たした。労働党は、九中総で決めた人民軍三個連隊の南下を指令する。

ただし、南の情勢により大きな影響を持ったのは、こ

写真5-10 ダナンに上陸する米軍海兵隊。(1965年3月)

の南下した人民軍部隊ではなく、解放戦線の戦闘能力の向上だった。解放戦線から生まれた最初の師団規模の部隊である第九師団は、六五年一月のビンザー（サイゴンの南東六七キロ）の戦いで南ベトナム政府軍の精鋭部隊を打ち破った。労働党は、これを南ベトナム政府軍の軍事的崩壊の可能性が生まれた事態とみなし、六五年三月の第三期第一一回中央委員会総会で、南の戦場に「全国の力を集中し」、一年以内の「比較的短期間」に「決定的な勝利」を獲得するという方針を打ち出し、より本格的な人民軍戦闘部隊の南への投入に踏み切った。

このような展開に、アメリカは深刻な危機感を持った。もはや南ベトナムを維持するためには米軍の直接参戦しかないという判断を、ジョンソン政権は下さざるをえなかった。六五年二月には継続的な北爆が始まり、三月には北爆を行なう南の航空基地の防衛という名目で、南ベトナムに初めての米軍戦闘部隊として海兵隊が投入された（写真5－10）。

さらに、六五年の雨季あけをめざして、北から人民軍の大規模な部隊が南下してくるという情報を得たジョンソン政権は、七月には、戦争のアメリカ化以外に南を救う手段はないとして、南に一八万に及ぶ大規模な米軍の投入を決定したのである。ここに、ベトナム戦争は、本格的な局地戦争にエスカレートした。

ベトナム戦争がエスカレートした、この六四～六五年の時期、双方に情勢の「読み間違え」があった。まずアメリカは、南の反乱は北の労働党が組織しており、その労働党は米軍の直接介入を警戒しているので、北に一撃を加えれば、労働党の戦闘意欲は衰え、南の反乱もおさまるだろうと考えていた。しかし、北への一撃を、労働党はアメリカの南の情勢への危機感の反映と見做し、むしろ自らの「南への一撃」を強化する方向を選んだ。

他方、レ・ズアン第一書記らベトナム労働党指導部は、六五年初頭の段階で、北の人民軍の投入による南政府軍の崩壊、南政府の退陣と中立政権の樹立、米国に対する撤退要求というシナリオで、米軍戦闘部隊の介入＝局地戦争へのエスカレートを招くことなく、勝利しうるという展望を持っていた。彼らは、アメリカのような覇権国家は、泥沼にはまるとわかりきっているようなところに軍事介入をするようなことはしないだろうと考えていた。これは、覇権国家の行動の読みとしては、それなりの合理性を持った判断だったが、当時のアメリカにとっての南ベトナムの戦略的意味を過小評価していた。

この時期の東南アジア情勢はきわめて流動的だった。最大の大国インドネシアは、スカルノ政権が「マレーシア粉砕」を叫び、国際的には反西側の姿勢を強めて六五年一月には国連を脱退、国内では共産党との協力関係を強化していた。

カンボジアのシハヌーク（Sihanouk 1922-2012）政権も、南ベトナムでのアメリカの苦境を見て、反米的姿勢を強めていた。

マレーシアの内部では、シンガポールの分離独立という事態が起こっていた。

こうした流動的な状況のもとで、アメリカが南ベトナムから手を引くようなことがあれば、東南アジアに対するアメリカの関与に対する不信が高まり、各地で強まっている反米的な動きを加速するおそれがあった。こうした状況下で、アメリカは、南ベトナムの反共体制の維持に、その東南アジア地域および世界的な関与の信頼性がかかっていると考えていたのである。

アメリカの戦争

南ベトナムに投入された米軍の数は、一九六五年中には一八万を超え、翌六六年末には四八万、そして最大時の六八年には五四万に達した。こうした大量の米軍の急速な配備により、さしあたり南の反共体制はその軍事的崩壊の危機からは救われた。ベトナム戦争は、大量の米軍を中核とするサイゴン側に、南北の総力を結集した革命勢力が対決する、全面戦争となった。

アメリカのベトナム介入にあたっても、「朝鮮戦争の教訓」は大きな意味を持っていた。アメリカは、朝鮮戦争で、北緯三八度線を米軍が突破して北進し、北朝鮮の存立自体を脅かしたことが、中国の介入を招き、この戦争をアメリカにとっても犠牲の大きい地上戦にしてしまったと考えた。六五年当時、ジョンソン政権としては、その最優先課題であった「偉大な社会計画」をはじめとする、国内の福祉政策の実行を危うくしかねない、中国軍の参戦を招くような大戦争を行なうつもりはなかった。そのためにアメリカがベトナムで採用したのは、米地上軍の投入はあくまでも一七度線以南の南ベトナムに限定し、北に対する地上軍の進攻は行なわず、航空機と艦船による爆撃にとどめるという方針だった。しかも、この北爆に関しても、ハノイをいきなり攻撃するのではなく、一七度線の北から、段階的に爆撃対象を北に拡大していくという、「慎重」な姿勢がとられた。

このアメリカの意図は、比較的正確に中国に伝わった。毛沢東は、米軍の介入が本格化した六五年五月末、米軍が北ベトナムには爆撃をするだけで、地上軍を進攻させないのであれば、中国軍は米軍と直接衝突するような行動はとらないというメッセージを米国に送り、その上で六月に、北ベトナムに防空部隊、鉄道部隊、工兵部隊からなる支援部隊を派遣した。この部隊は、米軍との交戦よりは、中国からの補給路確保を主要な任務とする部隊だった。当時、アメリカと中国の間に明示的な合意があったわけではないが、ベトナム戦争は、朝鮮戦争に比べると、大国間関係で言えば、はるかに「ルール化された」局地戦争だった。

北に進攻するのであれば、米軍の戦略は、ひたすら前線を北に押し上げていくという、明快なものになったは

写真5-11 枯葉剤を散布する米軍機(米空軍写真)。

ずだったが、ベトナム戦争では、地上戦を南に限定したために、米軍の戦略は「敵に勝ち目がないことを悟らせる」という、あいまいで受動的なものとなった。米援助軍司令官のウエストモーランド将軍は、米軍が圧倒的な優位性を持っている機動力と火力に依拠して、革命側の主力部隊に対する索敵撃滅作戦を展開し、革命側にその兵員補充能力を超える損失を与える消耗戦を展開するという戦略を採用した。これは、革命戦争という性格の強い南での戦いを、米軍が得意とする通常戦争の土俵に乗せようとする戦略であったと言えよう。

米軍の大量投入によって紛争は高度に軍事化されることになった。たとえば解放戦線の農村への浸透に対する対抗措置も、解放戦線が浸透している地域を「自由爆撃地域」に指定して、米軍の砲爆撃によってその農村住民がサイゴン政権軍の支配地域に移住せざるをえない状況に追い込むことが基本的な方法とされた。農村の変革で解放戦線と競うよりは、火力で農村自体の存在を危機にさらす戦略が採用されたのである。

米軍による枯葉剤の散布も、これと似た発想で実施された作戦だった(写真5-11)。ゲリラが潜むジャングルには、除草剤や枯葉剤が大量に散布され、これによって内陸部の熱帯雨林の一四%、海岸のマングローブ林の三〇%が破壊され、薬剤の中に入っていたダイオキシンなどの毒物は、人体に深刻な影響を及ぼし、その被害は世代を超えた広がりを見せ、戦争終結後四〇年以上を経た今日なお深刻な問題となっている。

北ベトナムは、南に比べると副次的な戦場だったが、北爆で米軍が投下した爆弾の量は、当時の北の人口一人あたり四五・五キロで、第二次世界大戦時の日本本土の人口一人あたり一・六キロよりも、はるかに大きな量に達していた。

ベトナム戦争の戦場は、南北ベトナムと、隣接したラオス、カンボジアに限定された、「ルール化された」局地戦争だったが、その反面、戦場になった地域の戦争の強度は高く、核兵器を除くあらゆる兵器が投入された激しい戦争となった。

革命勢力の総合戦略

大規模な米軍戦闘部隊の配備で、労働党が想定していた、一年以内に南ベトナム政府軍に決定的な打撃を与えるという計画は実行不可能になった。しかし、労働党は南の戦場で守勢にまわるのではなく、引き続き戦争の主導権を握ろうとした。

人民軍や解放戦線の軍事力は、主力軍(師団、連隊規模の正規軍)、地方軍(省レベルの軍隊で、大隊、中隊規模)、民兵(村レベルに存在する非正規軍事組織)という「三種の軍隊」から成り立っており、これを櫛の歯のように組み合わせて、総合的な力を発揮することで、機動力、火力に勝る米軍と戦うというのが、労働党の「総合戦略」だった。

まず主力軍は、米軍が火力の優位を発揮しにくい山岳地帯やジャングルに陣地を構築して、米軍や南ベトナム政府軍の大部隊をおびき寄せる。大部隊同士で正面衝突すると犠牲が大きいので、戦闘は、革命勢力側の主力軍の存在を索敵に来る米軍の小規模なパトロール隊を相手に挑むことを重視した。パトロール隊と遭遇して五分以上が経過すると、米軍機が飛来したり後方の基地からの砲撃が始まるので、それまでが勝負で、小銃だけの白兵戦であれば、地理に明るい革命勢力側が優位をとりやすかった。米軍のパトロール隊は、概ねプラトーンと呼ばれる小隊単位で、アメリカのベトナム戦争映画の代表作に『プラトーン』という名の作品があるのは、小隊が革命勢力との戦闘の単位となることが多かったためだった。米軍の砲撃が始まり、大部隊が来るまでには、革命勢力側の主力軍は、地下壕や周辺のジャングルに分散して姿を隠す。

米軍や南政府軍の大部隊が、山間部やジャングルでの革命勢力の主力軍掃討に出れば、平野部の守備が手薄になる。そこで、革命勢力の地方軍や民兵がゲリラ活動を強化する。場合によっては、主力軍の大部隊が分散して、平野部のゲリラ組織に参加し、敵の弱いところを集中攻撃するようなこともあった。

「農村が都市を包囲する」という毛沢東流の中国方式の人民戦争ではなく、常にあらゆるところで敵を攻撃する可能性を広げ、敵が一定地域だけに力を集中できない状況を作り、その戦線が伸びきったところで、全国一斉に戦略的要衝に攻撃をかけるというのが、労働党の攻勢戦略だった。

ベトナム戦争で、米軍は、敵の主力軍を相手にした通常戦争に徹するべきだったのか、ゲリラを相手にする対反乱戦争に徹すべきだったのか、いまだにアメリカでは論争が続いている。こうした論争があること自体、ベトナム戦争がアメリカの思い通りにはいかなかった戦争であることを示している。

米軍の大型火器による戦死は、第二次世界大戦では五三％、朝鮮戦争では五八％を占めていた。大型火器は米軍が優位を持つ兵器で、この数値は、この二つの戦争では、米軍が得意とする大型火器による砲撃戦が大きな比重を占め、米軍が自分の得意とする土俵で戦争を戦っていたことを物語っている。これに対して、ベトナム戦争では、大型兵器による戦死は三八％にすぎず、小火器による戦死が五一％となっていて、米軍が、その優位をあまり発揮できない、小火器による白兵戦という、敵の土俵での戦争を強いられていたことがわかる。

米軍兵士自身にとっても、ベトナム戦争は前進が感じられない戦争だった。近くの高地に革命勢力の主力軍が

写真5-12 ホーチミン・ルートを走る北ベトナムのトラック。

現れたというので、高地を奪還に行くと、そこはもぬけの殻で、平野部でのゲリラ活動が盛んになっている。そこで、平野に戻り、ゲリラ掃討作戦を行なっていると、また高地に敵が現れる。こうして平野と高地を往復している間に、確実に仲間の死が増えていく、これが南ベトナムでの米軍の戦争だった。

さらに米軍が苦戦した理由は、戦場に戦闘意欲を持った兵士をどれだけ多数供給できるかという、古今東西の戦争の最も基本的な法則で説明できる。米軍の参戦で、革命勢力の側の犠牲は、飛躍的に増大した。米軍の推計だが、人民軍や解放戦線側の戦死者の数は、六四年の一万七〇〇〇人から六五年には三万五〇〇〇人と、一挙に倍以上になり、その後も六六年には五万六〇〇〇人、六七年には八万八〇〇〇人、そして六八年には一八万一〇〇〇人と急増した。ベトナム戦争を通じての、革命勢力側の戦闘要員の犠牲は一一〇万を超えると言われている。

これだけの犠牲が出れば、ウエストモーランド将軍が掲げた、革命側にその兵員補充能力を超える損失を与える消耗戦略は、うまく機能するはずだった。六五年時点で、南の解放戦線で養成される正規軍部隊の兵員は、年間で一万だった。これでは、米軍参戦後の多大な犠牲をカバーできなかった。にもかかわらず、米軍参戦後も南の革命勢力の兵力が、ほぼ一定の水準を保てたのは、北の正規軍たる人民軍の兵員補給能力が大きかったためだった。

労働党が南での武装闘争発動を決意した五九年から、ベトナム戦争が終結する七五年までに、北から南に送り込まれた人員は、戦闘員と政治幹部を含めると、のべ二三〇万人に達すると言われている。その時期別の推移は、五九〜六四年が一万四〇〇〇人、六五〜六八年が四〇万人、六九〜七五年が一八八万八〇〇〇人と、米軍が参戦した六五年以降が飛躍的に増大している。戦争時の国家総動員体制は、工業化がある程度進んだ国で可能になる。当時、農業国だった北ベトナムで、第二次世界大戦時の工業国並みの戦争動員を可能にしたのが、「貧しさを分かちあう社会主義」だった。

貧しさを分かちあう社会主義

北ベトナムでは、一九五八年から社会主義的改造が始まり、六〇年の労働党第三回大会でソ連や中国をモデルとした本格的な社会主義建設が目指されることになった。農業国だった北ベトナムで、社会主義体制の要は農業集団化だった。農業集団化は、ソ連で、食糧徴発にてこずった国家が、収穫が個々の農家の納屋にではなく、集団農場の倉庫に収められたほうが国家が必要としている分を容易に確保できるために導入したもので、中国でも合作社－人民公社という形での集団化が行なわれていた。北ベトナムでは、五八年に始まった農業生産合作社という形態での農業集団化が、六〇年代に入ると、農地が完全に集団の所有になる高級合作社の組織がめざされるようになった。

ソ連や中国に比べても農業生産力が低く、また集団農業に対する工業の支援能力もなかった北ベトナムでは、集団農業の経済的な優位を農民に示すのは困難で、六〇年代前半は、高級合作社への組織率は一進一退の状況が続いた。集団化された耕地の収穫を、まずは国家がきわめて安価に買い付け、また税金やその他の義務供出分も多かったため、集団農業からの収入では農家の生計は成り立たなかった。北ベトナムの集団農業も、明日にでも実現される社会主義という夢のために、今日は貧しさに耐え皆が奮闘することが求められ、生活を低い水準にとどめておくことが当然視されていた「貧しさを分かちあう社会主義」だった。

六五年以降のベトナム戦争の激化は、この「貧しさを分かちあう社会主義」が直面していた困難を一時的におおいかくし、その定着を促進する役割を果たした。米軍機が北爆を行なう戦時下では、「アメリカに勝つ」という目標が、社会を律する合意として受け入れられた。国家は、合作社への貢献を「アメリカに勝つ」ことと同義のものとして、農民に求めることができた。北爆が恒常化した六五年、ようやく北の農家の過半数が高級合作社に参加した。

高級合作社の定着は、戦争動員に大きな貢献をすることになった。農地の共有化に基礎を置く共同労働態勢は、大量の人的資源の戦争への動員を可能にした。集団耕地での生産を合作社の生産隊が受け持つ態勢は、個々の農家の労働力の多少にかかわらず生産の維持を可能にし、また合作社が経営する託児所の開設により、幼児をかかえた婦人も生産やその他の活動に従事できるようになり、成年男子の出征の穴を埋めることができるようになった。共同労働態勢ができていたために、成年男子の大半が戦争に投入されても、残った婦人、老人、子どもを有効に組織して、生産を維持することができたのである。

高級合作社での労働成果の分配は、農業労働を工場での労働のように、労働時間、労働強度によって点数で評価することが困難だったために、平均主義的な分配に流れる傾向があった。これは、平時ならば人々の労働意欲を減退させかねない問題だったが、戦時体制の負担を公平に分かちあい奮闘するという社会的合意が存在する中では、合理性を持ったあり方だった。

合作社での平等主義的分配の軸になったのは、「定率食糧分配」ないし「標準口糧」と呼ばれた制度だった。「定率食糧分配」ないし「標準口糧」制度は、この労働点数による分配を、強者を抑制し弱者を救済する形で調整する仕組みだった。すなわち合作社は、農民に割り当て

写真5-13　北ベトナムで出征する兵士を送る人々。（日本電波ニュース）

ることができる一人あたりの一ヵ月の標準的な食糧を定め（標準口糧）、ある農家が労働点数によって得た籾米が、その家族に割り当てられる標準口糧の合計よりも多ければ、超過分の籾米を合作社が現金で買い戻し、逆に十分な労働点数を稼げず、標準口糧の合計よりも労働点数で得た籾米のほうが少ない場合は、その差額分の籾米を合作社から安い公定価格で購入することができるようにしたのである。

これによって、労働点数の多い農家も余剰米を持てなくなる一方で、戦争に多くの成員を供出し労働力が不足して、あまり多くの労働点数を得られない農家でも、標準口糧分の食糧は保障されることになった。また標準口糧の算定の際に、戦死者、傷病兵、出征兵士を持つ家庭への優遇措置もあった。さらに、不作で労働点数の価値が大幅に下がった時には、合作社が、貧しい家庭に合作社保有米や雑穀を無料給付する制度もあった。

こうした制度が、兵員動員を支えたのである。貧しくとも平等だった北ベトナム社会は、戦時体制の基盤としては、不平等社会だった南ベトナムよりも強靭だった（写真5－13）。

ソ連・中国の支援

ベトナム戦争では、韓国、フィリピン、タイ、オーストリア、ニュージーランドがアメリカの同盟国として参戦したが、北ベトナムに対しては、ソ連・中国をはじめとする社会主義陣営の支援が寄せられた。中ソは、主戦場たる南ベトナムには戦闘要員を送らなかったので、朝鮮戦争の時のように地上戦で大きな役割を果たすことはなかったが、北の防空戦には重要な役割を果たした。さらに、アメリカが北への地上軍の進攻という選択肢を外したのは、直接的には中国の軍事介入を招かないためであり、より巨視的には、中ソを相手にした世界戦争をするつもりはなかったためである。このように、ベトナム戦争は、アメリカに対立する、核大国を擁する社会主義陣営が存在する中で戦われた戦争だった。

ソ連は、一九六五年四月から、ミサイル防空部隊の要員を中心とする軍事専門家団を北ベトナムに派遣した。形式的には、ベトナム人民軍のミサイル防空部隊の「訓練センター」という形をとったが、初期にはソ連の軍人が直接に指揮をとり、地対空ミサイルの発射を行なうこともあった。ソ連の軍事専門家団は、最大時で五〇〇人、のべ派遣人数は六三五九人で、うち一三人が犠牲になった。

中国も、六五年五月以降、高射砲を中心とする防空部隊、鉄道部隊、工兵部隊などを中心とする支援部隊を北に派遣し、主に中国に隣接する地域での輸送路、国防施設の防衛と補修にあたった。その規模はソ連よりも大きく、六八年までにのべ三二万に達し、犠牲者は一一〇〇人に達した。

こうした中ソの支援は、ベトナムの対米戦争遂行に大きな意味を持ったが、摩擦も少なからず存在した。ベトナムは、ベトナムに入った中国軍とベトナム住民との接触には、当初から神経をとがらせていたが、六六年の中国での「文化大革命」発動以降は、中国兵によるベトナム住民への毛沢東思想の宣伝や、中国の「紅衛兵」のベトナムへの越境に警戒心を強めた。ソ連のミサイル技術者の間には、ベトナム側が必要以上の装備を要求し、ソ連の専門家の意見を無視して、対空ミサイルを「乱射」しているといった不満が存在していたという。

写真5-14　テト攻勢の際、サイゴンの米大使館で応戦する米軍兵士。（1968年1月）

テト攻勢

一九六八年のベトナムの旧正月（テト）に、解放戦線と人民軍は、サイゴンを含む南ベトナムの主要都市に一斉攻撃をかけた。これが、ベトナム戦争の転換点となったテト攻勢だった（写真5－14）。

六七年の初夏、労働党は、米軍の消耗戦略に限界が見え始めており、アメリカにベトナムでの行きづまりを自覚させるチャンスが到来したと考えるようになった。アメリカにその戦略の行き詰まりを認識させるための最も衝撃的な方法が模索され、サイゴンをはじめとする南の大都市への一斉攻撃という計画が立案された。この計画は、その後のアメリカ国内での戦争反対世論の増大、中ソからの北への援助の増大といった要素を勘案して、さらに野心的なものに変更され、都市に対する軍事的な総攻撃と都市住民の総蜂起を結合して南ベトナム政府を一挙に崩壊に追い込み、アメリカの侵略の意思を砕くという「決定的な勝利」を勝ち取ることを目標とするに至った。

アメリカの情報機関は、革命側が大規模な都市攻撃を計画しているという情報を入手していたが、敵にその能力はないという判断で、ベトナム人にとっては年間で最大の祝日であるテトの大都市の警備は手薄だった。テト攻勢は、「不意打ち」という点では大成功であり、それがアメリカの世論に衝撃的な影響を及ぼしたのである。

ジョンソン政権は、米国民のベトナム戦争への批判をかわすために、六七年秋から、戦局は好転しており「トンネルの向こうに光りが見えている」と強調するようになっていた。そこに飛び込んできたテト攻勢の報道は、人々のこうした政府の言明に対する不信を決定的なものとし、ベトナム戦争はうまくいっていないという印象を強く与えることになった。もはや見込みのない戦争にアメリカの若者の命をこれ以上捧げるのには耐えられない、勝てない戦争なら手を引くべきだという声は、各種の世論調査でも多数派を占めるにいたった。

ウエストモーランド将軍は、テト攻勢を危機であると同時にチャンスでもあると考えた。大きな損害を出している敵を徹底して守勢に追い込み、この機会に北ベトナムとラオス、カンボジアを叩けば勝利の見通しが立つと彼は考えていた。しかし、そのためには手持ちの兵力では決定的に不足であった。彼は二〇万六〇〇〇の追加兵力の投入を要求した。これは、予備役の招集を含め、従来ベトナム戦争にはめていた制約をはずしてベトナムにアメリカの国力を大々的に投入することを意味していた。

ジョンソン大統領がこの要求に応えた場合には、ベトナム以外の地で米軍の兵力不足が生じ、世界のどこかで重大事態が発生しても、そこに米軍を投入できず、アメリカ国内でも高まる反戦世論の中で社会に大きな亀裂を招くことを意味していた。ジョンソン大統領は、結局、軍部の増派要求をしりぞけ、三月三一日の声明で、北爆の部分的停止と交渉の呼びかけを行ない、あわせて自らの大統領選挙への不出馬を表明した。

テト攻勢の衝撃で、アメリカ国民はベトナム戦争を継続する熱意を失い、政権はもはや米軍の増派という方法を継続できなくなり、アメリカの戦争の縮小＝デスカレーションをせざるをえなくなった。この点で、テト攻勢は、ベトナム戦争に新しい局面をもたらした(写真5－15)。

しかし、冒険的な都市攻撃は革命側にも多大な犠牲を

写真5-15　反戦運動（米国）。

強いることになった。少数の特別攻撃隊に続いて都市に入る予定であった革命側の主力部隊は、多くの所で米軍や南ベトナム軍に阻止され、フエを三週間確保したことを例外として革命側は都市の制圧はできなかった。そのような状況では期待していた都市の蜂起も発生しなかった。それでも、手薄になった農村での支配を拡大するチャンスはあったが、指導部が都市攻撃に固執したことは、このチャンスを生かせぬまま犠牲を増大させることになり、六八年中の戦死者は一八万に達したと言われている。このため軍事的情勢は革命側にとってテト攻勢以前よりもむしろ悪化してしまった。特に経験豊かな南の土着のゲリラの中核に多大な犠牲が出たことは、修復不可能な痛手であった。

六九年には、パリでの和平交渉の体制を整えるため、解放戦線を基礎として南ベトナム共和臨時革命政府が樹立されたが、南の戦場では解放戦線の役割が形骸化し、人民軍の役割が増大することになった。

戦争の「ベトナム化」とカンボジア侵攻

一九六九年に登場したニクソン政権がベトナムに関してとりうる行動は、反戦世論やドル危機などから、きわめて限定されていた。米軍の関与を減少させても、南ベトナムの反共体制を維持するには、南ベトナム政府とその軍隊を強化する以外にない。ニクソン政権は、戦争の「ベトナム化」を図り、六八年には八二万だった南政府軍は、七〇年には一〇〇万を超える軍隊になった。

しかし、南ベトナム政府の強化は時間を要する課題だった。そこで、ニクソン政権は、早期の米軍撤退を可能にするため、二つの国際的努力を展開した。一つは、米中接近だった。当時、中国は、文化大革命による国際的孤立からの脱却を図る一方、ソ連に対する対決姿勢を強めていた。この中国にアメリカが接近することは、ソ連の影響が強くなりつつあった北ベトナムの主導でベトナムが統一されることを、内心は快く思っていない中国を、ベトナムの南北分断の固定化と南に対するアメリカの影響力確保のための大国主導の国際的な枠組みに巻き込める可能性に道をひらくものだった。七一年七月に発表され、七二年二月に実施されたニクソン訪中は、ベトナム労働党指導部にとっても衝撃的な出来事だった。

ニクソン政権がとったいま一つの方策は、ベトナム戦争で南の戦場の人民軍や解放戦線の「聖域」になっていたカンボジアへの戦争拡大だった。ベトナム戦争の戦火波及をくいとめるために中立政策を掲げていたカンボジアのシハヌーク政権は、ベトナム戦争の激化の中で、北ベトナムや解放戦線に接近し、その「聖域」のカンボジア領内の存在を容認する一方、見返りとして、北ベトナムや解放戦線が反シハヌーク路線をとるカンボジアの共産主義者を支援して戦争をカンボジア国内に拡大することのないよう求める政策を展開していた。しかし、この政策には、軍部を中心とする右派勢力が反発した。右派は、テト攻勢以降、北ベトナムや解放戦線が軍事的苦境にあるのを見てチャンスと考え、七〇年三月にクーデターを起こしてシハヌークを追放し、ロン・ノル（Lon Nol 1913~85）将軍を中心とする政権を樹立した。ロンノル政権は、ベトナムの人民軍や解放戦線のカンボジア領内からの退去を要求し、三月末からは南ベトナム軍、四

写真5-16 シハヌーク(右端、背中)とポル・ポト(真ん中、一番奥)ら国内指導者との会合。(1973年)

月末からは米軍も加わり、聖域攻撃を展開した。

シハヌークは、北ベトナムや解放戦線に協力する一方で、国内の共産主義者は厳しく弾圧していた。そのため、ポル・ポト(Pol Pot 1925~98)を中心とするカンボジア共産党は反シハヌーク路線をとり、それに批判的なベトナム労働党とは対立していた。クーデターの後、亡命したシハヌークは、中国の説得もあって、共産党と手を結び、ロン・ノル政権に対抗する王国民族連合政府を北京で樹立、これを北ベトナムも支持した。カンボジア国内では、ベトナムの革命勢力とカンボジア共産党が手を組み、右派政権に対する武装闘争を展開した(写真5-16)。

国民的な信望の厚かったシハヌークを敵にまわしたことは、右派政権の失敗で、瞬く間に右派政権はプノンペンなどの大都市に孤立してしまった。ベトナム労働党は、アメリカが米軍の撤退を進めている最中に、カンボジアという、よく準備ができておらず、弱体な右派政権しかいないところに戦争を拡大したことは、アメリカが犯した決定的な失敗だと判断した。そして、いまや単一の戦場となった、南北ベトナム、ラオス、カンボジアを含むインドシナで、カンボジアが敵の「最も弱い環」になっているとして、ここに南ベトナムに展開している主力軍の多くを投入した。

七〇年三月の右派クーデターまでシハヌーク政権に対する冒険的武装闘争を展開していたカンボジア共産党は、ごく少数のゲリラしか持たない弱小勢力だった。しかし、王国民族連合政府樹立後は、シハヌークの名で農民を動員することが可能になり、またベトナムの革命勢力の支援も得られるようになったため、その勢力は急速に拡大した。こうしたカンボジア情勢の転換のおかげで、ベトナムの革命勢力は、テト攻勢後の軍事的苦境から脱することができた。抗仏戦争では、ラオス情勢の変化が、ディエンビエンフーでのベトナム革命勢力の勝利をもたらしたが、ベトナム戦争では、カンボジア情勢が、その帰趨に決定的な影響を与えたわけである。

しかし、このカンボジアでの戦争で、ベトナム労働党は、ポル・ポト派という、もともとベトナムに反感を持っていた過激な勢力の権力掌握を助けることになる。その「ツケ」は、ベトナム戦争終結後に、ポル・ポト政権下のカンボジアでの住民大量虐殺、同政権のベトナムへの軍事攻撃という形ではねかえってくる。

七二年春季大攻勢と七三年パリ協定

ベトナム労働党は、一九七二年春に南ベトナムにおいて一大軍事攻勢を展開した。この攻勢は、主力軍を南の戦場に再投入してテト攻勢以来失っていた戦場での主導権を回復し、「ベトナム化」政策の主柱である南ベトナム政府軍に大きな打撃を与え、アメリカを和平協定の締結に追い込み、あわせて現状停戦とその後の南ベトナム政府との対抗に必要な地歩を確立することを目標としていた。

三月末、春季大攻勢が開始された。緒戦ではサイゴン軍の敗走が目立ち、五月一日にはクアンチが陥落し、フエ陥落も予想される事態となった。ニクソンはこの挑戦に軍事力で対応せざるをえなかったが、当時残されていた方法はB52戦略爆撃機を総動員しての空軍力による対応だけであった。米軍は進攻する人民軍に激しい爆撃を加えるとともに、全面北爆を再開し、五月八日には北ベトナム港湾の機雷封鎖という強行措置に出た。

これはニクソン政権にとっては賭けであった。もし中ソが強硬な反発を示せば、二月のニクソン訪中で関係改善の第一歩を踏み出したばかりの中国との関係が悪化し、かつ五月に予定されていたニクソン訪ソが不可能となり、大国間の緊張緩和＝デタントは大きく後退する恐れがあった。ベトナム政策にプラスに作用するはずのデタントが、ベトナムのために台無しになり、ニクソン政権の世界政策が大きな打撃を受ける可能性があったのである。しかし実際には中ソの抗議はおざなりなもので、ソ連はニクソンを受け入れ、アメリカは空軍力に関しては自由にベトナムで行使することができた。ベトナム労働党はこうした中ソの対応を「溺れる強盗に浮き輪を投げる」ようなものと非難をした。

　軍事的にはこの米空軍力の総動員によって、南政府軍は崩壊の危機から救われた。クアンチも奪還され、革命側は人口密集地帯で支配を大きく広げることはできなかった。しかし、この攻勢で革命側は南ベトナム内部の戦略的要衝に強力な部隊を配置することはできたのである。南政府側は、都市や人口が密集した農村での支配は継続できたが、増強された人民軍を南から放逐することは不可能であった。七二年夏には南ベトナムの戦局は新たな膠着状態になった。

　六八年以来行なわれてきたパリ会談での和平交渉は、キッシンジャー米大統領補佐官とレ・ドック・ト（Lê Đức Thọ 1911~90）労働党政治局員の秘密交渉も含めて、七二年春までは大きな歩み寄りがないままに推移してきた。交渉の場で最も基本的な問題であったのは、南ベトナムからの外国軍の撤退という際に、米軍のみならず北の人民軍も外国軍の範疇に入れて考えるか否かという問題と、停戦と軍の撤退という軍事問題と南における対抗勢力の連合政府という政治問題を関連させるのか否かという問題であった。

　南ベトナムを「独立国家」とみなすアメリカは、米軍の撤退と引き換えに北の人民軍の撤退を要求し、南の政治問題の解決を自決権の名において回避しようとしていた。労働党にしてみれば、根本的にはベトナム民族は一つであって、北の軍隊が「外国軍」などという図式は承認できなかったし、自決の名において求められるべきものは、アメリカの侵略の産物としての南ベトナム政府の解体に他ならなかった。

　交渉が実質的な意味を持ち始めるのは、七二年の夏で

写真5-17 パリ協定調印式。(1973年1月)

あった。まず同年五月、キッシンジャーは人民軍の撤退を要求しないことを明言した。これに対して革命側は七二年秋、第一段階で現状停戦と米軍の撤退・捕虜の釈放を行ない、第二段階で南ベトナムの当事者が政治問題を共同で解決するという、軍事問題と政治問題の切り離しを事実上認める方式を提案した。さらに、南ベトナムには革命政府と南ベトナム政府という「二つの政府と二つの軍隊」と、それに「第三勢力」を加えた「三つの政治勢力」が存在しているという原則が認められるならば、ティエウ大統領の辞任という要求をひっこめるという重要な譲歩を行なった。一〇月八日の秘密会談でレ・ドック・トが提案した協定案を、キッシンジャーはアメリカの従来の主張が反映されているとみなし、一〇月三一日調印という日程まで設定された。

しかし、この協定には南ベトナム政府が強く反発し、一一月の大統領選挙が終わればより強い立場で交渉できるのではないかというニクソンの思惑もあって、アメリカ側はこの一〇月協定案の調印を引き延ばし、協定案への修正を要求した。これに北ベトナムが反発すると、ニクソンは一二月一八日から一二日間にわたって「クリスマス爆撃」と呼ばれる激しい北爆を実施し、他方では南ベトナムに対して一〇億ドルにものぼる軍需物資の駆け込み援助を供与して、その反発の軟化を促した。北ベトナムは、ソ連製のミサイルでB52爆撃機に大きな損害を与えたが、一〇日目にはほぼ保有のミサイルを撃ち尽くしていた。

他方「クリスマス爆撃」はアメリカ国内や国際世論の憤激を買い、米議会は大統領が戦争を続けるなら議会がやめさせてみせるという強い姿勢を見せていた。そのためアメリカと北ベトナムは七三年一月八日には交渉を再開し、ほぼ一〇月協定案とほぼ同じ内容の協定をまとめた。これが、一月二七日に正式に調印をされた「ベトナムにおける戦争の終結及び平和の回復に関する協定」、いわゆるパリ協定である（写真5－17）。

サイゴン解放

パリ協定で順守されたのは、米軍の撤退と捕虜の釈放だけで、南ベトナムでは、南ベトナム政府と革命勢力の間での軍事的にらみあいが続いた。この争いで当初有利に見えたのは、南の土地と人口の大半を支配していた南ベトナム政府の側だったが、この状況を変化させたのは、七三年以降に起きた二つの出来事だった。

アメリカ国内では、パリ協定が締結され、米軍が撤退すると、「ベトナム離れ」の傾向に拍車がかかった。特に、ベトナム戦争に批判的なリベラル派の進出が目立った議会では、インドシナにおける米軍の戦闘行動への財源打ち切りや、議会の承認なしに大統領が米軍を海外で戦闘行為に投入することを制限する戦争権限法を成立させるなど、ニクソン政権の手足を縛る動きを強め、ついには、ウォーターゲート事件（民主党本部への盗聴事件）でニクソンを追い詰め、一九七四年八月には大統領辞任という事態に至った。このため、南ベトナムで、政府にとって危機的な事態が起きても、アメリカが空軍力の再投入を行

写真5-18 サイゴン解放。(1975年)

なうなどの軍事介入をできる可能性はほとんどなくなってしまった。

いま一つは、七三年のオイルショックの影響で、石油価格の高騰は高度に近代化されていた南ベトナム政府軍の機動力を大きく損ない、アメリカの援助削減もあって、膨大の軍事機構を持つ南政府の経済運営は困難になった。

これらの動きを見守っていた労働党は、南ベトナム政府が危機に陥っており、革命勢力が軍事攻勢に出ても米軍が再介入する可能性は低いという判断をもって、七三年三月、二年間で南ベトナムを解放するという想定で、中部高原のバンメトートに大規模な軍事攻勢をかけた。ところが、攻撃が開始されると、南ベトナム政府軍は雪崩をうつように敗走し、労働党は、急遽、七五年の雨季到来までにサイゴンを解放する、ホーチミン作戦の発動を決定した。

かくして、七五年四月三〇日、人民軍の戦車隊がサイゴンの南ベトナム大統領官邸に突入し、ベトナム共和国は崩壊し、ベトナム戦争は、革命勢力の勝利で終結した(写真5－18)。

このベトナム戦争での米軍の戦死者は、五万八〇〇〇人を超える。一方、ベトナムの革命勢力の軍事要員の犠牲は一一〇万、民間人を含むベトナム人の犠牲は三〇〇万にのぼるとされる。

アメリカにとっては、ベトナム戦争は、あくまで、遠い外国で行なわれている局地戦争にすぎなかった。その犠牲としては、五万八〇〇〇という戦死者の数は、アメリカの世論が「耐えられない」と感ずる規模のものだった。これに対して、ベトナムの革命勢力にとっては、この戦争は、祖国をアメリカの侵略から守り、南北統一を達成するための総力戦争だった。一〇〇万を超える戦死は、多大な犠牲ではあったが、総力戦争としては耐えうる犠牲だった。最終的には、このことが、ベトナム戦争の結果を決めたと言ってよいだろう。

もっともこれは、ベトナム戦争の傷がベトナム社会にとって軽微なものであったという意味ではない。三〇〇万人という犠牲自体がきわめて深刻な規模だった。また、北ベトナムと解放戦線は、この戦争はアメリカを相手とした戦争＝抗米戦争であり、内戦ではないという立場をとっていたが、ベトナム人同士の戦争という側面もあり、ベトナム社会に大きな亀裂を残すことにもなった。

統一ベトナムとカンボジア紛争、中越戦争、難民問題

ベトナム労働党は、一九七五年夏に開催された第三期第二四回中央委員会総会で、南北統一の早期達成と、ベトナム戦争中の北をモデルとした南の急速な社会主義化という方針を決定した。ベトナムの南北統一は、翌七六年七月のベトナム社会主義共和国の形成によって、ベトナム戦争終結後一年余りという短期間で実現された。

この時期、ベトナムは、明らかに統合を急いでいた。それは、一面では、戦争が局地戦争にエスカレートして以降、特に六八年のテト攻勢以降、南の戦場でも北の人民軍の役割が増大していたという、戦争中に進んでいたプロセスの延長にあった。党員で見ても、サイゴン解放時、労働党は一四七万八〇四六人の党員を擁していたが、うち南の党組織が管轄していたのは、一割に満たない一三万〇一五四人にすぎなかった。解放後の南に、北と同じような政治システムによる統治を実施しようと思えば、北からの大量の人員供給が、行政面でも必要だった。

こうした傾向に拍車をかけたのは、中国への警戒だっ

た。米中接近以降、ベトナムは、中国がベトナムの早期南北統一を歓迎していないと認識していた。労働党指導部には、南の独自性を容認すると、それが中国と結びついてハノイの権威に挑戦するような事態が起きかねないという警戒心があった。

もっとも、ベトナムは、戦争の終結で平和的な環境で国土の建設に取り組めるものと考えていた。七六年一二月に開催された第四回党大会で、労働党は共産党に改称したが、この大会では、六〇年代前半に北で構想されていたのと同様の社会主義工業化の短期達成を目標にした、経済の高度成長をめざす第二次五ヵ年計画が決定された。

しかし、ベトナム指導部が期待していた平和な国際環境は実現されなかった。その一つの要因は、中国がベトナム指導部の予想以上にベトナムに対する敵対的姿勢を強めたことだった。七五年四月にカンボジアに成立したポル・ポト政権は、国内基盤の弱さを、国内における恐怖政治と、反ベトナム・ナショナリズムの鼓吹で克服しようとして、国境地帯でのベトナムへの軍事攻撃をしかけた。このポル・ポト政権との関係を強めたのが、インドシナ半島でベトナムの影響力拡大を好ましく思っていなかった中国だった。中国の支援を得たポル・ポト政権は、七七年末にはベトナムとの国境戦争を拡大し、ベトナムとカンボジアの対立は公然としたものになった。

この時期、ベトナム在住の中国系住民が大量に出国するという事態が発生し、七八年四月からは中国もベトナムに対する公然たる非難を開始した。この事態は、南ベトナムの統一ベトナムへの統合に着手したばかりのベトナムに、北の中国と南西のカンボジアからの「挟撃」という、安全保障上の脅威感を与えることになった。「中国拡張覇権主義」を「直接の最も危険な敵」とみなしたベトナム指導部は、七八年一二月から、反ポル・ポト派のカンボジア人を支援して、ポル・ポト政権の打倒をめざす、カンボジア侵攻作戦を展開した。これに対して、七九年二月には、中国が「懲罰」と称して、約一ヵ月にわたりベトナム北部の国境一帯でベトナム領内に軍を侵攻させ、中越戦争が発生することになった。

ベトナムのカンボジア侵攻は、自国民を大量に虐殺していたポル・ポト政権に対する攻撃だったため、共感を示す動きが国際的になかったわけではないが、折からのソ連のアフガニスタン侵攻で激化した「新冷戦」の動きに巻きこまれ、ベトナムはカンボジアへの「侵略者」という烙印を押されて、国際的に孤立することになる。

こうした国際的な動きに、ベトナム国内での統合がもたらした軋みが連動していた。まず最初に問題が表面化したのは、ベトナム在住の中国系住民＝華僑・華人だった。中越蜜月時代だった五五年、ベトナム労働党は中国共産党と、ベトナム北部に在住する華僑に関し、①華僑はベトナム公民と同等の権利を享受する、②華僑をベトナム労働党の指導のもとに置き、次第にベトナム公民＝華人にする、という合意を結んだ。これは、華僑のベトナム公民化はうたわれてはいたものの、当面は、華僑が華僑のまま、つまり中国国籍を持ったままでもベトナム公民と同等の権利を享受するという、華僑優遇策だった。

統一ベトナムは優遇策を改め、華僑にベトナム国籍を取得してベトナム公民になること、つまりはベトナムの華人になることを強く求め、それでもなお中国籍にとどまる人には、「外国人」としての厳しい就業制限を課することにした。これは、南で展開された私的商工業の「社会主義的改造」で、華僑・華人の経営が標的になったこととあわせて、華僑・華人の間に大きな動揺を引き起こし、その大量出国という事態を招いた。海路出国を図る人々は、「ボートピープル」と呼ばれた。

この時の華僑・華人の出国には、明らかにベトナムの当局が関与しており、公安当局が脱出希望者（ないし出国を強制された人）に金の納入を要求し、納入すれば逮捕されずに出国できるといった措置が実施されていた。これは、南部では「プロジェクトⅡ」と呼ばれ、公安機関によって実施され、その実施決定には省の党書記、人民委員会主席（知事）と公安局長など、ごく限られた人しか関与していなかった。「プロジェクトⅡ」は、共産党政治局など正式の政策決定機関の決定ではない、「奇妙」な指示だった。

七八～七九年に出国した人の中では、華僑・華人が占める比率が高かったが、ベトナムを敵視していた国際社会が、「ボートピープル」を、華僑・華人としてではなく、「インドシナ難民」あるいは「ベトナム難民」として受け入れることが明らかになると、難民として出国する動きは、華僑・華人だけでなく、海外でのよりよい生活を求める一般のベトナム人にも広がることになる。この「難民流出」で、ベトナムの国際的孤立を深めた。

ヴォー・グエン・ザップ (Võ Nguyên Giáp 1911~2013)

抗仏戦争、抗米戦争を指揮した、二〇世紀ベトナムを代表する軍事指導者。中部クアンビン省の出身で、一九二〇年代、フエのクォックホック校の学生時代に学生運動の指導者として活躍し、三〇年代にはハノイのタンロン校で歴史を教える一方で、インドシナ共産党系の政治活動で活躍した。四〇年に中国でホー・チ・ミンに会い、インドシナ共産党に入党。四四年一二月には、ベトナム人民軍の前身である解放軍宣伝隊を組織し、四五年八月の八月革命時に、共産党の最高指導部である中央常務委員会の委員に選出され、ベトナム民主共和国の誕生後は、内務相を経て四六年一一月からは国防相、四八年にはベトナム軍最初の大将となり、四九年からは軍総司令官となった。

軍事指導者としてのザップの名声を高めたのは、抗仏戦争に終止符を打った五四年のディエンビエンフーの戦いである。ディエンビエンフー盆地を囲む高地にフランスが予想しなかった大型火器を運び上げるなど、フランス側の軍事的優位の要因を一つ一つ潰していく作戦で、勝利を獲得したこの戦いは、植民地支配を受けていた人々が宗主国の正規軍の大部隊を降伏に追い込んだ戦いとして、植民地主義の終焉を象徴した。ディエンビエンフーの戦いを頂点とする抗仏戦争の末期、中国から派遣された顧問が大きな役割を果たすようになっており、ディエンビエンフーの戦勝もその貢献に帰する議論もあるが、ザップ自身は、「友人の経験を学ぶことは大切だが、ベトナムは小国なので、将兵の命を大切にしなければならない」と、中国の経験の機械的学習に警告を発していたと言われる。

続く抗米戦争中も、ザップは、国防相、軍司令官の地位を保ったが、そのリーダーシップは試練にさらされていた。ベトナムは、中ソ対立の中で、中国ないしソ連のどちらか一方に決定的に傾斜するということはなかったが、ベトナム戦争がエスカレートする六三年末から六〇年代半ばの一時期、「現代修正主義」批判という点で、中国に歩調を合わせていた時期がある。この「現代修正主義」批判のベトナム国内の標的は、ザップだったと言われる。これは、ザップが「親ソ派」であったというよりは、ベトナム戦争が米国相手の犠牲の大きな戦争になることには慎重だったために、レ・ズアン第一書記など対米戦争強硬派の批判の的となったためだった。さらにザップが、知識人家庭の出身であり、高学歴の持ち主であったことも、その「階級性」への疑問を招く材料になったと言われる。この時期、ザップがその地位を守れたのは、ホー・チ・ミンの強い支持があったからだとされている。

ザップは、六八年のテト攻勢の際にも重要な方針の決定からはずされていた。テト攻勢は、ベトナム戦争の転機となった出来事として知られているが、他方で、革命勢力側の犠牲も大きかった。当初の計画は、都市への一斉奇襲攻撃で、その立案にはザップも関与していたが、その後ザップはハンガリーで「病気療養」のためハノイを留守にしていた。このザップ不在の時期に、テト攻勢の計画は、都市攻撃だけでなく、それに「総蜂起」を結びつけてサイゴン政権を一挙に崩壊に追い込むという、野心的な計画に改変された。

もっとも、この転換は、革命勢力が都市での蜂起の組織に固執する事態を引き起こし、革命勢力側に大きな犠牲をもたらす原因となったため、その後のテト攻勢の総括では、一斉攻撃と「総蜂起」を結合したのは「誤り」だったとされ、七〇年代に入るとザップの軍事指導者としての立場は回復し、ベトナム戦争に終止符を打った七五年のサイゴン政権に対する総攻撃では、そのリーダーシップが大きな役割を果たしたと言われる。

ザップの政治的な地位はベトナム戦争終結後低下し、八〇年代以降は要職から離れたが、その後も、乱開発が問題視された中部高原でのボーキサイト開発計画に警鐘を鳴らすなど、世論の動向に潜在的な影響力を保ち続けた。二〇一三年一〇月に一〇二歳で死去した際には、ベトナム全土で多数の人々が弔意を表した。

ヴォー・グエン・ザップ。

ハノイ中心部メトロポール・ホテル前で
新婚夫婦の記念撮影。（筆者撮影）

ハノイ。道端の茶店。（筆者撮影）

ハノイ中心部ホアンキエム湖近くの
噴水広場。（筆者撮影）

ハロン湾。（写真提供：日本アセアンセンター）

ハノイ郊外。紅河沿いの水田地帯。
(鎌澤久也撮影)

ハザン郊外。ロロ族(チベット・ビルマ語系)の女性。(鎌澤久也撮影)

フエ。阮朝の王宮。（写真提供：
日本アセアンセンター）

フォンニャー・ケバン洞窟の入口。
（写真提供：日本アセアンセンター）

ケサン。米軍基地跡。（筆者撮影）

ベトナム戦争終結30周年記念の祝典。
（2005年4月。ホーチミン市。筆者撮影）

チャウドックのカンボジア国境。
（鎌澤久也撮影）

ファンティエットのムイネー砂丘。
（鎌澤久也撮影）

カントーの市場。(筆者撮影)

ビンロン。通学途中のアオザイ姿の高校生。(鎌澤久也撮影)

ホーチミン市の中心部ドンコイ通り。
（写真提供：日本アセアンセンター）

ホーチミン市。果物売りの娘。
（写真提供：日本アセアンセンター）

6 独立ベトナムの歩み Ⅱ ドイモイの時代

ベトナムは、ドイモイの開始後、冷戦体制とソ連・東欧における社会主義体制の崩壊という事態の中で、人類普遍の社会主義を体現した「普遍国家」から、東南アジアという地域の中に自らを位置づける「地域国家」に再び転換をすることになる。

「貧しさを分かちあう社会主義」の機能不全

ベトナム共産党は、戦争の終結後、戦争中に北で建設されていた、一九三〇年代のソ連で生まれ、五〇年代には中国にも導入された「普遍モデル」による社会主義を、南を含め、全国規模で建設しようとした。この「普遍モデル」は、先にも述べたように、「貧しさを分かちあう社会主義」という性格を持っていた。ベトナム戦争中の北では、それは、農業生産合作社による集団農業により安い価格で国家が食糧を確保し、外国からの援助とあわせて、生産と生活に必要な物資は、国家の手によって安価で配給するという、国家丸抱え制度として、戦時体制の基礎となっていた。戦争後に、共産党の思惑とは異なり、「貧しさを分かちあう社会主義」が機能不全に陥ったのは、二つの理由からだった。

まず第一に、経済的合理性からすれば問題のある「貧しさを分かちあう社会主義」をまがりなりにも機能させていたのは、人々の間での「戦争に勝つ」という社会的合意だった。戦争が終わって、人々が自分自身の暮らしを豊かにすることを優先するようになると、賃金や収入が低く一生懸命働いても手を抜いても実収入にはほとんど差がない、国営工場や合作社の集団農地での労働には、人々は意欲を見せなくなり、その労働意欲は時間外の余業や自留地の耕作に集中的に発揮されるようになった。勤労者の労働意欲の低下は、生産の機械化が進んでいなかった当時のベトナムでは、たちまち生産の減少を引き起こした。

写真6-1　合作社など「集団」が所有している豚は瘦せ細っているが、「個人」が所有している豚はまるまると太っているとして、集団経済の形骸化を風刺した絵。

第二は、戦争の終結で、外国からの援助が減少したことである。中国との関係の悪化で、その援助がなくなったのに加えて、ソ連からの援助は、額面では増加したが、ルーブルの減価により量的には少なくなっていた。

この二つの要因に加えて、洪水などの天災の被害、北に比べると豊かで市場経済の経験の蓄積のあった南への「貧しさを分かちあう社会主義」導入に対する反発、中越戦争とカンボジア問題による国際的孤立がもたらした困難が重なり、ベトナム経済は七〇年代末には危機的な状態に追い込まれた。

共産党が危機を認識し、それなりの対応を検討するようになるのは、七九年八月に開催された第四期第六回中央委員会総会からだが、ベトナムの場合には、共産党が「貧しさを分かちあう社会主義」からの訣別を意味する路線転換に踏み切るまでは、なお七年以上の歳月を要した。まがりなりにも、ベトナム戦争の勝利に貢献したシステムを変革するには、時間を要したわけである。

この七〇年代の末からドイモイが提唱される八六年までの間の改革の試みは、主には「下からのイニシアティヴ」による「地方の実験」として展開されることになる。

集団農業における生産請負制

こうした「地方の実験」は、様々な分野で展開されたが、最も代表的な例は、集団農業における生産請負制の導入であろう。これは、集団化した耕地を再度、個々の農家ないし農民に貸与して、そこでの生産を請け負わせる制度のことで、集団耕地に対する農民の労働意欲を発揮させる方策として、ベトナム戦争の最中の六六年からハノイ近郊のヴィンフック省で省の党組織の公認のもとで導入が試みられたことがあったが、当時は、いったん集団化した耕地を再び個別農家に委ねる、農村における社会主義的生産関係を後退させる試みとして、六八年には党中央によって厳しく批判され、禁止されていた。にもかかわらず、ベトナム戦争の末期から、生産請負制を採用する合作社が出現するようになった。その多くは、「国禁」を侵す試みのため、その実施が上級機関や他者には知られないよう、「もぐり」として実施されていた。

ハイフォン市の郊外のアントゥイ県ドアンサー村の合作社も、こうした「もぐり請負」を実施していた場所の一つだった。ここではある生産隊が七四年から生産請負制を採用し、普通の集団耕地の倍に達する収量を達成していた。しかしその「もぐり請負」は県の知るところとなり、七六年には禁止されてしまい、これを推進した合作社の党支部書記（党組織のトップ）と副書記が処分された。

それでも合作社指導部は屈服せず、七七年六月には、再び請負制を再開した。これも七八年には県に知られ、公安部隊が村に派遣されたり、村の党員に対する党員証再交付が止められるなど、様々な圧力がかかった。

このようなドアンサーの窮状を救ったのは、県の統廃合だった。経済力のないアントゥイ県を廃止し、県内の村はドーソン県かキエンアン県に統合されることになり、八〇年三月五日にドアンサー村もドーソン県に編入された。アントゥイ県と違ってドーソン県の党指導部は請負制に好意的で、同年五月に、ドーソン県党委員会は耕地の五〇％で請負制実施を認める決議を採択した。

このドーソン県の動きの背後には、上級行政単位である中央直轄市としてのハイフォン市の党委員会書記と市人民委員会主席（市長）の支持があった。二人は大きな都市人口を持つ行政単位の責任者として食糧不足に強い危機感を持っており、その打開策としての請負制に強い関心を持っていた（写真6－2）。しかし、稲作に請負制を導入することには市の農業委員長が反対するなど、依然慎重論が強かったため、まずは県レベルでの動きが生まれることを期待していた。ドーソン県の決議はこうしたハイフォン市指導部の期待に応えるもので、これを踏まえてハイフォン市党常務委員会は、八〇年六月二七日、県内のすべての耕地での生産請負制実施を認める二四号決議を採択した。このドーソン県とハイフォン市の動きは、それまで「もぐり」で実施されていた生産請負制を、地方レベルではあれ、公然たる党組織の決定をもって実施する最初の動きだった。請負制を導入した八〇年の秋作では、一ヘクタールあたり二・三トンと、北部全体の平均収量一・八八トンを大きく上回る実績をあげた。

こうしたハイフォンの動向の背景には、七九年八月の第四期第六回中央委員会総会以降の、共産党中央の変化があった。この六中総では、深刻な経済危機を背景に、それまでの社会主義的改造を急ぐ姿勢を改め、国有や集団所有以外の経済を含めた「多セクター経済」に積極的位置づけを与え、「生産を爆発」させるために、「社会と

写真6-2　米の買い付け。ベトナム戦争後、米の確保が深刻な問題となった。

集団と個人の三つの利益」を結合した生産刺激策を、各地方や生産基礎が積極的に採用することが奨励された。党中央は「地方の実験」にも前向きの姿勢を示したのである。ハイフォン党指導部の動きは、この六中総を踏まえたものだったが、六八年にいったんは党中央が「反社会主義的」とした生産請負制の実施に中央レベルでの合意をとりつけるのは、容易なことではなかった。ハイフォンの党書記と市長は、党書記長のレ・ズアンなど、党中央の要人の個別説得にあたり、書記長からは積極的賛意をとりつけたと言われる。

だが、ベトナム共産党は、書記長が決断すれば中央の方針が変わるような党ではなく、依然、請負制への抵抗は強かった。八〇年八月末に党中央書記局は、北中部の農業生産合作社の強化策を議論する会議を召集した。ここでは当然、生産請負制のことが大きな話題になった。この会議では、参加した八つの地方のうちの六つの省の党書記がハイフォンの試みに批判的な意見を述べた。参加した中央の幹部の中でも、党農業委員会の委員長などは、強硬な生産請負制反対論者だった。

こうした反対論を封じたのは、ハイフォンなど請負制を実施した地方の生産成果だった。党中央は、八〇年一〇月二一日の党書記局二二号通達で初めて公式に請負制に前向きの姿勢を示し、さらに八一年一月一三日の共産党書記局の一〇〇号指示で請負制の導入を公式に奨励した。指示は「農業生産合作社において、各作物栽培、牧畜、その他の合作社の生産分野に対して、『勤労者グループと勤労者に対する生産請負』方式の実現を大胆に拡大し、同時にこの請負方式がきちんと実施されるよう指導を緊密にし、方式を絶えずよりよいものにする」としており、以降、生産請負制は全国に広がることになった。

指示は、農家ではなく「勤労者グループと勤労者に対する生産請負」であることを強調し、個別農家の農業経営権の復活ではないとしていたが、実態的にはこの一〇〇号指示は、個別農家に対する「白紙請負」を広げ、集団農業の解体の第一歩となる。

ただし、共産党が集団農業からの訣別を公式に認めるには、なお七年以上の歳月を要した。それは、八六年の第六回党大会でのドイモイ提唱を踏まえ、八八年四月五日に出された、個別農家が農村における自主的経済単位であることを認める政治局一〇号決議だった。

ドイモイ路線の提唱

ベトナム戦争下の北ベトナムでは、生活必需品をきわめて安い価格で供給する配給制度が実施されていた。これは、ソ連・東欧・中国などにも共通していた、「貧しさを分かちあう社会主義」の典型的な経済運営で、生産や生活に必要な物資を、経済的な採算を無視して、国家の手で上から下へと供給する、「国家丸抱え」システムだった。北ベトナムの場合、配給制度の対象になった公務員・国営企業労働者などの賃金はきわめて低かったが、配給制度に支えられているかぎりは、最小限度の生活は保障されており、「アメリカに勝つ」という国家的目標のためには皆が貧しさを分かちあって奮闘しようという社会的合意が存在するもとでは、この制度は比較的有効に機能していた。さらに、食糧輸入国であった北ベトナムでこうした制度が可能であったのは、社会主義諸国からの食糧の無償援助があったからだった。

しかし、ベトナム戦争が終結すると、ソ連や中国も、無償では食糧をベトナムに援助はしなくなった。また合

Biếm họa: Đây là XHCN
(Báo Đại Đoàn kết, số 44 năm 1977)

写真6-3　一日中行列。配給品を受け取るためには長い行列をしなければならなかった。一日中行列をするという意味のXếp Hàng Cả Ngàyの頭文字をとるとXHCNとなるが、これは社会主義＝Xã Hội Chủ Nghĩaと同じになることから、この風刺画には「これぞ社会主義＝XHCN」という題がついている。

作社の場合同様、人々が「貧しさを分かちあう」のではなく、自分の生活の向上を求めるようになると、この配給制度は弊害を露呈することになった（写真6－3）。

まず、物資をタダ同然で売る国家の立場からすれば、そのようなことが可能だったのは、外国からの無償援助があり、かつ国内の生産者からの物資買い付け価格も低額に抑えこむことができたからだった。無償援助がなくなり、かつ国内の生産者の労働意欲を刺激するために買い付け価格を引き上げざるをえなくなると、配給制度の維持は、国家に大幅な「逆ザヤ」の財政負担を課することになる。これは、悪性のインフレーションを発生させる原因となった。

一方、賃金生活者の側からすれば、現金収入の増加を求めるようになると、配給制度とセットであるがゆえに低く抑えられている本業の賃金への不満が出てくる。本業からの収入よりは、それ以外のアルバイトで得られる収入のほうがはるかに大きいとなれば、彼らの本業での労働意欲は減退し、配給手帳を入手するために職員名簿に記載されていればよいというだけになってしまい、配給物資や国営企業製品の横流しといった腐敗を助長する。

ベトナム共産党は、このような「国家丸抱え」システムの弊害を認識し、「社会主義的経営」への転換の必要を指摘していたが、計画経済の建前から、国家が価格形成の主導権を掌握するという基本を譲る考えはまだなく、配給制度の廃止には慎重であった。この時期のベトナムでは、国家による公定価格は、採算を無視して国庫負担で低額に維持されている配給価格などの「供給価格」と、採算性を考慮した「経営価格」という「二重価格」で構成されていた。八〇年六月に出された共産党政治局の流通・分配活動の改善に関する決議（第二六号決議）は、①当面は、この「二重価格」制度を維持し、「経営価格」の有効な活用で生産を刺激する、②第二段階で、「供給価格」を廃止して単一価格体系を確立する、③ついで生活の向上を保障する実質賃金体系と、生産単位の経営を保障する価格体系の確立を図るという、三段階方式を提唱した。これは、国家による価格形成という計画経済の枠組みの中ではあるが、「国家丸抱え」システムではなく、生産と生活を保障する合理的な賃金・価格体系への移行をめざしたもので、部分的には「経営価格」の柔軟な運用という形で、国家の価格形成に市場原理が反映されることを容認したものであった

ところが、この決議を検討した南部メコンデルタのロンアン省では、ただちに配給制度を廃止して、単一価格に移行するという、大胆な試みを開始した。

ロンアン省の共産党指導部はこの決議の第二段階の措置を先行させて、ただちに配給制度を廃止し、同省人民委員会（省の行政委員会）は八〇年一〇月に配給制度を廃止し、その代わりに配給していた生活必需品を「経営価格」で購入するのに必要な金額を勤労者の賃金に補塡するという方式の実施を決定した。ロンアン省の試みは、第六回中央委員会総会が認めた、新しいモデルを模索するための「地方の実験」の一つであったが、それが共産党中央の方針の「創造的適用」なのか、「逸脱した誤り」なのかは、当初から激しい論争の対象になった。支持者は、「国家丸抱え」システムの廃棄には単一価格制への移行が不可欠であり、この流通・分配分野での改革があらゆる経済改革の突破口になると主張した。これに対して、反対ないし慎重論者は、配給制度の即時全廃は、勤労者の生活を不安なものにする上に、それを慌てて実施することは、「経営価格」という名のもとに価格形成を市場原理に委ね、国家の価格統制機能という計画経済の根幹を揺るがすことになりかねないと批判をした。

同じ「地方の実験」であっても、先に紹介した農業における生産請負制に比べて、このロンアン省の試みは、共産党中央レベルでの合意を形成するのに、はるかに多くの時間を必要とした。ロンアン省の試みがまだ一省での「実験」にとどまっていた八二年三月、ベトナム共産

党は第五回党大会を開催した。この大会は、改革という角度から見ると中途半端な大会であった。第五回大会では、当時の経済的困難の主体的な原因が、ベトナムの現実にそぐわない過大な要求を経済計画の当面の課題として設定したことにあるという反省が提起された。そして、現在のベトナムは社会主義への「過渡期」の「最初の段階」にあるという規定がなされた。これは、重工業化といった「過渡期」全体の任務と、ベトナムが当面する課題を区別するために提起された論点で、ベトナムの現実に密着した経済運営のありかたを求めている点では、改革促進的な論点であった。

写真6-4　占い師と偽造品を売る商人を当局の「ほうき」が一掃しようとしている絵。当時の自由市場に対する悪いイメージを示している。

しかし、この大会の段階では、まだ肝心の「過渡期」の長さについての明確な合意は存在していなかった。「過渡期」は比較的短期であると考える人の中には、当面する困難な「最初の段階」さえ乗り切れば従来の教条どおりの社会主義建設に取り組めるものと見る人が多かった。このような観点からすれば、生産請負制を含めた一連の改革は、危機の中で要求される短期間の「やむをえない譲歩」にすぎない。それも、生産を向上させるという明確な効果があるから譲歩できるのであって、その範囲を超えて、生産関係や計画経済の原則に触れるような譲歩は認められないという立場を、第五回大会は克服できなかった。第五回大会は、あくまでも旧来の教条の枠組みの中での改革を容認したにすぎなかった。ロンアンの実験についてこの大会は、当面は「二重価格」の維持が必要であるとして、ロンアン省の試みの全国的普及にはただちに乗り出す用意はないという線を提示していた。

この間も、国家の買い付け価格の引き上げと配給制度の据え置きのため、国家財政の危機は進行した。配給制度維持のために国庫が負担する補助金は、八四年には予算の四分の一、国家財政赤字の六七%を占めるに至っていた。この現実は、共産党中央の関心を流通・分配問題に集中させることになった。

この流通・分配問題に関して、共産党中央委員会総会で最初に本格的な討論がなされたのは、八三年の一一月から一二月にかけて開催された、第五期第五回中央委員会総会であった。この中央委員会総会の結語で、レ・ズアン書記長は、この分野での問題が「国家丸抱え」の官僚主義的経済管理を長期にわたって維持してきたという主体的な欠陥によって発生してきたことを認めながら、問題を市場メカニズムの導入によって解決しようとする傾向を批判し、計画経済の強化を強調した。これが当時の党中央の公式見解だった。

だが、これでは現在の危機は解決できないと考える指導者もいた。その代表例が、当時、レ・ズアンにつぐ党内序列第二位の地位にあったチュオン・チンである(写真6-5)。チュオン・チンは、六〇年代には党中央を代表してヴィンフックの生産請負制禁圧(一七一ページ参照)の矢面に立ち、八一年の生産請負制の導入にも慎重な姿勢を示すなど、従来はレ・ズアンに比べ保守的なイデオローグとみなされてきた人物だったが、八〇年代の半ばには、改革志向に転じていた。このチュオン・チンの「転身」に大きな役割を果たしたとされるのが、第五回中央委員会総会のあとに彼が組織した、より抜本的な改革を志向する一〇人あまりの経済に明るい知識人からなる私的な諮問グループだった。チュオン・チンがこの諮問グループの意見にも励まされて、流通分配の問題で大胆な発言をしたのは、八四年七月に開催されたベトナム共産党第五期第六回中央委員会総会においてであった。まず彼は「官僚主義、国家丸抱え、保守、停滞」が経済的困難の主要な原因であるとした上で、これらの要因が集中的に表れている価格、賃金、通貨の問題が、「特別の環」であり、ここを「突破口」とする抜本的な改革を実施しないかぎり、困難な状況は打開できないとした。さらに具体的に価格の問題について、次のように発言している。

「国内と世界の市場が多くの変動をしている時に、われわれは、硬直したきわめて安い価格体系を樹立し、それを安定だと見なしてきたが、実際には、そのために、国家の利益、労働者階級と勤労者という、革命の基軸となるべき隊列の利益が、大いに損なわれてしまったのである。現実は、われわれが価格を低く定めれば定めるほど、市場価格と離れれば離れるほど、国家と労働者階級の損

写真6-5 当時のベトナム共産党の3人の老指導者。右からレ・ズアン党書記長、チュオン・チン国家評議会議長、ファム・ヴァン・ドン首相。

害はますます大きくなったのである」

この時の発言で、チュオン・チンは市場メカニズムといった言葉は使用していないが、市場の実勢に沿わない価格体系を国家が維持していることが基本的な問題であるという指摘を行なったわけである。また、彼は、次のようにも述べている。

「われわれは、過渡期を早く終わらせ、早急に完成度の高い社会主義建設の時期に入りたいとする、主観的で焦った傾向と闘争しなければならない。このような傾向は、価値法則を軽視し、非社会主義的な経済セクターの存在の基礎となる条件がまだあり、社会主義的経済セクターが、なおその陣地を一歩一歩拡大するために努力をしている最中で、まだ一挙には全領域を支配できない時に、非社会主義的成分をできるだけ速やかに廃絶したほうがよいと考える思想に体現されている」

これは、物価上昇の基本的な原因を「ブルジョア分子」の投機活動に求め、商業部門における資本家の存在の早急な廃絶と社会主義商業による管理の徹底を追求していた、レ・ズアン書記長をはじめとする、当時の共産党の主流的な考えに対する批判であった。

この第六回中央委員会総会では、こうした観点の相違から具体的な方針は提示されなかったが、少なくとも、ロンアン省の試みが全国的に普及しうるモデルであるという認定はなされた。この中央委員会総会の後、同じメコンデルタのアンザン省をはじめとするいくつかの省が配給制度の廃止に踏み切り、ロンアン省の試みはようやく孤立を脱することになったのである。

第六回中央委員会総会のチュオン・チンの発言の中で、その後に共産党中央委員会全体の合意となったのは、価格－賃金－通貨の改革が経済改革の「突破口」だという部分だった。八五年六月に行なわれた共産党第五期第八回中央委員会総会では、価格－賃金－通貨の一斉改革の断行が決議された。これは、全国的規模で配給制度を廃止し、配給価格をなくして、国家の価格体制を単一化し、そのかわりに生活必需品の購入に必要な金を賃金に繰り入れることを骨子とした改革だった。しかし、八五年秋から実施されたこの改革では、中央委員会総会決定には明記されていなかったデノミと新通貨発行も同時に決行され、その結果年率で七〇〇％を超えるインフレを引き起こし、ベトナム経済を大混乱におとしいれてしまった。

第八回中央委員会総会が流通・分配の分野での「国家丸抱え」システムの全廃を決定したことは、ベトナムの経済改革の中ではきわめて大きな意味を持つ改革であった。これは現物経済の廃止を意味しており、国家が管理すべき重要な物資も商品としての性格を持っていることを事実上承認することを意味していた。しかし、この総会決議に基づく価格－賃金－通貨の一斉改革が大混乱を招いてしまった基本的な原因は、この改革が、「計画を中心とすることを基礎として価格を定める」、「国家が、商品食糧の大半、および重要な商品作物の大部分を掌握する」（いずれも八中総決議）という発想に典型的に示されているように、価格の形成を市場原理に委ねるのではなく、あくまでも従来の計画経済モデルそのものには修正を加えず、国家が重要な商品を掌握してその価格を決定するという考えでなされた点にあった。そのため、結局のところは、国家の公定価格を市場価格並みに引き上げるだけの結果に終わってしまったのである。通貨改革が同時に実施された最大の理由も、私営商人がこの機会に投機活動に走り、物価を引き上げることを阻止する点にあったが、これも混乱を拡大する要因になった。八五年の流通・分配の大改革の失敗は、「古い袋に新しい酒を盛る」改革であった点に存在したのである。

この大改革の挫折は、ベトナム共産党内の論争をより激しいものにした。当時、ベトナム共産党は、五年に一回開催することになっていた党大会の準備過程にあった。第六回党大会へ向けての中央委員会の政治報告草案が採択されたのは、八六年五月末から六月にかけての第五期第一〇回中央委員会総会であった。この総会で採択された草案は、「過去五年間、複雑な状況の中で、われわれはいくつかの誤りを犯し、欠点を持っていたが、全局を見ると、わが人民が、社会主義建設と祖国防衛、国民的任務と国際的任務に関して達成した成果は、きわめて大きな勝利であり、わが国の革命事業は引き続き前進するための新しい要素を加えた」という、肯定的な総括を基調としたものだった。共産党の経済に対する指導に「重要な誤り」があったことは認めていたが、それは基本路線にかかわる問題ではなく、「第四回党大会の提起した社会主義革命の総路線、過渡期全体の社会主義経済建設の路線は正しく、創造的であった。第五回大会がこの総路線を補足・具体化した過渡期の最初の段階における目標と大きな方針も正しかった」という認識であった。

この総括部分に関しては、第一〇回中央委員会総会の時点で、既に激論が闘わされていた。ある人は、社会主義建設と祖国防衛の両面で、「戦略的意義を持つきわめて大きな勝利を収めた」とするべきだと主張し、ある人は、祖国防衛に関しては「大きな勝利」と言いうるが、社会主義建設に関しては、せいぜい「一定の成果」としか言えないと主張し、さらには、経済と人々の生活が多くの困難に直面している現状では、社会主義建設に関しては「勝利」などという表現を使用できないと主張する人もいた。この論争を、レ・ズアン書記長は、社会主義建設に関しては「重要な成果」を収めたという評価でとりまとめた。

この第一〇回中央委員会総会がまとめた政治報告草案は、大会に向けて代議員を選出する下部の党組織の討議に委ねられたが、下部からは草案の楽観的な基調に対する反発が噴出することになった。ベトナム戦争終結後一〇年を経て、いっこうに改善されないどころか、悪化した面すらある経済状態に、民衆の不満は限度に達していた。党内の草案討議も、このような空気を鋭く反映した

写真6-6 レ・ズアン書記長の葬儀(1986年)。(古田元夫．2009.)

ものになったのである。

こうした激しい党内論争が行なわれていた八六年七月、レ・ズアン書記長が死去した(写真6－6)。共産党は、党内序列に従って、チュオン・チンに大会までの書記長の役割を託した。チュオン・チンは、それまでの「貧しさを分かちあう社会主義」からの訣別を共産党が宣言する以外に、この危機から脱出する道はないと判断していた。このチュオン・チンの上からの指導性と、大衆の空気を反映した党内の下からの強い意見が呼応して、レ・ズアンの生前に作成された党大会へ向けての政治報告の内容は、大幅に書き改められることになった。折から、ソ連で開始されていたゴルバチョフによるペレストロイカも、この過程には追い風として作用した。

その結果として、一九八六年一二月に開催されたベトナム共産党第六回大会でチュオン・チンが実際に行なった政治報告では、「達成した成果を確認するとともに、われわれは、弱点の点検を重視し、誤りと欠陥を深く分析して原因を明らかにし、任務と努力目標を定めなければならない」ということが最初に強調され、経済的困難をもたらした共産党の主体的な原因の分析に力点が置か

写真6-7　第6回党大会で演説するチュオン・チン。（古田元夫．2009.）

れることになったのである（写真6－7）。このことは、大会の政治報告が、過去の党大会の路線に対して行なった、次のような総括の中により明瞭に示されている。

「社会主義に至る過渡期が比較的長期の歴史的過程であり、多くの段階を経なければならないことについて十分な認識がなく、必要な手順を飛ばしてしまおうとする主観的で焦った指導思想のため、第四回大会は過渡期の最初の段階の目標を策定することができなかった。一九七六年から八〇年にかけて、実際上われわれは、必要な前提がまだ十分でないにもかかわらず工業化の促進を方針とし、他面では時代遅れになった経済管理システムの刷新を遅らせてしまったのである。第五回党大会は、二つの戦略的任務（社会主義建設と祖国防衛　引用者）を定めるとともに、当面の段階における経済路線を一歩具体化して、包括的な目標と経済・社会の基本的政策を提起した。しかし、実践的指導において、この重要な結論を貫徹せず、経済の構成、社会主義的改造、経済管理システムに関する方針に主要には体現されているように、焦った思想や保守的な思想を断固として克服してこなかった」

このような総括は、レ・ズアン書記長のもとの第一〇回中央委員会総会で採択された当初の草案とは大きく異なるものであった。これを踏まえて、大会での政治報告が提起したのが、ドイモイという、「貧しさを分かちあう社会主義」からの訣別宣言であった。政治報告で強調された「発想の刷新」という、社会主義に関する基本的な考え方の転換は、以下の五つの点に集約的に表現されていた。

第一に、社会主義が明日にでも実現できるという発想から訣別して、「社会主義に至る過渡期」が「比較的長期の歴史的過程」であることが強調されるようになった。この「過渡期の長期性」という考え方は、従来の教条の基礎にあった、ベトナムのような後進国でも社会主義は比較的短期に実現しうるものであるという発想を否定したものである。そして、これは、社会主義を「遠い先の夢」とすることによって、当面の経済運営には、資本主義的要素を取り入れるなど、大胆な改革を可能にする発想であった。

第二に、従来の生産力の水準に合わない国有化・集団化を急ぐ傾向は、「過渡期の長期性」を無視した発想であり、ベトナムの現実では、資本主義的要素も含めた「多セクター経済」＝混合経済体制をとるほうが「合法則的」だと考えられるようになった。

第三に、従来の重工業優先の路線も、「過渡期」全体の課題をその「最初の段階」にも機械的に適用したものであって、ベトナムの現状に合わず、当面の段階においては、食糧・食品、日用消費物資、輸出品の生産を重視し、民生の安定を図りつつ、現実的な経済建設が追求されなければならないと考えられるようになった。

第四に、官僚的で中央集権的な「国家丸抱え」システムに代わって、「商品－貨幣関係」（第六回大会時点ではまだ市場メカニズムという言葉は使用されていないが、それに相当する）を重視した経済管理の方式を採用するべきだと考えられるようになった。

第五に、一国規模で完結した産業体系を急速に建設することをめざした「自力更生」路線も誤りであり、ベトナムの経済発展は、国際分業に積極的に参加し、ベトナムの比較優位を発揮していく以外にはないと考えられるようになった。

東南アジアの「地域国家」ベトナム

ドイモイの開始は、世界の中にベトナムをどう位置づけるのかというベトナムのアイデンティティにも大きな変化を及ぼした。

先にも述べたように、中華文明という普遍的な文明を体現した「普遍国家」として世界に自らを位置づけていたベトナムは、フランス植民地支配によって伝統的な中華世界から切断され、ラオス・カンボジアとともにフランス領インドシナ連邦に組み込まれるなど、周辺の東南アジア世界との関わりを強めていく。一九四五年に独立を宣言したベトナム民主共和国が、自らを東南アジアの「地域国家」として位置付けていたのは、当時の国際的状況の反映であったが、基本的にはこうした流れの延長にあった。

しかし、フランス、ついでアメリカという大国を相手とした民族解放戦争を戦わざるをえなかったベトナムは、その個性を抑えても、自らが人類普遍の社会主義を体現する「普遍国家」であることを強調することで、ソ連や中国などの社会主義陣営の支援を確保する必要に迫られた。ベトナムは、人類に普遍的と考えられていた、一九三〇年代のスターリン時代のソ連で原型がつくられた社会主義モデル（ここでは「貧しさを分かちあう社会主義」と呼んできた）を体現した「社会主義ベトナム」だった。

こうしたベトナムは、ドイモイの開始後、冷戦体制とソ連・東欧における社会主義体制の崩壊という事態の中で、人類普遍の社会主義を体現した「普遍国家」から、東南アジアという地域の中に自らを位置づける「地域国家」に再び転換をすることになる。

まず社会主義だが、ベトナムはドイモイ開始後も共産党支配を堅持し、社会主義という目標を下ろしていない。しかし、「貧しさを分かちあう社会主義」と訣別して以降のベトナムは、普遍モデルによる社会主義ではなく、ベトナムに見合った社会主義を追求するようになっている。「社会主義ベトナム」たるよりも、「ベトナム社会主義」を目指すようになっていると言ってもよい。こうした社会主義は、自らの個性の発揮を目指す「地域国家」に適合的である。

もっとも、いくらベトナムが「地域国家」を志向しても、ベトナムをその構成員として受け入れてくれる具体的な地域がなければ、「地域国家」たりえない。ベトナムに幸いだったのは、東南アジアがこうした地域になったことだった。

「社会主義ベトナム」が、自らを「社会主義陣営の東南アジアにおける前哨」と位置付けていた冷戦時代、ベトナムは、西側陣営に属する東南アジアとは対立的な関係にあった。一九六七年にＡＳＥＡＮ（東南アジア諸国連合）が結成された時も、ベトナム戦争にアメリカ側に立って参戦した国が含まれるこの機構に、当時の北ベトナムは警戒的だった。ベトナム戦争の終結後、東南アジア諸国との関係は改善されるかに見えたが、カンボジア問題の発生によって、関係改善は中断してしまった。ＡＳＥＡＮはベトナムを、カンボジアを侵略したとして非難し、カンボジアでベトナムが擁立した親越政権に対抗する、ポル・ポト派、シハヌーク派、ソン・サン派からなる三派連合政府を支援した。国際政治の舞台では、ベトナムを中心とするインドシナ三国とＡＳＥＡＮが対抗する図式が生まれた。

しかし、ＡＳＥＡＮの中でも中国の脅威に対する警戒感が強かったインドネシアとマレーシアは、ベトナムとの対話を重視するなど、表舞台での対立の背後では、相互理解が進む構造が生まれた。ソ連のゴルバチョフ政権の登場で、米ソ対立、中ソ対立の緩和が進み、カンボジアの紛争当事者の間でも対話の機運が生まれると、ベトナムはカンボジアからの撤兵を発表し、ベトナムとＡＳＥＡＮ諸国の関係も急速に改善に向かった。カンボジア問題の「前線国家」として、反ベトナムの急先鋒だったタイも、「インドシナを戦場から市場に」というスローガンを掲げた。こうした東南アジアの状況はカンボジア問題の解決を促進することになり、一九九一年一〇月には和平協定が成立し、国際紛争としてのカンボジア問題は解決した。

ベトナムのＡＳＥＡＮへの接近は、従来の発想の大きな転換を伴うものだった。ベトナム共産党がその安全保障観や国際情勢観を大きく転換させるのは、八八年五月の共産党政治局第一三号決議においてである。この決議は、「強大な経済力」、「適度な国防力」、「国際的協力関係の拡大」を、現代における安全保障の条件として指摘している。これは、共産党が、従来の軍事力優先の安全保障観から、経済関係と国際関係を重視した、いわば「総合的安全保障」観とでも言うべきものに転換したことを意味するものだった。同時にこれは、ベトナムが、従来の冷戦的な国際情勢観からの離脱を開始し、体制の相違を超えた平和共存と経済的相互依存が進展しているという、相互依存論を受容し始めたことも意味していた。

このような安全保障観や国際情勢観の変化と、ASEAN諸国の外資導入による輸出志向工業化による急速な経済発展に強い印象を持ったことも、ベトナムの対ASEAN急接近を促すことになった。この課題をベトナム共産党が中央委員会総会レベルで明示したのは、八九年三月の第六期第六回中央委員会総会で、その決議は、カンボジア問題の政治的解決を促進して、「ASEAN諸国との新しい関係を建設し、東南アジアを平和・友好・協力の地域に変えることに積極的に参加する」ことをうたった。

さらに、九一年六月の第七回党大会では、「世界のすべての国と友人になる」というスローガンのもと、従来のようなソ連を中心とする社会主義諸国との関係を優先する「社会主義国際関係」論から、体制のいかんを問わない「一般国際関係」論による「全方位外交」への転換を図ることが示唆された。これが、カンボジア問題に関するパリ和平協定の成立(九一年一〇月)、中国との国家間関係正常化(九一年一一月)、ASEANへのオブザーバー加盟(九二年七月)、ASEAN正式加盟、アメリカとの国交樹立(九五年七月)という、一連のベトナムの対外関係の急速な変化に結びついた(写真6−8)。

ベトナムのASEAN加盟には、①西太平洋地域の経済的躍進への参加、②対米、対日関係などを促進する土台、③中国の潜在的脅威への対処などの現実的理由があるわけだが、ベトナムはそれによって、自他ともに東南アジア地域の一員としての位置を獲得し、東南アジアの「地域国家」としての自己定位に成功したわけである。

ベトナムのASEAN加盟が、早期に実現することになった背景には、カンボジア紛争では「前線国家」として、強硬な反ベトナム姿勢をとっていたタイが、八八年以降チャチャーイ首相のもとで、「インドシナを戦場から市場へ」というスローガンを掲げて、対ベトナム・インドシナ政策を大きく転換したことなど、ASEAN先発諸国の側の変化もあった。

写真6-8 ベトナムのASEAN加盟式。(1995年7月28日)

ASEANの中のベトナム

本書を執筆している二〇一六年現在、ASEAN事務局長は、レ・ルオン・ミン(Lê Lương Minh)というベトナムの外交官である(任期二〇一三〜一七年)。これは、ベトナムがASEANの成員として安定した地位を確保していることを象徴していると言えよう。

ベトナム自身も、自らのASEAN加盟の意義を高く評価している。ベトナムでの議論では、ベトナムにとってのASEAN加盟の意義は、次の四点にまとめることができる。

まず第一に、ベトナムのASEAN加盟は、ラオス、ミャンマー、カンボジアの加盟に道を開き、東南アジア地域の一体化=ASEAN10の実現を促進したが、このことはASEANの国際的地位を著しく高め、ベトナムは、そのASEAN共同体の発足を促し、その結果としてベトナムは、その経済発展に不可欠な平和な国際環境と、中国の台頭などにもかかわらず相対的に安定した安全保障上の環境を確保することができた。

第二に、ASEAN加盟は、ベトナムのAPEC（アジア太平洋経済協力）やWTO（世界貿易機関）への加盟、東アジア共同体構想への参画など、ベトナムの国際的地位の向上に貢献した。

第三に、ASEANはベトナムに経済発展のモデルを提供するとともに、ASEAN自身の自由貿易圏に加えて、ASEANを軸とする自由貿易圏が多角的に形成されたことにより、それに参加したベトナム経済のグローバル化を促進することになり、ベトナムの経済発展に貢献した。

第四に、ASEAN10の実現は、ASEAN内部に先発国と後発国の格差という問題を持ち込んだが、ASEANがこの格差是正をASEAN共同体実現のためには克服しなければならない課題としていることは、ベトナムにCLMV（カンボジア、ラオス、ミャンマー、ベトナム）と呼ばれる後発国の「牽引役」というASEAN内部での明確な役割を与えることになり、メコン圏開発など新たなチャンスをベトナムにもたらしている。

ASEANは、二〇〇八年に発効したASEAN憲章に基づき、二〇一五年にはASEAN共同体を発足させて、その統合の度合いを増そうとしている。このASEAN共同体の中では、「単一の市場」と「単一の生産基地」をめざすASEAN経済共同体が中核的な意味を持っている。このASEANの経済統合の深化に対するベトナム国内での議論では、試練もあるが統合に主導的に対応することによって生まれるチャンスのほうが大きいという見方が大勢を占めている。

ASEAN共同体の発足は、政治面でもベトナムに新しい課題を提起している。新しいASEANのありかたをめぐっては、インドネシアやフィリピンなどの先発国からは、民主主義や人権などの普遍的規範の重視や、EUをモデルにした組織・意思決定方式の導入が主張されたのに対し、ベトナムを含む新規加盟国は、主権尊重・内政不干渉・コンセンサスといった従来のASEAN Wayの墨守を望む立場をとり、その結果、憲章は中途半端なものになっていることが指摘されている。

ASEAN Wayは、ベトナムのような異質な政治体制を持つ国家がASEANに加盟するには重要な意味を持ったことから、ベトナムではなおその重要性を強調し堅持を重視する議論が多いことは事実だが、そのままでは

写真6-9 東京での在日ベトナム人の中国に対する抗議デモ。(2014年。筆者撮影)

ＡＳＥＡＮの共同体の深化が図れないことを指摘する声も出されている。

二〇一四年五月に、ベトナムと中国の間で領有権をめぐって対立のある南シナ海（ベトナムは東海《ビエンドン》と呼ぶ）のホアンサ（西沙）諸島近海の、ベトナムが排他的経済水域と主張している海域に、中国が石油掘削リグを設置したことは、ベトナムからの強い反発を引き起こし、従来は抑止されていた大衆的な中国への抗議行動が、一時的ではあったが容認され、対中批判の声を直接あげることがなかった共産党も、強い抗議の姿勢を示すなど、それまでのベトナムの対応とは異なる動きがあった（写真６－９）。

この南シナ海をめぐる情勢の緊迫に際して、五月にミャンマーで開催されたＡＳＥＡＮの外相会議と首脳会議は、深刻な懸念を表明し、関係国の自制と紛争の平和的解決、および南シナ海の係争当事国の行動宣言の完全な履行と行動規範の早期策定を呼び掛けた。これは、二〇一二年のカンボジアで開催されたＡＳＥＡＮ外相会議では、南シナ海問題をめぐるＡＳＥＡＮ内部の意見の対立から共同声明が出なかったことに比すると、中国のあまりに強硬な姿勢が、ＡＳＥＡＮ諸国を結束させる結果を招いたもので、ベトナムにとっては、安全保障面でのASEANの一員であることの価値を明示した出来事だったと言えよう。

しかし、中国がより強硬な動きに出て、それに反発する米国が対抗措置をとるなど、東南アジアをめぐる米中の対立がより激化するような事態になると、ASEAN内部に自らの安全保障を大国に依存して維持しようとする傾向を生み、ASEANの分裂に至らざるをえない懸念は存在している。ベトナムのグエン・タン・ズン（Nguyễn Tấn Dũng 1949～）首相が、二〇一三年にシンガポールで開催されたシャングリラ会議（アジア安全保障会議）で、「われわれは、地域の平和と繁栄を築くために、すべての国と効果的に協力する、団結した力強い、一つのASEANが必要なのであって、成員各国が、諸大国との関係で、自らの個別的利益のために、こちらについたり、あちらについていたり、選ばなければならないようなASEANを望んでいるわけではない」と強調しているのも、こうした懸念を踏まえてのことであろう。

残存社会主義同盟からパートナー外交へ

もっとも、ベトナムは、東南アジアの「地域国家」としての道を、障害なく歩んだわけではない。冷戦時代の、国際社会は「社会主義陣営」と「帝国主義陣営」という「二つの世界」から構成されており、ベトナムはその前者に属しているという発想は、ソ連・東欧の社会主義体制の崩壊以降も、一九九〇年代いっぱいまでは、ベトナム共産党内部で少なからぬ影響を持っており、こうした認識を基礎とした「残存社会主義国」との同盟を対外政策の柱にすべきだという発想が、引き続き存在していた。

この「残存社会主義同盟」論とでも言うべき発想がベトナム共産党指導部の間で台頭したのは、東欧における社会主義体制が崩壊し、ソ連も動揺を強めていた、一九九〇年のことだった。この年の九月、中国とベトナムの関係正常化のための秘密会談が、ベトナム共産党書記長のグエン・ヴァン・リン（Nguyễn Văn Linh 1915～98）と、中国共産党主席の江沢民ら間で、中国の成都で行なわれたが、その際、ベトナム側からは、残存している社会主義国（中国、北朝鮮、キューバなど）の連帯強化に中国が中心的役割を果たしてほしいという要請がなされたと言われている。もっとも、この「残存社会主義同盟」論には、中国側は冷淡だった。

しかし、対立する「二つの世界」から成り立っており、帝国主義への警戒を怠るべきではないという発想は、その後も何度か台頭することがあった。ＡＳＥＡＮ加盟の最終局面でも、共産党政治局という最高指導部には慎重論が残っていたと言われ、また九九年九月には、ほぼまとまりかけていた米越通商協定調印が、直前になってベトナム共産党政治局内から異論が出て延期されるという出来事が発生した。

しかし、こうした時期にも、中国側は「残存社会主義同盟」的発想には依然冷淡であり、また大国として台頭する中国への警戒心が、在外ベトナム人の扇動もあって、ベトナム国内でも大衆的に広がるようになり、ベトナム共産党・政府にとっても、中国との「過度」の友好は強調しづらくなった面もあった。二〇〇〇年には、遅れた米越通商協定調印も実現し、クリントン大統領が米国大統領としてはベトナム戦争後初めてベトナムを訪問するなど、「帝国主義」への警戒がベトナム外交の基調を揺るがすようなことにはならなかった。

むしろ、九〇年代末に起きたアジア通貨危機は、ベトナムをいっそうグローバル化と地域統合へ向かわせることになった。二〇〇一年に開催されたベトナム共産党第九回党大会では、ベトナムを世界経済、地域経済に「主導的」に統合させる必要性が強調された。この党大会では、ベトナムの経済が「社会主義志向市場経済」であるという規定が登場したが、これは、ベトナムの経済が「社会主義世界経済」ではなく、グローバル化のもとでの統合度を高めている単一の世界経済の一部を構成するものと考えられるようになったことを示すものだった。

ベトナムの外交政策の転換がより明瞭になったのは、二〇〇三年七月に開催された共産党第九期第八回中央委員会総会だった。この総会では、米国や中国を含む大国との関係について、「各国のわが国に対する利益を互いに織りあわせて、対立、孤立、あるいは隷属といった事態に陥らないようにする」という発想から、イデオロギー面での「友と敵」という論理ではなく、課題や局面ごとの「パートナー」という論理で大国との関係を律して

写真6-10　ハノイでのAPEC首脳会議歓迎の看板。(2006年。筆者撮影)

いくことを確認し、米中日などの大国の影響力をうまくバランスすることで、ベトナムの自律と安全を確保するという外交方針、つまりは「二つの世界」の「友と敵」という発想からの最終的な転換を行なったのである。

「二つの世界」観から脱却し、グローバル化を強める「一つの世界」へベトナムを結び付けていくという方針は、二〇〇七年のベトナムのWTOへの加盟によって、より決定的になったと言ってよいだろう。

こうした外交政策を反映して、ベトナムは、主要な国々との間の「戦略的パートナーシップ」の形成を重視している。「戦略的パートナーシップ」の合意は、ロシア（二〇〇一年）、日本（合意〇六年、確認〇九年）、インド（〇七年）、中国（〇八年）、韓国（〇九年）、イギリス（一〇年）、ドイツ（一一年）、イタリア、タイ、インドネシア、シンガポール、フランス（以上、一三年）などに広がっている。また、米国とは一三年に「全面的パートナーシップ」の合意に到達している。

近年、中国が大国として台頭し、その南シナ海での領有権などをめぐり強硬な外交姿勢が目立つようになるに伴い、米国との関係を含むベトナムの「全方位外交」には、拍車がかかっていると見るべきであろう。

二〇一四年一一月の国会で、グエン・タン・ズン首相は、対中関係を「協力しながら闘争する」と定式化した(栗原浩英. 2015. p.15)。こうした「パートナーシップ」外交の基本的な発想は、二〇一六年一月に開催されたベトナム共産党第一二回大会に継承された。大会の政治報告を解説した文書では、ベトナム外交は、「ベトナムの独立、主権を尊重し、友好協力関係を望む者」を「パートナー」とし、「ベトナムに対する破壊活動を企てたり、行なう者」を「闘争対象」とするが、この「パートナー」と「闘争対象」の見極めは柔軟さが必要で、「闘争対象」でも、経済面では「パートナー」になることがありうるし、経済関係の深い「パートナー」でも、警戒、闘争を要することがあり、「パートナー」と「闘争対象」が入れ替わることもあるとしている。これは、明らかにアメリカと中国との関係を意識したもので、両国とも、ベトナムにとっては、「パートナー」であると同時に「闘争対象」でもあるということになる。

ドイモイ路線の展開

ベトナムのドイモイは、市場原理の導入と経済の対外開放によって経済の活性化を図る一方、政治面では社会主義を堅持し、共産党一党支配を維持しつつ、その枠内での法治国家建設、民主化をめざす改革という点で、中国の改革・開放ときわめて近似した性格の試みである。ベトナムと中国の改革は、ソ連・東欧における社会主義体制の動揺と崩壊、中国における天安門事件の発生という事態を見て、ベトナム共産党が一九九〇年三月の第六期第六回中央委員会総会で政治的多元主義の導入を拒否する姿勢を明確にして以降、その近似性を高めることになった。また、ドイモイは、冷戦構造の崩壊による国際関係の改善とあいまって、ベトナムに経済危機からの脱却と、その後の高度経済成長をもたらした点でも、中国の改革・開放に近似している。

ベトナム共産党は、中国共産党の「社会主義初級段階」論同様、ベトナムが「社会主義への過渡期の最初の段階」にあるということで、資本主義的な手法も含む大胆な改革を根拠づけた。この「社会主義への過渡期の最初の段階」という規定は、八二年の第五回大会で既に提起されていたが、当時は、過渡期の長期性という合意がなかったために、改革には結びつかず、第六回大会で過渡期が「比較的長期の歴史的過程」であるという認識と結びつき、改革を基礎づける論理となった。

中国共産党は、九二年の第一四回大会で、中国がめざす経済を「社会主義市場経済」と呼ぶことを確認していたが、「市場社会主義」論に対する警戒心が高く、市場経済＝資本主義経済という認識を持つ理論家が少なくなかったベトナムでは、八六年の第六回大会からしばらくは、「商品経済」という、より「安全」な用語が使用されていた。九一年の第七回大会で採択された綱領で使用されたのは、「国家の管理を伴って市場メカニズムによって運営される社会主義志向の多セクターの商品経済」という、長い規定だった。ここでは、市場は、「市場と計画」と対比に示される、経済を運営するメカニズムという位置づけであり、かつ計画をひきずる「国家の管理」という制約が強調されていた。ベトナム共産党が「社会主義志向市場経済」(「志向」がつくのは、ベトナムはなお社会主義への過渡期にあると認識されているため)という概念に到達するのは、二一世紀に入った二〇〇一年の第九回大会になってからである。ここでようやく、市場経済が、ベトナム経済の基本的なありかたとして承認されたわけである。

多セクター経済という考え方は、ベトナムでも、八六年のドイモイ開始時から強調されており、九六年の第八回大会はあらゆるセクターの法の前での平等を明示したが、非公有制のセクターの位置づけはあいまいだった。「社会主義志向市場経済」という概念が正式に採用される第九回大会に至ってようやく、あらゆるセクターがこの「社会主義志向市場経済」の構成要素と見なされるようになった。この点は、中国では九七年の第一五回党大会で、非公有制経済も「社会主義市場経済」の構成要素と位置づけられている。

さて、長い間ある社会が社会主義なのかどうかを見極める指標とされてきたのは、主要な生産手段に対する公有制という所有形態だった。ベトナム共産党の第七回大会で採択された綱領でも、ベトナムがめざす社会主義として「近代的な生産力と主な生産手段に対する公有制を基礎とした高度に発達した経済」があげられており、依然、公有制は重要な指標とみなされている。

このように、ベトナム経済の現実は多セクター経済になっているが、「社会主義志向市場経済」における国家セクターの役割に関し、二〇〇六年に開催された共産党第一〇回大会でも、従来からの方針を確認し、国家セクターが「主導的」な役割を果たし、集団セクターとともに、国民経済の「日増しに堅固な基礎」となるとしている。この「主導的」とか「堅固な基礎」が何を意味しているのかはあいまいではあるものの、「社会主義志向」というからには、国家セクターが国民経済の「瞰制高地《かんせいこうち》（戦略的要衝）」を掌握するとともに、現実の経済の中でもその役割を増大させるべきだ、というのが共産党の正統的な見解と見てよいだろう。

だが、この共産党の方針には、ベトナム国内でも公然と異論が提起されるようになっている。一つは、国家セクターは、国家の優先的な支援を得ているにもかかわらず、非効率で、とても国民経済の「日増しに堅固な基礎」にはなっていない、というベトナム経済の現実からの批判である。いま一つは、社会主義においては公有制あるいは「全人民所有」が主要な所有のあり方になるというのは、それが生産力の高度な発展による生産の社会化の必然的な反映としてそうなるということであり、それを、「社会主義への過渡期」の初歩的な段階にあるベトナムのような、経済発展がまだ低位な段階にある社会に機械的に適用するのは誤りであるという理論的な批判である。

こうした観点から、批判者たちは、「社会主義志向市場」を、公有制という所有形態で特徴づける必要はなく、国家的所有と私的所有、およびその両者が結合した多様な混合所有が存在し、これらが所有形態によって差別されることなく平等であるべきで、現在のような市場原理にそぐわない国有企業優遇は廃止されるべきであることなどを提唱している。

この公有制の問題は、二〇一一年一月に開催されたベトナム共産党第一一回大会でも、大きな争点になった。この大会では、一九九一年の第七回大会で採択された綱領の一部改定が図られ、九一年綱領の「現代的な生産力と主要な生産手段に対する公有制に依拠した高度に発達した経済」という規定を「現代的な生産力と適切な進歩的生産関係に依拠した高度に発達した経済」とすることが、大会代議員の六五％の賛成を得て決定された。

もっとも、この綱領の変更にもかかわらず、「国家セクターが主導的役割を果たす」という考えは堅持されている。二〇一六年一月の第一二回党大会では、「国家経済」には、国有企業だけでなく、資源、土地、国家財政など、国家の経済的な力も含まれており、「国家セクターが主導的役割を果たす」というのは、こうした国家の経済力も含めての話であって、国有企業優遇策ではなく、国営企業は、市場経済のもとで、他のセクターと平等の競争に晒されることが強調されている。

このように国有や集団所有という「社会主義的所有」を拡大していけば社会主義に到達するという考えから離れると、何をもって「社会主義志向」の担保とするのかという問題が生ずる。一二回党大会では、「社会主義志向」は、①社会主義的法治国家による管理、②ベトナム共産党による指導、③経済・社会発展における人民の主人公としての役割発揮、④生産力の発展を促すのに適当な進歩的生産関係の形成、⑤進歩と社会的な公平の実現、の五点に体現されるとされた。

ここでは、①の国家の役割と、⑤の社会的公平の実現が注目されよう。国家が主要な生産手段を所有しているということではなく、市場経済の中での「経済主体」として経済のマクロの管理に有効な役割を発揮し、「民が豊かで、国が強く、民主的で、公平で、文明的な社会」という目標に、ベトナムを確実に向かわせることができるかどうかに、「社会主義志向」の成否はかかっているということになる。

この「民が豊かで、国が強く、民主的で、公平で、文明的な社会」という表現は、ベトナム共産党が「社会主義志向」の中身を示すスローガンとして、九四年から使用されているものである（写真6－11）。ここには、高度成長をとげつつ、民主主義、社会的公平、環境保全、伝統文化の保全などを果たすという、二一世紀にふさわしい均衡のとれた発展の課題がうまく盛り込まれていると思われるが、こうした目標をわざわざ「社会主義」と言わなければならない理由は、いまひとつ明確ではない。

いずれにせよ、今日のベトナムで掲げられている社会主義という看板は、所有制という観点からは位置づけにくい性格のものとなっている。ベトナムが掲げる社会主義という看板が、共産党の政治支配ということ以外に意味を持つとすれば、政府の施策が、二一世紀にふさわし

写真6-11　2005年の南部解放40周年記念式典での「民が豊かで、国が強く、公平で、民主的で、文明的な社会」のスローガンの人文字。（2005年。筆者撮影）

い均衡のとれた発展をめざすものであり、社会的公平の確保という点で、実際に有効に機能しているのかどうか、という点にかかっていると言えるだろう。

民主、公平、文明というスローガンからは、二〇世紀には先進国のものでしかなかった社会民主主義を、発展途上国であるベトナムで実現することを、ベトナム共産党は試みているという解釈も不可能ではない。しかし、教育、福祉、医療などの分野で「受益者負担」の発想が強まり、所得税や相続税など富の平準化を促す仕組みが未整備であるといった現実を見ると、「第三世界版社会民主主義」への道も、いまだ遠い感はある。むしろ、新しい社会モデルの形成は、共産党や政府の施策よりは、かつて「貧しさを分かちあう社会主義」を経験した社会が持っている、公平へのこだわりの方に期待すべきかもしれない。いずれにせよ、ベトナムの今後の動きが注目されよう。

グエン・ティ・ビン（Nguyễn Thị Bình 1927〜）

現代ベトナムの女性政治家。グエン・ティ・ビン、本名グエン・チャウ・サ（Nguyễn Châu Sa）は、一九二七年、現在のドンタップ省に生まれた。父母の出身は中部のクアンナム省で、母方の祖父が、二〇世紀初頭のベトナムを代表するナショナリストのファン・チャウ・チン（Phan Châu Trinh 1872〜1926）である。フランス植民地政権の土木技師だった父に従ってプノンペンのリセ・シソワットで学んだ。ベトナムに帰国し、フランスへの抗戦が始まると、父親はベトミン支配区に入って抗戦に参加、ビンはサイゴンに残り学生運動で活躍し、一九四八年にはインドシナ共産党に入党した。五一年フランス当局に逮捕され、サイゴンのチホア刑務所などに収容されたが、五四年のジュネーヴ協定で釈放、北部に集結した。その後、六〇年に南ベトナム解放民族戦線が結成されると、南に戻り、グエン・ティ・ビンと名乗って解放戦線中央委員になり、対外活動で活躍した。六九年南ベトナム共和臨時革命政府が樹立されると外相となり、パリの和平会談の代表として活躍し、世界にその名を知られるようになった。ベトナムの南北統一後は、教育相などを歴任し、九二年に国家副主席に選出された（二〇〇二年まで）。

公職を引退して以降も、自らが結成したベトナム平和発展基金の理事長や、ベトナム枯葉剤（ダイオキシン）被害者の会の名誉会長など、慈善活動で活躍している。

ベトナムは、女性の社会進出が進んでいる国の一つだが、ベトナム戦争は、その傾向をいっそう促進した。六〇年の南のベンチェ省での一斉蜂起を指導し、その後、人民軍の最初の女性将軍となるグエン・ティ・ディン（Nguyễn Thị Định 1920〜92）と並び、ビンは、戦争の時代のベトナムを代表する女性である。

グエン・ティ・ビン。

7 政治

かつての科挙制度がベトナムでは土着社会の制約を強く受けていたのと同じように、「前衛政党」の意思が上意下達式に社会に貫徹するはずの共産党支配も、ベトナム社会の活力に翻弄されている面があり、こうした社会の活力を、「下からのイニシアティブ」として、ドイモイのような共産党の政策転換にうまく吸収しえたからこそ、ベトナム人という「治めにくい国民」を相手にした共産党の統治が今日まで続いていると考えられる。

写真7-1 黎《レ》朝期の龍。龍はベトナムでも中国でも王権の象徴だった。

ベトナムと中国

現在のベトナムの政治体制は、中国と同じように、共産党の一党支配体制である。このような政治体制を堅持しつつ、経済面では、グローバル経済に参入し、資本主義的要素を取り入れて経済発展をとげようとしている点で、ベトナムのドイモイと中国の改革・開放は、よく似た改革の試みと言ってよいだろう。

しかし、同じ共産党の一党支配と言っても、ベトナムと中国では、相当の相違がある。かつて、ベトナムは、中国から律令国家体制と科挙官僚制度を導入した。政治体制面の両国の類似性は、今に始まったことではない。カナダのベトナム研究者のアレクサンダー・ウッドサイド氏の著作に、中国、ベトナム、朝鮮という三国の科挙制度を比較した『ロスト・モダニティーズ——中国・ベトナム・朝鮮の科挙官僚制と現代世界』がある。この本では、科挙制度が、中華帝国という広大な帝国を一元的に支配するためには血縁で結ばれた門閥貴族制では対応しきれなかったので生まれたものであるとしつつ、中国のような大帝国でないにもかかわらず科挙制度を導入したベトナムや朝鮮（筆者はベトナムの科挙制度導入の理由を、中国への対抗と、周辺の東南アジア諸国との競争に求めている）では、科挙制度導入後も、世襲の門閥貴族や地方有力者の影響力が強く、皇帝権力は弱体な状態が続いたことが指摘されている。

いずれにせよ、科挙制度でもその展開は中国とベトナムで相当の相違があったのと同様、共産党支配のあり方にも、かなりの違いがある。ここでは、こうした中国との比較を意識しながら、ベトナムの政治体制の特徴を考えてみたい。

もっとも、これは、科挙制度の影響は、ベトナムではあまり大きくないということではない。ベトナムの学位の名称は、今でも科挙合格者に与えられた称号が使われており、学士が挙人（クーニャン cử nhân）、修士が碩士（タクシィ thạc sĩ）、博士が進士（ティエンシィ tiến sĩ）と呼ばれている。

ホー・チ・ミン

まず、今日のベトナムの「建国の父」であるホー・チ・ミンを取り上げてみたい。政治指導者としてのホー・チ・ミンには、ベトナムの政治文化の特徴が体現されている面がある。ホー・チ・ミンは、今でも世界でその名を最もよく知られているベトナム人と言ってよいだろう。ハノイのバーディン広場にある、遺体を安置したホー・チ・ミン廟と、大統領府の中にあるホー・チ・ミンの生前の執務室には、連日、ベトナム内外からの参観者が多数訪れている。

ベトナム人の名前は同姓者が多いので、初対面から姓ではなく名で呼び合うのが普通で、姓で呼ぶのは、その人物に対する特別な敬意をこめる例外的な場合だけである。ホー・チ・ミンは、短く呼ぶ場合、「ミンおじさん」とか「ミン大統領」とは呼ばれず、「ホーおじさん」「ホー大統領」と呼ばれるのが普通で、これ自体、特別扱いをされている人物であることを示している。ここでも、この通例にならって、ホーと呼ぶことにしたい。

①ホー・チ・ミンの生涯

ベトナムの建国の父であるホーの生涯を簡単にたどっておきたい。ホーの生年については諸説あり、確定できる資料は今のところ存在しないが、現在のベトナムの公式見解では、一八九〇年とされている。中部ゲアン省の儒学知識人の家に生まれ、一九一一年に出国。ニューヨークやロンドンに滞在した後、パリに行き、第一次世界大戦の講和会議にグエン・アイ・クォック（阮愛国。最近の研究では、この名前は当初はホー個人の名前ではなく、当時パリにいたベトナム人ナショナリストの共同ペンネームだったと言われている）という名で、ベトナム人の権利拡大を要求する請願を出したところから、その政治的な舞台での活躍が始まった（写真7－2）。

この請願が無視されたことから、ホーはレーニン主義へ接近し、フランス共産党に参加し、コミンテルンの活動家として、三〇年にはベトナム共産党を結成した。しかし、同党は同年一〇月にはインドシナ共産党と改称され、階級闘争を重視する当時のコミンテルンの路線に忠実な、ホーより若い活動家が中心となり、民族的な要求を重視するホーは不遇な位置に置かれた。三〇年代は、香港でイギリス官憲に逮捕された後、釈放されてモスクワに行ったが、ベトナムの運動とは強い接点を持てなかった。

写真7-2　ホーがパリ滞在中に『ル・パリア』という新聞に画いた漫画。

コミンテルンが反ファシズム統一戦線を提唱し、民族的契機と幅広い統一戦線を重視するようになったことは、ホーに新しい機会を与えた。三八年一〇月にモスクワを離れたホーは、抗日戦争期の中国に入り、四一年に三〇年ぶりに帰国し、五月に越北地方で第八回中央委員会を主宰し、当面する革命を民族解放革命と規定し、幅広い民族統一戦線としてのベトミンの結成を決定した。

四二年、ホーは中国の蔣介石政権およびそれを支援している米国の支持を獲得しようと中国に赴くが、この時に国際共産主義運動と結びついたグエン・アイ・クォックという名に代えて使ったのが、ホー・チ・ミン（胡志明。志《こころざし》明らかな異邦人）という名前だった。ホーは中国の地方軍閥に一三ヵ月にわたり投獄されたが、四四年には釈放され、越北の根拠地に戻った。八月の日本の降伏の報を知ると、「国の主人公として連合軍を迎える」という方針により全国的な総蜂起の発動を指導し、八月一六日にはタンチャオ（トゥエンクアン省）の国民大会で、自らを主席とする臨時政府を組織し、九月二日にはベトナム民主共和国の独立を宣言した。その後、抗仏戦争、抗米戦争の時期を通じて、一貫して同国の大統領として民族的団結のシンボル的存在だったが、抗米戦争の最中の一九六九年に死去した。

ホーが、存命中もまた死亡後も、「傷のついていない建国英雄」たりえた理由の一つは、その指導スタイルにもあったと思われる。ホーは、毛沢東や金日成など、アジアの隣国の共産主義者と違って、独裁的権力をふるうタイプの指導者ではなく、「弟子」たちからなる共産党（一九五一～七六年は労働党）の政治局に実際的な政策決定をゆだね、その集団指導体制の合意を尊重するスタイルを貫いた（写真7－3）。この集団指導制は、その後のベトナム共産党にも継承され、今日に至る特徴となっている。

もっとも、ホー自身は、こうした姿勢がゆえに、ベトナム戦争が激化する中で、労働党第一書記だったレ・ズアンの権力が強まり、その主張が政治局の多数派を形成するようになった六三年末以降は、自らの健康状態の悪化もあって、その意思が党の政策にあまり貫徹しなくなっていたとも言われる。ただし、その分、六八年のテト攻勢など、抗米戦争で多大な犠牲を生じた作戦の責任追及がホーに及ぶこともなくなった。

むろん、ホーの生前の政治指導で、その責任を問う声が皆無であるわけではない。ホー自身も自己批判をした五〇年代の土地改革に関し、今なおホーの責任を問題にする人も存在する。しかし、土地改革も、中国の大躍進や文化大革命に毛沢東が果たしたような意味で、ホーが

写真7-3 第3回党大会でのホー。左はレ・ズアン、右はチュオン・チン。(1960年)

独裁的権力をふるった結果生じた問題というよりは、冷戦体制のもとで中国モデルの強制を小国ベトナムとしては拒否できなかったという、国際情勢の帰結である面が強く、ホーの指導に多くを帰する問題ではない分、ホーは救われていると言えよう。かくして、ホーは、今日に至るまで、ベトナムで「傷のついていない建国英雄」たり続けているのである。

②「ホー・チ・ミン思想」

ホーの死後、既に四五年以上が経過しているが、ホーは、まだ「過去の人物」にはなりきっていない。ベトナム共産党はドイモイ開始後の一九九一年以来、「党の思想的基盤、行動の指針」として、従来のマルクス・レーニン主義に加えて、「ホー・チ・ミン思想」を党規約に明記するようになっている。

指導者の名前を冠した「〇〇思想」をもてはやすことは、世界中で行なわれているので、ベトナムが建国の父であるホーの名を冠した思想を掲げるのはあたりまえのことのように思われるかもしれないが、これはベトナム共産党にとっては大きな転換だった。なぜならば、ベトナム共産党は、長年、マルクス・レーニン主義の人類普遍的な妥当性を強調する立場をとっており、自国の指導者の名前の後に「思想」という言葉をつけてマルクス・レーニン主義の「民族化」を図ることは、その普遍性を歪めることになるとして、批判的な姿勢をとってきた。したがって、ベトナム共産党は、「ホー・チ・ミン思想」という概念を内部でも使用してこなかったし、まして対外的にこのような概念を強調することは全くなかった。

では、なぜ九一年という時点で、ベトナム共産党は「ホー・チ・ミン思想」という概念を強調するようになったのだろうか。これは、当時のソ連・東欧における社会主義体制の動揺と崩壊という事態に関連していたと見てよいだろう。マルクス・レーニン主義の人類普遍的な価値に対する懐疑が広がる中で、ベトナム共産党が、建国の父として国民の信望のあついホー・チ・ミンの権威を活用して、その支配と社会主義体制の維持にあたろうとしたと言ってよいだろう。

ホー・チ・ミンは、先にも述べたように、「傷のついていない建国英雄」であり、その声望は生前も死後も高かった。このような指導者であるからこそ、ソ連・東欧における社会主義体制の崩壊という危機の中で担ぎ出される価値があったことは否定できないであろう。

しかし、これだけではなく、ベトナム共産党としてのホー・チ・ミン評価の歴史を総括して、一定の方向性を明示し、現代という時代の中での共産党とベトナムの「変身」の武器として、この「ホー・チ・ミン思想」という概念を活用したいという考慮が存在していると考えられるのである。つまりは、「ホー・チ・ミン思想」という概念には、ベトナムが二一世紀の現在をどのように生きようとしているのかが示されている側面があるということにも注目すべきように思われる。

ベトナムの公式文献では、「ホー・チ・ミン思想」をまずもって「マルクス・レーニン主義のベトナムにおける創造的適用」として特徴づけている。では、「マルクス・レーニン主義者」としてのホーの「創造性」は、どこに最も典型的に表現されているのであろうか。それは民族と階級という二〇世紀の革命運動の基本問題をめぐって、ホーが常に民族的契機を重視する立場をとったという点にあったという評価で、ベトナムの議論は概ね一致している。しかし、歴史を振り返ってみると、まさにこの特徴のゆえにホーの現実の運動の中での地位は浮沈を繰り返したのであり、ベトナム共産党内部での評価も変化があったのである。

ホーがホー・チ・ミンという変名を名乗る前に使っていたのは、グエン・アイ・クォック（阮愛国）という名前だった。この名前に典型的に表現されているように、ホーは、ナショナリズムからレーニン主義に接近した代表的な人物であった。国際共産主義運動で活躍するようになってからも、ホーは、ほぼ一貫して運動における民族的な契機を重視する立場をとり、民族の独立と解放のために、階級の相違を超えた幅広い民族統一戦線の構築を図ることに努めてきた。このホーの立場は、民族解放が最大の課題である時代が長い間続いたベトナムの現実にはきわめて適合したものであったが、国際共産主義運動が階級闘争を重視した時期、たとえば一九二八年のコミンテルン第六回大会から三五年の同第七回大会までの時期には、「異端」視されることがしばしばあった。国際共産主義運動の正統的議論とホーの立場との乖離は、ベトナム共産党内部におけるホーの位置にも影響を与えた

さらに一九五〇～六〇年代、社会主義の建設は「資本主義と社会主義の二つの道の闘い」であることが強調されていた時代に、この公式はベトナムでも受け入れられ、階級闘争よりは民族的団結を重視するホーの姿勢は、ベトナムの彼よりは若い共産主義者からも階級性の希薄な「右傾思想」扱いされることがあった。

こうした経過から見れば、現在のベトナム共産党が「ホー・チ・ミン思想」を掲げることは、ベトナム共産党史という範囲では一貫して民族的契機を重視してきたホーの立場を正統なものであったとすることを意味している。この点では、「ホー・チ・ミン思想」の提唱により、ベトナム共産党は、コミンテルン正統史観および国際共産主義運動の正統を基準として自らを評価する発想から、ようやく解放されたわけである。これは、ドイモイが、それまでのベトナムにおける社会主義建設の試みがスターリン・モデルの機械的な適用であったことを反省し、あくまでもベトナムの現実に立脚したモデルを創造していこうとする試みであることと、表裏一体の関係にある。

ただ、ベトナムの議論でも、「ホー・チ・ミン思想」は、「マルクス・レーニン主義の創造的適用」という評価だけではおさまっていない。このことを端的に指摘したの

は、ベトナム共産党の老活動家で現代ベトナムを代表する歴史家でもあったチャン・ヴァン・ザウ（Trần Văn Giàu 1911~2010）である。彼は、マルクス・レーニン主義だけしかなく、「ホー・チ・ミン思想」がなかったならば、ベトナム革命は勝利しえなかったのではないかという問題を提起している。その上で、彼は、ホー・チ・ミンの役割が「マルクス・レーニン主義の創造的適用」であったというのはその通りであるが、これだけならば、どこの国の共産主義者であってもやっていることであり、それでは「ホー・チ・ミン思想」が果たした意味を十全に表現したことにはならないと指摘している。

こうした論者の多くが重視する論点の一つは、ホー・チ・ミンがマルクス・レーニン主義という範疇にはおさまらない、より広い人類文明への開かれた視座を持っていたという点である。このような論者が、最近、頻繁に引用するホーの発言に次のようなものがある。

孔子の学説は、個人の道徳の修養を重んずるという優れた点がある。

イエス・キリストの宗教には、高い博愛心という優れた点がある。

マルクス主義には弁証法という優れた点がある。

孫逸仙（孫文：訳註）の主義にはわが国の条件にも合う三民主義政策という優れた点がある。……

これらの方々は、みな、人類の幸福を図り、社会全体の幸福を考えてきた。

もしこれらの方々がまだこの世に生きていて、一ヵ所に集まったならば、きっと親友のようにきわめて仲良く暮らしたに違いないと、私は信じている。

私も、これらの方々の小さな弟子となるように努力したい。

これは、フランスとの戦争が始まった一九四七年のホー・チ・ミンの発言であるが、長い間、ベトナムで出版された『ホー・チ・ミン選集』や『著作集』には収録されてこなかった発言の一つである。これは、「儒教＝封建道徳」、「宗教＝阿片」といった観念が世界のマルクス主義者の間で普遍的な時代の、一国の共産党の最高指導者の発言としては、確かにきわめて異例の発言であった。スターリン以来のマルクス・レーニン主義は、他の人類文明から隔絶した独自の世界観に生きることをもって信条とし、他の文明に対する自らの優位性を説くことをもって存在証明としていた。ベトナムの『ホー・チ・ミン選集』や『著作集』の編者たちも、自らの最高指導者の「無節操・無原則」ぶりを証明していると思われかねない、この発言の収録をためらったものと思われる。

この発言は、マルクス・レーニン主義に傾倒してからも、他の人類文明に対して開かれた精神を失わなかったホーの思想をよく示しているということで、あらためて注目されているわけだが、この論点も、現在のドイモイの課題と密接に結びついていることは明白である。対外開放を主なスローガンとするドイモイは、世界経済と結びつくことによってベトナムの経済発展をうながそうとする試みであり、それは、冷戦時代のような「資本主義世界と社会主義世界」という「二つの世界」があるのではなく、グローバル化が進む「一つの世界」の中にベトナムも自らを統合していくことを意味している。こうしたベトナムは、人類文明の大河から隔絶したところではその建設は成り立たないという反省に立脚して、ベトナムをグローバル化が進む一つの世界の人類文明に合流させようと試みている。「ホー・チ・ミン思想」は、このような試みを促進する役割を期待されているわけである。

マルクス・レーニン主義からはみだした「ホー・チ・ミン思想」のもう一つの側面は、それがベトナムの文化的伝統に深く根を下ろした思想であるという点にある。

「ホー・チ・ミン思想」という概念が提起されてからのベトナムでの議論で、あらためて問題となっているのは、儒教、仏教、道教、およびベトナムの民俗文化といったベトナムの文化的伝統を、「ホー・チ・ミン思想」の独自の源泉と見なすかどうかということである。以前は、こうした伝統がホーの思想形成に影響を与えたことは指摘されていたが、ホーがレーニン主義を摂取することによって、これらの「封建主義的な迷信、唯心論」の限界を乗り越えたという側面が強調されていた。これに対して、最近の議論では、「ホー・チ・ミン思想」と言うからには、その源泉として儒教、仏教、道教、およびベトナムの民俗文化が存在したことを認定すべきであるという傾向が強くなっているのである。

私の知り合いのハノイの知識人の多くは、共産党によ る「ホー・チ・ミン思想」の提唱を歓迎していた。その理由をよく聞いてみると、共産党がマルクス・レーニン主義と言っている限りはベトナムの文化的伝統と共産党のイデオロギーに直接の接点が生まれようもないが、「ホー・チ・ミン思想」と言えば、その源泉としての儒教、仏教、道教、およびベトナムの民俗文化の価値を共産党が認めることが可能になり、公然とベトナムの文化的伝統を積極的に評価する道が開かれる、したがって「ホー・チ・ミン思想」の導入は、われわれの思想的な選択肢を広げる役割を果たしているのだというのが、「ホー・チ・ミン思想」提唱支持論であった。このような話を聞いて本屋の店頭を改めてながめてみると、なるほど、儒教や仏教関係の本の数が以前とは比較にならないほど出回っており、中には、以前は「禁書」扱いされていたようなものまで混じっていた。

ドイモイ下のベトナムでは、一方で外来文化の流入が進展しているが、他方では伝統文化の「再生」とでも言える現象も進展している。これは、旧来の社会主義モデルによる社会秩序が崩壊する中で、人々が心の拠り所を「伝統」に求めていることと、共産党と政府の側もこうした「伝統」を取り込むことによって体制の維持を図ろうと努力をしていることが重なって生まれた現象である。

こうしてみると、「ホー・チ・ミン思想」の定義は、「マルクス・レーニン主義の創造的適用」という枠組みを超えることになる。ベトナムで出されている「ホー・チ・ミン思想」の公的な解説書では、「ホー・チ・ミン思想」の源泉として、①マルクス・レーニン主義、②ベトナムの民族的伝統、③世界文化の精華、をあげるものが多い。

③「護符」としてのホー・チ・ミンと亀裂

もっとも、現代ベトナムのホー・チ・ミンに関する動きは、「ホー・チ・ミン思想」という共産党の上からの動きだけではない。大学の必修科目である「ホー・チ・ミン思想」はつまらないとぼやいていた学生に聞いてみると、大学受験の時には、ホー・チ・ミンの写真を家の祭壇に飾って合格祈願をしたことがあると言っていた。

「ホー・チ・ミン思想」が提唱されて間もない頃面会したベトナム社会人文科学国家センター（当時。現在の社会科学アカデミー）の宗教研究センターのセンター長のダン・ギエム・ヴァン（Đặng Nghiêm Vạn 1930–2016）は、「ホー・チ・ミン思想も、民衆の中では宗教みたいなもんですよ。

ベトナムでは、漢と戦ったチュン姉妹やモンゴルと戦ったチャン・フン・ダオなど、民族英雄を祭祀する伝統があります。ホー・チ・ミンが信仰の対象になったって、何の不思議もありません」と言って笑っていた。

確かに、ベトナムの北部では、政治とどこに接点があるのだろうかと思うような商売をやっている店にも、ホー・チ・ミンの写真が飾られていることがよくある。その「効用」を聞いてみると、ホー・チ・ミンの写真さえ飾っておけば、お役人につけられなくてもいいような難癖をつけられないですむ、いわば「護符」みたいなものだという答えが返ってくることがある。

ホー・チ・ミンが「護符」として機能しているのは、政治に直接は縁がない民衆だけでなく、ベトナム政治の民主化を望む体制内の急進改革派にとってもそうである。現在のベトナム共産党は、その一党支配の維持を図り、政治的多元主義の導入を拒否している。体制内の急進改革派というのは、共産党支配そのものの打倒を主張しているわけではないが、政治的多元主義の採用を求めている人々を指している。彼らの主張の要は、憲法にある共産党が「国家と社会を指導する勢力」であると定めた条項の廃止だが、共産党の指導性を否定する言論は、言論統制が緩んだ今のベトナムでも、公の場では主張しにくい課題である。ところが、ホーが生きている時代に作られた、ベトナム民主共和国の一九四六年憲法、五九年憲法には、共産党＝指導勢力規定が存在していない。急進改革派は、憲法の共産党＝指導勢力規定の廃止を、ホーによって作成された四六年憲法のモデルに回帰すべきであるという、当局からも批判されない「安全」な主張として展開することができるというわけである。

こうした様々な角度からのベクトルが作用して、現在のベトナムでは、ホー・チ・ミンを祀った祭壇や神社が、ベトナムの大学や在外公館などの公的な機関でも、公然と登場するようになっている（写真7－4）。

もっとも、ベトナム人なら、ホー・チ・ミンを誰もが崇拝している、ないしは「護符」とみなしているわけではない。

外国に難民として脱出したベトナム人と故郷ベトナムとの結びつきや交流がようやく拡大しはじめたドイモイ初期の一九九〇年代に、ベトナム北部のタイビン省で次のような事件があった。難民としてアメリカに渡った同

写真7-4　ホー・チ・ミンの肖像のデジタル時計。（2010年。筆者撮影）

省出身のベトナム人が故郷の村の寺の修復のための資金を集めて送金した。この「在外同胞」の浄財によって寺は立派に修復され、その修復記念会が行なわれることになって、アメリカ在住のベトナム人の寄進者の代表も招待をされた。ところが記念会の会場には、ホー・チ・ミンの大きな写真が飾ってあった。これにアメリカから来た代表は激怒して、退席してしまった。ホーの写真を飾った側の地元の人々は、いつものように、ホーの写真さえ掲げておけば宗教行事に政治の横槍が入るおそれもないからといった考えからそうしたのであろう。ところが、アメリカから来たベトナム人の方は、ようやく故郷ベトナムでも仏教信仰の自由がある程度回復しているということで寄進をしたのに、こともあろうにホーという共産党指導者の写真を飾って政治権力の正統性の誇示に利用されたということで、腹を立ててしまったわけである。

　当然のことながら、ホー・チ・ミンといえども「万能薬」ではない。ただ、人々が勝手な方向を向いて走りまわっているベトナムをまとめる求心力として、ホー・チ・ミンが今なお必要とされているという面があることは事実であろう。

ベトナムの政治体制

①共産党の指導

次に、ベトナム共産党がドイモイ路線を形成する過程と、中国共産党が改革・開放路線を打ち出した過程を比較して見ておきたい。

中華人民共和国成立後の歴史を見ると、毛沢東や鄧小平といった最高指導者個人の役割が大きかった。文化大革命は毛沢東なしには考えられなかったし、改革・開放に踏み切る上では、鄧小平の役割が大きかったことはよく知られている。時として、最高指導者個人の意思が共産党指導部の集団的意思を超越することもあった。

これに比べると、ベトナムは、党政治局という指導部の構成が安定し、その集団的意思で重要な政策が決定される集団指導制がホー・チ・ミンの生前から今日に至るまで継続している。

中国のように最高指導者の役割が大きい場合には、改革も最高指導者の「鶴の一声」で、「上から」開始されることが多い。これに対して、ベトナムのような集団指導制では、政治局員などの最高指導部の間のコンセンサスが重要な意味を持つ。こうした仕組みは、指導部の人事的な安定と党の路線・政策の継続性を維持する上では、きわめて有効である。中国共産党の一九五六年の第八回党大会で選出された政治局常務委員六名のうち、六九年の第九回大会で再選されたのは二人しかいなかった。これに対して、ベトナムでは、六〇年の第三回大会で選ばれた一三人の政治局員のうち一〇人が七六年の第四回大会で再選されている。再選されなかった三人のうち二名は抗米戦争中に死亡しているので、いわゆる「失脚」は一人だけだった。

こうしたベトナムの安定した集団指導制には、弱点もある。政治局員、特にその中心的な指導者の合意が形成されないと何も重要なことが決まらないために、重要な意思決定には時間がかかる。その間に事態が深刻化すると指導部も決定に動かざるをえなくなるが、こうしたやり方では、その場かぎりの受動的な対応しかできないことが多い。こうした仕組みだと、地方とか基層など「下々」の方では、政治局や党中央委員会での正式の意思決定を待っていられず、「もぐりの実験」や「闇行為」

に走らざるをえない。

こうした状況は、最高指導部を構成する人々の個人的な役割を否定するものではない。地方レベルでの「もぐりの実験」が禁圧されないためには、中央レベルの有力指導者の誰か（一人ないし数人）の「理解」「支持」を獲得する必要がある。こうした「庇護」があって初めて、改革的な「実験」は保守的な考えに押しつぶされることなく「生き延び」、次第に成果をあげて、中央レベルの政策転換につながる。中国共産党の改革・開放が、鄧小平という最高指導者による改革の提唱による「上から」の理論的裏付けを持った政策転換から始まったとすると、ベトナムのドイモイは、「もぐりの実験」の積み重ねという、「下からのイニシアティブ」が重要な役割を果たし、それが最終的には党中央レベルのドイモイ提唱につながっていったという特徴がある。

かつての科挙制度がベトナムでは土着社会の制約を強く受けていたのと同じように、「前衛政党」の意思が上意下達式に社会に貫徹するはずの共産党支配も、ベトナム社会の活力に翻弄されている面があり、こうした社会の活力を、「下からのイニシアティブ」として、ドイモイのような共産党の政策転換にうまく吸収しえたからこそ、ベトナム人という「治めにくい国民」を相手にした共産党の統治が今日まで続いていると考えられる。

②共産党と民主主義

ベトナム共産党は、一党支配体制を放棄する意思はないものの、一定の範囲で政治的な民主化が必要なことは認識している。ドイモイの進展の中で国民の間に多元的な経済的利害や多様な社会的考えが存在するようになり、こうした多元的な利害や意見が表出され、調整される政治的な場がないと矛盾は一挙に共産党支配そのものへの不満として爆発しかねないという危機感を共産党が持っていることは間違いない。こうした政治改革は、現在のベトナムでは、「政治システムの改革」と呼ばれている。これは、共産党支配という政治体制そのものの改革ではないが、政治の改革の必要は認めるという立場を示す用語である。この「政治システムの改革」の中心課題として位置づけられているのが、共産党が国家に取って代わることはできないという認識のもとに、「党治」から脱却して法治国家を建設するという課題である。国家体制のありかたも、従来は、社会主義国家は共産党の指導のもとに「統一された国家権力」を持つということで、立法、行政、司法の三権分立は否定されていたが、二〇〇一年の第九回党大会から、「統一された国家権力のもとでの立法、行政、司法三権の分業と協力」ということが言われるようになり、三権分立という考えが取り入れられるようになっている。

ベトナム共産党は、一九九四年から、社会主義という目標をよりわかりやすく国民に提示するスローガンとして、「民が豊かで、国が強く、公平で文明的な社会」をめざすことを掲げている。この共産党の最も基本的なスローガンと言うべきものに、二〇〇一年の第九回党大会で「民主的」という言葉が加わり、「民が豊かで、国が強く、公平で、民主的で、文明的な社会」という形になった。そして、二〇一一年の第一一回党大会では、さらに「民主的」の順番が上がり、「民が豊かで、国が強く、民主的で、公平で、文明的な社会」と言われるようになった。

二一世紀に「民主的」という言葉が共産党の基本スローガンに入った要因としては、二つあったように思われる。第一は、一九九七年に北部ベトナムの米どころタイビン省で発生した大規模な騒擾事件である。この事件は、地方の公共事業に対する過度の負担を地元の幹部が住民に強要する一方で住民の拠出金を私的利益のために流用していることへの住民の不満が爆発した事件で、数十万の参加者があり、役所への焼き討ちなどの事態も発生した。共産党統治が長く続いている北部でこうした事件が発生したことは、共産党に深刻な衝撃を与え、村や町といった基層レベルでの住民参加による公共事業などへの監察強化を図る「基層における民主規則策定運動」といったキャンペーンを共産党は開始した。

いまひとつの要因は、二一世紀に入って、より急速に展開されるようなったグローバル化へ、ベトナムも能動的に対応すべきだという考えを、共産党が持つようになったことである。二〇〇一年の第九回党大会は、ベトナムがグローバル化に「主導的」に関わることを提示した大会だったが、基本スローガンへの「民主」の挿入は、従来は、欧米諸国の人権外交への受動的対応の文脈で取り上げられることが多かった「民主」を、むしろ共産党の側から積極的に位置づけていこうという志向の表れと理解できよう。共産党支配の批判者からは、共産党の掲げる「民主」は人権外交の攻撃をかわすための実質のないスローガンだという非難がなされているが、いずれにせよ、共産党が「民主」を自らのスローガンとして掲げたことの意味はあると思われる。

③国会の活性化

共産党が、多元的な利害や意見が表出され、調整される政治的な場と位置づけているのが、国政レベルの国会と、地方レベルの人民議会という民選機関である。以前は共産党の決定を追認するだけの場だった国会は、ドイモイのもとでその活性化が注目されている。

一つの理由は、法治国家の建設が掲げられる中で、立法機関としての国会の役割が格段に大きくなったことである。ベトナムの国会は一九四五年から八六年までの四〇年あまりの間に六三の法律・法令を採択したが、その数は、ドイモイ開始後の八七年から二〇一三年までの一七年間で四八三にのぼった。しかし、国会の活性化は、制定された法律が増えただけではない。二〇一〇年にそれを象徴する出来事が起きた。

この年の六月、国会は、政府が提案した南北縦断新幹線計画の審議をした。審議は、国家予算の二・五倍の事業費というきわめて多額の投資を要する新幹線建設が、ベトナムの経済力の現状に見合っているかどうかに集中した。そのため政府は、ハノイ－ホーチミン市間を一気に作るのでなく、ハノイ－ヴィンないしホーチミン市－ニャチャンのどちらかにまず着手するという、いくつかの工程を設ける案を提出して、国会の同意を求めた。六月一九日の採決では、議場にいる議員数四二七名のうち、賛成は一八五名（三七・五三％）にとどまり、反対が二〇八名（四二・一九％）に達し（採決不参加が三四名）、政府案は否決された。

新幹線ほどの巨額な予算が必要な案件は、共産党政治局の同意のもとに政府が決定して国会に提出する。では、共産党政治局が承認している案件が共産党員が九割前後を占めている国会で否決されるような事態がなぜ起きたのだろうか。これは、共産党が、例外的なケースを除くと党員の国会議員に対して共産党の決定に従うことを要求する、日本式に言えば「党議拘束」をかけていないからである。共産党員議員でも、個人の判断で投票行動をとれる分、多元的な利害が国会で表出される可能性が出

写真7-5　ベトナム国会での幹部信任投票の結果を伝えるウエッブサイト。(2013年)

てくるというわけである。

また、国会の政府に対するチェック機能を強化する努力の一環として、議員の政府閣僚に対する追及がテレビで実況中継されるようになっている。けっこう厳しい追及が多く、スリリングな場面も多いということで、視聴率が高いという。

また二〇一三年からは、国会が選出した国家と政府の高級幹部への信任投票が国会で行なわれるようになっている（写真7－5）。これは「高い信任」「中程度の信任」「低い信任」という三つの範疇での投票が行なわれるもので、「不信任」という結果が出ることはない制度だが、それでも、幹部への国会議員の信任度は明確になる。一一月二八日に行なわれた投票では、当時のグエン・タン・ズン首相に対しては、「高い信任」が二一〇、「中程度信任」が一二二、「低い信任」が一六〇という結果で、信任は高いものの、その強力な指導力への反発も相当あることを示すものとなった。

④共産党内の「民主化」

今一つのユニークな試みは、共産党内の政治過程の

「民主化」である。これは、党の全国大会と、それに至る各級共産党組織の大会で行なわれている試みである。従来の大会は、前期執行部が用意した政治報告(前期の総括と次期の方針を述べた文書)と、次期執行部の人事案を原案どおり承認するのが通例だった。また、全国組織では書記長(総書記)、地方組織では書記と呼ばれているトップ人事は、大会で選出された次期執行部が行なう間接選挙制になっていた。

これを、より大会の実質的審議権を尊重する方向での改革が試みられている。二〇一一年に行なわれた第一一回全国大会では、一九九一年の第七回大会で採択された綱領の改正案が審議された。九一年綱領には、ベトナムが目指す社会主義のあり方として「現代的な生産力と主要な生産手段に対する公有制度に依拠した高度に発展した経済」という一節があった。

この中の「公有制度」に関しては、生産手段の公有化(国有化ないし集団化)を社会主義の必須要件とみなしたソ連モデル(スターリン・モデル)の発想を引き継ぐもので、過度の国有経済優先論の理論的根拠となっており、民間企業の成長を制約しているという批判があり、党内でも大きく意見が分かれている課題だった。一一回大会に提案する第一〇回中央委員会総会では、この箇所に関しては九一年綱領の表現を維持するということが、過半数をほんの少し超える中央委員の賛成で可決された。ところが、党大会での審議で再びこの箇所が議論になり、大会議長団は、九一年綱領の表現を維持するという中央委員会の提案と、ここを「現代的な生産力と適切で進歩的な生産関係に依拠」という「公有制度」という言葉を使わない形にするという案のどちらがよいかを、大会に付議した。投票の結果、後者の「現代的な生産力と適切で進歩的な生産関係に依拠」という案の採用が六五%の賛成を得て採択された。従来の党大会では、前期中央委員会からの提案文書は、テニヲハという次元での変更が加えられるようなことはあっても、実質的な内容にかかわる変更が加えられることはめったになかった。一一回大会が加えた変更は綱領の中の論争的な課題であり、大会の実質的審議権が発揮されたと言ってよいだろう。大会で採択された「適切で進歩的な生産関係」という言い方は、「公有制度」という言葉は使っていないが、「公有制度」を明確に否定したわけでもない、あいまいなものだが、大会が加えた変更としては注目すべき内容だった。

また、党大会で選出される中央委員についても、前期中央委員会が推薦した名簿に加えて、大会の場で代議員がその他の候補を推薦することもできるようになり、定員よりも多い候補に対して信任投票が行なわれ、信任率が高い者が当選するという形が採用されるようになっている。大会の場で代議員によって推薦された者が選出される可能性は前期中央委員会から推薦された者に比べれば低く、大会の裁量の余地は実際にはそれほど大きくはないが、前期の推薦の承認しかないという状態ではなくなっていることは、注目してもよいだろう。

党大会では、大会による書記長の直接投票による選出は実現していないが、地方レベルの党大会では、実験的にトップの書記を代議員の直接投票で行なう試みが行なわれるようになっている。

こうしたベトナムでの「共産党内の民主化」には、同じ共産党の一党支配を続ける中国からも注目されている。二〇一二年に私が北京に行った時に、ベトナムに短期留学していた経験のある北京大学の学生に会った。この学生は、「共産党の中での民主の拡大という試みでは、ベトナムのほうが進んでいる面があるので、それに興味を持って留学した」と言っていた。

⑤市民社会

共産党の一党支配下にあるベトナムに市民社会は存在しているのか。一九九〇年代までは、外国の観察者の間ではこの問いには否定的な回答が多く、国家に対してある程度の自律性を持った市民社会はまだベトナムでは成立していないと考える人が多かった。しかし、二一世紀に入り、共産党が基本スローガンで「民主」を掲げるようになると、ベトナムにも市民社会が存在しているのではないかとする見方が内外で広がるようになった。

その一つの理由は、二一世紀の初頭になると、経済発展の結果、人々の暮らしに余裕ができ、それまでの共産党参加の統一戦線組織である「祖国戦線」に加盟している労働組合、農民会、婦女会、青年団、退役軍人会などの官製団体だけでなく、人々の自発性によって結成される団体が増加するようになったことである。共産党も、人々が結社を作ること自体を警戒したり、敵視することはなくなった。特に、一九九八年に前述の「基層における民主規則策定運動」が始まり、基層レベルの住民参加が奨励されるようになった。

また二〇〇六年からの五ヵ年計画では今まで以上に貧困者や社会的弱者への支援が強調されるようになり、支援事業を「社会化」するということで、祖国戦線傘下の大衆団体だけでなく、福祉、教育、医療などの領域でのNGOの役割にも注目が向くようになった。また、外国のNGOはベトナムの社会開発の支援に大きな役割を果たしているが、そのカウンターパートとしてベトナムのNGOの重要性が再認識され、官製団体も自らのNGO性を強調するようになった。

二〇〇四年には、「行方不明烈士の情報収集フォーラム」とか「ベトナム・エージェントオレンジ／ダイオキシン被害者の会」（VAVA）など、それまでの官製組織に比べれば、よりNGOらしく見える団体が結成されるようになった。二〇〇七年にはUNDP（国連開発計画）が、Filling the Gap: The Emerging Civil Society in Vietnamという、ベトナムの市民社会に対する報告書を出した。ここでは、市民社会を「家族、国家、市場以外で、人々が共通の利益を増進するために結集した領域」と定義し、このような領域がベトナムで拡大していることを指摘して、こうした社会に存在している社会組織は、国家に対するカウンターバランスというよりは、国家と民衆の媒介者として機能しているとしている。この頃から、市民社会を表すベトナム語 xã hội dân sự（民事社会）という言葉がベトナム国内でも盛んに使われるようになった。

二〇一一年の数字では、ベトナムには、全国レベルの社会組織が約三〇〇、省など一級行政区レベルの組織が二一五〇、基層レベルの組織が数万あり、性格別では、共産党の指導の下にある祖国戦線傘下の諸団体、協同組合連合、科学技術協会連合、友好団体連合、赤十字、障害者孤児援護会、視覚障害者協会などの職業団体や専門家団体や慈善組織、そしてスポーツ愛好会、PTAなど、コミュニティレベルで活動している団体という、三つの種類があるとしている。

ベトナムの特徴は、一人の市民が所属している団体が多いことで、似たような政治体制をとる中国の〇・三九、シンガポールの〇・八六に対して、ベトナムは二・三三にのぼっている。このように、ベトナムでは、人々が組織に属すること自体は奨励されており、貧困削減、慈善、

表7-1　ベトナムの社会組織の貢献分野

	婦女会	農民会	労働組合	青年団	退役軍人	赤十字	コミュニティ
飢えの撲滅貧困削減へ貢献	72.7	30.0	3.1	9.7	20.8	12.4	6.1
公平、平等の促進	52.4	16.3	4.6	17.8	24.9	4.9	5.4
婦人の地位向上	82.4	8.1	2.1	8.2	7.5	1.6	2.7
文化・精神生活向上	66.0	19.1	3.3	35.5	23.5	4.6	13.3
環境保護	56.2	15.6	2.1	41.2	19.4	10.1	8.1
コミュニティの健康増進	41.6	7.5	1.3	10.3	10.1	35.5	13.0
党や政権の支援、防衛	32.0	12.9	4.4	27.4	38.4	4.7	6.4
汚職撲滅	12.3	6.6	1.6	5.0	17.3	1.4	1.7
その他の社会的病弊への対処	44.4	11.5	2.9	32.7	33.3	7.4	8.7
民主主義の発揮	38.7	16.6	5.1	18.1	25.8	4.7	2.6
コミュニティの団結強化	67.0	24.3	4.6	28.0	32.7	8.2	15.2

（出典　Nguyễn Đức Vinh. p.85）

平和、相互信頼醸成などの分野では活発な活動をしているが、共産党や政府に対する自律性は弱く、社会組織の活動を支える法の整備も遅れている。

表7－1は、祖国戦線傘下の婦女会、農民会、労働組合、青年団、退役軍人会、慈善団体である赤十字、そしてコミュニティ団体が、どのような領域で貢献しているのかを調査したものである。これで一目瞭然なのは、様々な分野での貢献で最も高い評価を受けているのが婦女会だということであろう。婦女会は、貧困削減への貢献でも最も多くの人々がその役割を評価しているが、国際NGOやベトナム政府が展開する貧困削減のプロジェクトの基層での展開のカウンターパートに婦女会がなっているケースが多いことも、こうした評価に結びついていると思われる。

いまひとつ興味深いのは、退役軍人会が、政権防衛、社会的病弊追及、民主主義の発揮という、一見すると逆の方向を向いているように見える分野で、その貢献が高く評価されていることであろう。一九八〇年代の末に、カンボジア、中国との戦闘が終結して以降三〇年近くが経過し、戦争を体験した軍人の大半は退役して、退役軍人会に入っている。かつて戦争に貢献した退役軍人の社会的地位は高く、政権防衛の支柱として機能している一方で、自分たちよりも歳が若い現役の幹部の腐敗や専横に対する強力な批判勢力としても機能していることをこの表は示していると言ってよいだろう。

こうした婦女会や退役軍人会への評価は、祖国戦線傘下の官製団体で、お上の意思を民衆に下達する組織という角度からだけでこれらの組織を見てしまうのは一面的であることを示しているように思われる。

ベトナム政府が、市民社会の育成にある程度前向きになっているのは、「ASEAN市民社会会議」が開催されるといった、ASEANレベルの取り組みへの対処という面もあるからである。「ASEAN市民社会会議」に参加するベトナム代表については、真のNGOの代表とは言えず、政府の息のかかった団体(Goverment Organized NGO=GONGO)だという批判がある。今のベトナムでは、NGOの結成自体は認可されているが、共産党・政府から独立したNGOの結成は依然として困難であり、ベトナム国内で活動しているこうした「独立NGO」は、まだ三〇組織程度しか存在していないと言われる。二〇一五年五月一九日付の公安大臣への公開書簡に署名した「独立市民組織」は、ベトナム独立記者協会(二〇一四年二月結成)、政治宗教囚援護会、良心の逮捕経験者の会、人権婦人会、冤罪者連帯闘争運動にキリスト教、仏教、ホアハオ教などの宗教団体などを加えた一九団体だった。

こうした「独立市民組織」は、米国との間で行なわれている「人権対話」の際に、代表が米国大使館に招待されるなど、西側人権外交との結びつきもあり、ベトナム政府はその活動に神経をとがらせている。「独立市民組織」に対するベトナム当局の姿勢は依然厳しく、こうした市民組織は、いわゆる「和平演変」=社会主義体制の平和的転覆の道具であるとみなされている。

ただ、ベトナムの市民社会といった時に、こうした独立市民組織だけに関心を集中させるのは一面的なように思われる。たとえば、先に紹介したように、官製組織である婦女会が外国NGOのカウンターパートとして活躍し、その社会的機能への高い評価が存在しているなど、GONGOとNGOの相互浸透とでも言える動きが現在のベトナムには存在しており、こうした面からの市民社会的空間の拡大にも注目すべきであろう。

レ・ズアン (Lê Duẩn　1907~86)

ベトナム戦争期からドイモイ開始直前の時期までのベトナム共産党の最高指導者。クアンチ省の出身で、本名はレ・ヴァン・ニュアン (Lê Văn Nhuận)。一九二八年に共産党の前身の一つの新越革命党に参加、三〇年からは共産党に参加。植民地時代には、二度にわたって逮捕され、コンソン島に投獄された。その後は南部で活動し、四七年から南部の共産党組織のトップになった。五七年、ハノイに出て、チュオン・チンが土地改革の行き過ぎの責任をとって党書記長を退いたのに代わって党書記局員となり、六〇年の党第三回大会で、党主席であるホー・チ・ミンに次ぐ地位の第一書記に選出され、六九年のホーの死以降は、党の最高指導者になった。七六年の党大会で書記長となり、八六年の死までその地位にあった。

レ・ズアンは、その南部での活動経験を生かして、ベトナム戦争＝抗米戦争の戦略指導に大きな役割を果たした。五六年に執筆した「南部革命提綱」は、その後の党の南部戦略の基礎となり、五九年の南部での武装闘争の承認、六三年の北の人民軍戦闘部隊の南部への投入の決定、七五年のホーチミン作戦の発動など、ベトナム戦争の転換を画する党の重要な決定は、いずれもレ・ズアンの主導によるもので、レ・ドック・ト、グエン・チ・タイン (Nguyễn Chí Thanh) らとともに、強硬な戦争指導を推進したと言われる。

抗米戦争を勝利に導く上では大きな役割を果たし、戦後の経済建設でも現実主義的で柔軟な発想は持っていたが、戦争勝利には貢献したスターリン型の社会主義モデルからの脱却を図ることはできず、晩年は改革抑制的な姿勢が目立った。ベトナム共産党は、このレ・ズアンの死によって、ようやくドイモイに踏み切ることができた。

レ・ズアン。

8
経済と社会

ドイモイ以前のベトナム経済は、「平等だけれども皆が貧しい」社会だった。市場経済を導入して高度成長をとげるようになったベトナムでは、格差の拡大という新しい問題に直面することになった。

経済の持続的高度成長

ベトナムは、一九七五年のベトナム戦争終結以降も、経済的低迷が続いた。これは、長い戦争の後遺症に加え、ベトナム戦争後に発生したカンボジア問題、難民問題、中越戦争などによるベトナムの国際的孤立、戦争時には合理的な面があったソ連モデルの国家丸抱え経済からの転換の遅れなどに起因するものだった。

八六年に開催されたベトナム共産党第六回大会で提起されたドイモイ(刷新)は、こうした苦境から脱するために、経済面での市場原理の導入と対外開放を提起した。このドイモイ路線が定着する九〇年代以降、ベトナムは、国際的孤立を脱して平和な国際環境を確保し、比較的順調な経済発展をとげてきた。

九一年から二〇〇七年までは年平均七・六%の高度成長が続き、リーマンショックが起きた〇八年以降一五年までは、年平均五・八%とやや成長率は下がったものの、依然、成長軌道にある(図8-1)。

この経済成長で、国民一人あたりのGDPも、九〇年代前半の三〇〇ドルあまりという水準から、二〇一五年では二二〇〇ドルを超える水準に達しており、最貧国、低所得国を脱して中進国ないし中所得国の仲間入りを果たした。

しかし、依然、周辺諸国との格差は大きく、二〇一三年の数値では、ベトナムは一九〇二ドルで、タイの五六七六ドル、インドネシアの三五一〇ドル、フィリピンの二七九一ドルと比較しても相当の開きがある。ベトナムでは、これは「落伍の危機」と呼ばれ、ベトナムが直面している最大の試練と言われている。

経済成長に伴って、ベトナムの産業構造にも変化が生まれている。

まず、農林水産業などの第一次産業、鉱工業の第二次産業、サービス業の第三次産業がGDPの中で占める比率を見ると、一九八八年には、それぞれ、四六・三%、二三・九六%、二九・七四%だったのが、九七年に鉱工業の比率が三〇%を超え、二〇一二年には、第一次、二次、三次それぞれが、二一・六五%、四〇・六五%、三七・七%になっている。第一次産業の比率は半分以下に減少し、その分、第二次産業の伸びが顕著で、工業化の

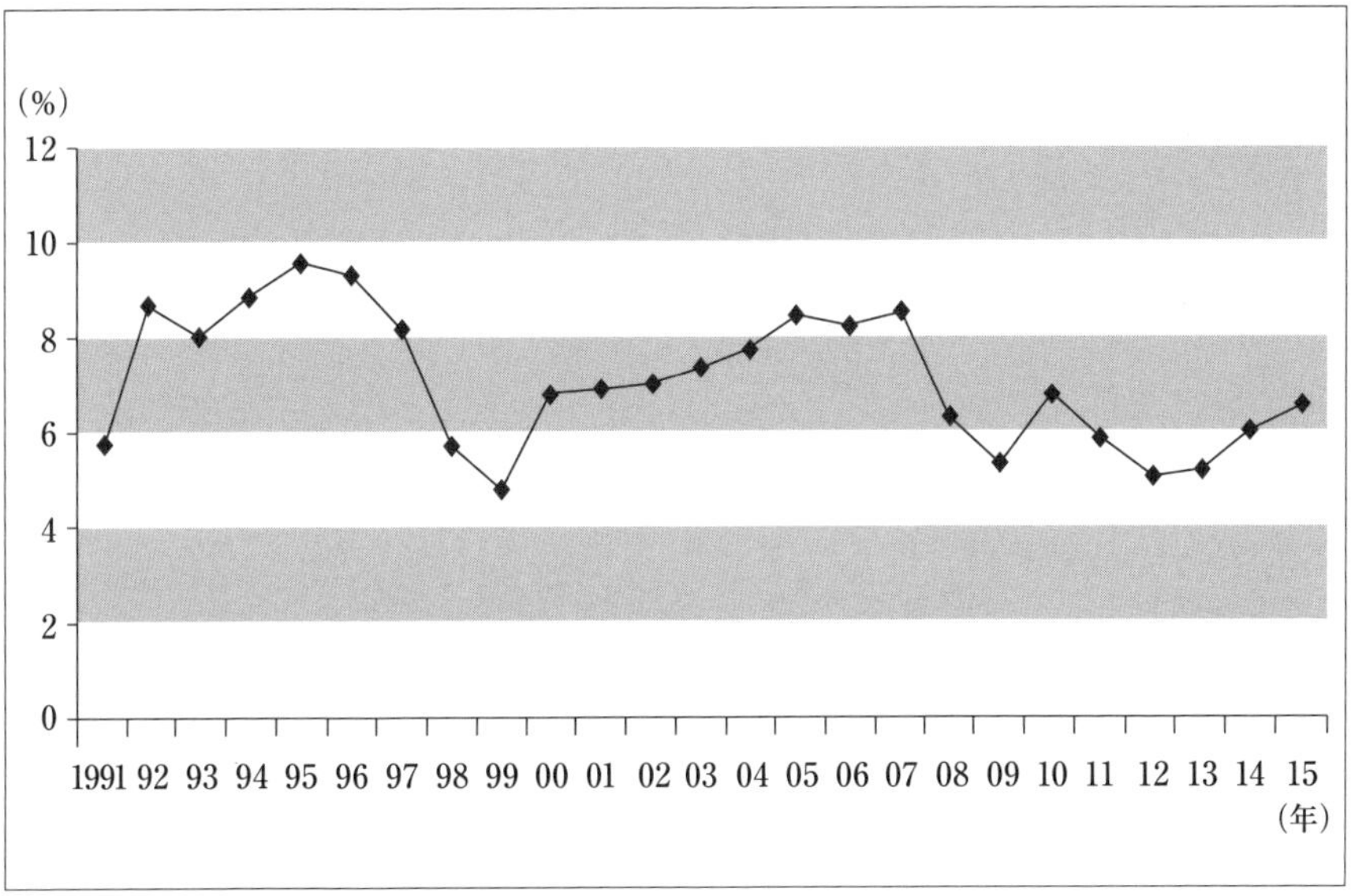

図8-1　ベトナムの経済成長1991～2015（Nguyễn Thị Thơm. 2013. p.3に13～15年の数値を補充）

進展をうかがわせる数字である。

　労働人口の分布を見ると、一九九〇年には、第一次産業が七三%、第二次産業が一一・二%、第三次産業が一五・八%だったのが、二〇一二年には、それぞれ、四七・五%、二一・一%、三一・四%になっている。ドイモイ開始直後には「農業国」と言ってよかったベトナムが、大きく変貌したことがわかる。

　しかし、この産業構成の変化は、まだそれほど「劇的」ではない。工業の中でも製造業がＧＤＰで占める比率が三七%を超えないとその国を「工業国」とは呼べないという考えがあるが、これに従えば、二〇一二年のベトナムの製造業がＧＤＰに占める比率は二五・七一%で、まだこの水準には達していない。また、農業を中心とする第一次産業従事者の比率が五割を割ったとは言っても、周辺諸国の二〇〇八年の数値であるタイ三九%、インドネシア三六・八%、フィリピン三三・三%、中国三八・七%と比べると、依然として高い数値である。ベトナムは、農業を依然重要な産業部門として抱えつつ、工業化・現代化の途上にあると言えよう。(Nguyễn Thị Thơm. 2013. pp.6-7)

経済成長の担い手

①農家

就業人口が減少したとはいえ、農業はベトナムの基幹産業である。農業経営のあり方はドイモイによって大きく変化し、一九八八年にそれまでの農業生産合作社を基本的な形態とした集団農業が解体されて以降は、個別農家の経営権、耕地使用権が保障されるようになり、日本と同じように、個々の農家が農業経営の主体となっている。

農家の経営規模は、北中部と南部で様相を異にしている。二〇〇六年の統計では、紅河デルタでは九四・一五%、中部北方では六八・五三%、中部南方では六八・七%の農家が〇・五ヘクタール未満の耕地しか持たないが、土地なし農家は〇・二二～一・四二%と少ない。これに対して、南東部では三九・四五%、メコンデルタでは三〇・一四%の農家が一ヘクタール以上の耕地を持っているが、土地なし農家の比率もそれぞれ一二・八六%、一一・九九%と高い。また、ホーチミン市向けの野菜栽培や輸出用のコーヒーなどの栽培地である中部高原では、五三・六六%の農家が一ヘクタール以上の耕地を持っている（GSO. 2006）。

農業就業人口は明らかに減少傾向にあるが、農村人口はあまり減少していないのが、現在のベトナムのもう一つの特徴である。ベトナム政府の統計では、農村居住人口の比率は二〇〇五年の七二・九%から一三年の六七・八三%と、依然七割近くを占めている。これは、山間部を中心にチャンチャイ（Trang trai）と呼ばれる大規模個人農園が拡大していることや、農村地域にも工業団地ができるなどして、農村における非農業分野の賃金労働への就業機会が拡大していることによっている。農村における非農業分野の賃金労働従事者が一五歳以上の労働人口に占める割合は、二〇〇二年の一五・二%から、一二年の二六・七%へと、急激に増加している（坂田正三編 2012）。

②企業

ベトナムの大企業トップ五〇〇社（VNR500）のランキングの二〇一五年のトップ一〇社には、次のような企業があがっている。

1 ベトナムペトログループ
2 サムソン電子ベトナム
3 ベトナム石油グループ
4 ベトナム電力グループ
5 ベトテル（ベトナム軍隊通信グループ）
6 ビンソン製油公社
7 ベトナム郵政通信グループ
8 ベトソブ石油（ベトナムロシア合弁）
9 ベトナム石炭鉱物グループ
10 ベトナムガス総公司

企業と言えば基本的には国営企業だったドイモイ以前と比べると、今のベトナムには、国有企業だけでなく、外国との合弁企業や民間企業も存在するようになっている。とは言っても、依然「社会主義志向」を堅持するとしていることもあって、基幹分野では国有企業の占める割合が大きく、上記のランキングでも、外国との合弁である2と8を除くと、他はすべて国有企業である。ここで国有企業とするのは、かってのように国家機関が直接管理していた国営企業が「所有と経営」の分離ということで、国が支配的所有を継続するものの経営は自律する方向への改革が進み、さらに最近ではそれを会社法が規定する株式会社や有限責任会社に転換する「国家会社」化が進んでいるからである。上記のランキングで〇〇グループとあるのは、国家資本を集中して競争力を強化したり、国内市場で独占的地位を維持して国の価格管理を維持するなどのために、国有企業のグループ化が推進されてきた産物である。（石田暁恵．2008）

また、このトップ一〇社には、韓国、ロシアとの合弁企業しか入っていないが、日本企業との合弁も多数あり、一五年のランキングではホンダベトナムが一六位、トヨタベトナムが二六位、サイゴンSTEC（シャープタカヤ）が二八位、キャノンベトナムが三五位に顔を出している。民間企業はまだトップ一〇には入っていないが、依然はほとんど零に近かった乳製品の国内市場を開拓し、海外進出も展開しているビナミルク（VINAMILK）が二三位、大学も経営している情報産業のＦＰＴが二九位、不動産業のビングループ（VINGROUP）が三四位など、トップ五〇には進出が目立ちつつある。

外資と貿易の大きな役割

さて、これらの様々な企業を見てもわかるように、現在のベトナム経済は様々な所有形態のセクターから構成されている。ベトナムの統計では、国有企業を中心とした国家セクター、民間企業、個人経営、協同組合などの非国家セクター、および外国資本が入ったセクターという三分類が使われている。

この三つのセクターのGDPへの貢献を見ると、二〇〇一〜〇五年では、それぞれ、三〇%、四六・七%、一四・六%であったのが、〇六〜一〇年には、二七・八%、四六・一%、一七・九%になり、一二年には、三三%、四九・二%、一七・七%になっている。

しかし成長率で見ると、〇一年〜〇九年の平均は、国家セクターが六・二%、非国家セクターが七・三%、外国投資受け入れセクターが九・七%であり、外資がベトナムの経済成長を牽引していることがわかる。

また、労働力の分布で見ると、〇一〜〇五年には、国家セクター四三・五%、非国家セクター四〇・一%、外国投資セクター一六・三%だったのが、〇六〜一〇年には、二三・一%、五四・八%、二二%となっており、非国家セクターが就業機会の拡大で重要な役割を果たしていることがわかる。

国家セクターは、優先的な投資をはじめ、多くの優遇策があるにもかかわらず、成長率でも、就業機会の拡大でも、他の二セクターに劣る状況で、国家セクター重視策にベトナム国内でも批判が出るもとになっている。

(Nguyễn Quang Thái, Vũ Hùng Cường, Bùi Trinh. 2010; Tô Ánh Dương. 2012; Nguyễn Đức Thành chủ biên. 2014)

ベトナムの経済成長に重要な役割を果たしている外資だが、どのような国(地域)からの投資が多いのか? 最近では、企業の多国籍化が進んでおり、韓国企業がそのシンガポール法人名義でベトナムに投資を行なうと、統計上はシンガポールに分類されるといった問題はあるが、二〇一五年一〇月までの投資認可額の累積で見ると、

一位　韓国…四三六億三七七八万ドル
二位　日本…三八七億九八二万ドル
三位　シンガポール…三三九億二〇八五万ドル
四位　台湾…二九五億一六四五万ドル

五位　英国領バージン諸島…一九一億九二二一万ドル
六位　香港…一六七億七七七九万ドル
七位　マレーシア…一三三億五九六五万ドル
八位　米国…一一二億二六五万ドル
九位　中国…八四億三九八八万ドル
一〇位　タイ…七〇億二八〇三億ドル

と、アジア太平洋圏からの投資が大きな位置を占めている。ただ外資は、二〇〇七～一二年の数値で一ドンの価値を新たに生み出すためには、一五・九八ドンの資金を必要としており、これは非国家セクターの三・五倍、効率が悪いとされる国家セクターと比べても一・五倍の額に達している。この状況は、ベトナムが外資に期待している、効率的な経営の学習効果や技術移転の効果を、外資がまだ十分に発揮していないことも意味している。

もうひとつ、この間のベトナム経済がグローバル化をしていることを如実に示す数値がある。

この間、ベトナムの輸出入は、GDPの成長を大きく上回るスピードで増加した。一九九〇年には二七・五億ドルだった輸入は、二〇一四年には一四九二・六億ドルと、五二倍に、同じ時期に輸出も、二四億ドルから一五〇四・八億ドルと、六三倍に拡大している。

輸出入を合わせた貿易額とGDPの対比が示す「貿易依存度」という数値がある。これが一〇〇を超えているというのは、貿易額の総額がGDPよりも大きいことを意味している。ベトナムの二〇一四年の数値は一五九・七〇で、香港、シンガポール、スロバキアに次ぐ世界第四位である。香港、シンガポールは小さな島で、外国貿易が経済に占める比重が高いのは当然であることからすると、八〇〇〇万の人口を持つベトナムのこの数値は、特筆に値する。

ちなみに、外資に依存した輸出指向経済が多い東南アジアでは、マレーシア一二八・一八（一二位）、カンボジア一〇九・一（二〇位）、タイ一〇四・七九（二四位）の三国も一〇〇を超えている。

貧困削減と格差

①貧困削減

ドイモイ以前のベトナム経済は、「平等だけれども皆が貧しい」社会だった。市場経済を導入して高度成長をとげるようになったベトナムでは、格差の拡大という新しい問題に直面することになった。ベトナムは市場経済は導入したが、社会主義という看板を下ろしたわけではなく、ベトナム共産党がめざす社会像を示す「民が豊かで、国が強く、民主的で、公平で、文明的な社会」というスローガンでも、「公平」という価値が強調されている。

ベトナム政府は、一九九八年以降、「プロジェクト135」という大規模な貧困削減計画に取り組んでいる。貧困世帯の比率は、九三年の五八％から、二〇一〇年には一〇・七％に減少している。世界銀行の調査でも、一九九〇年から二〇〇五年の間に、一日の収入が一ドル以下の人々の比率は、ベトナムの場合、五〇・六六％から六・四八％と四四・一八％減少しており、減少率で見て、中国の二五・四％や、パキスタンの三七・五二％を上回っている。ベトナムは貧困削減に顕著な成果をあげた国の一つとして、国際機関からも高い評価を得ている。（World Bank. 2015; Phạm Thành Công. 2012）

②地域間格差、民族間格差

もっとも、貧困家庭の分布には、大きな地方間格差があるので、二〇一〇年の数値でそれを見ておきたい。まず、都市と農村を対比させると、都市は五・一％であるのに対して、農村は一三・二％と、有意な差がある。

また地方ごとに見ると、紅河デルタが六・五％、東北地方が一七・七％、西北地方が三二・七％、中部北方が一九・三％、中部南方が一二・七％、中部高原が一七・一％、南部東方が二・二％、メコンデルタが八・九％という数値になっている。貧困家庭の比率が高い地方は、西北地方、中部北方、東北地方、中部高原だが、このうち西北、東北、中部高原は少数民族の多い山岳地帯であり、中部北方も少数民族人口が多い地方で、貧困の比率の高さは少数民族の貧しさという問題と関係していることがうかがえる。

少数民族の間の貧困は、二〇〇八年でも依然五〇％を超えており、ベトナムの貧困削減計画も、少数民族に対してはまだ成功したとは言えない状況にある。二〇一二年の数値で、民族ごとの一人平均の収入は、多数民族であるキン族を一〇〇とした場合、タイー族が六四・六三、ターイ族が四四・八四、ムオン族が六五・五三、ヌン族が六七・七九、モン族が四三・九六、ザオ族が五〇・七六、その他少数民族が六二・五〇となっている。(UNDP. 2012)

表8-1　地域ごとの1人あたりの月収（単位1000ドン）

年	1993	1998	2002	2006	2010	2010/1993
都市	151.3	750.9	622.1	1,058	2,129.70	14.1
農村	77.4	205.3	275.1	506	1,070.50	13.8
紅河デルタ	91.3	272	353.1	653	1,568.20	17.2
東北	66.7	179.6	268.8	512	1,054.80	15.8
西北	66.7	179.6	197	372	741.10	11.1
中部北方海岸平野	63.3	193.8	235.4	418	902.90	14.3
中部南方海岸平野	71.1	226.9	305.8	511	1,162.20	16.3
中部高原	71	233	244	521	1,088.10	15.3
南部東方	157.7	618.6	619.7	1,065	2,165	13.7
メコンデルタ	105.5	253.3	371.3	628	1,247.20	11.8

表8-1は、地域ごとの一人あたりの月収の、一九九三年から二〇一〇年までの変化を見たものである。一番右端の欄は、二〇一〇年が九三年に比べ何倍に増大しているかを示したものだが、これを見ると、紅河デルタの順調な成長に比べると、西北地方やメコンデルタがやや伸び悩んでいることがわかる。

都市と農村の対比をとると、九三年が一・九五、九八年が三・六六、二〇〇二年が二・二六、〇六年が二・〇九、一〇年が一・九九となり、一〇年の数値は九三年よりは高いが、九〇年代末以降は、格差が改善傾向にあることがわかる。

また、各年度の紅河デルタの平均月収を一〇〇とすると、最も経済発展が進んでいるホーチミン市とその周辺の南部東方の数値は、九三年が一七三、九八年が二二七、〇二年が一七六、〇六年が一六三、一〇年が一三八とな

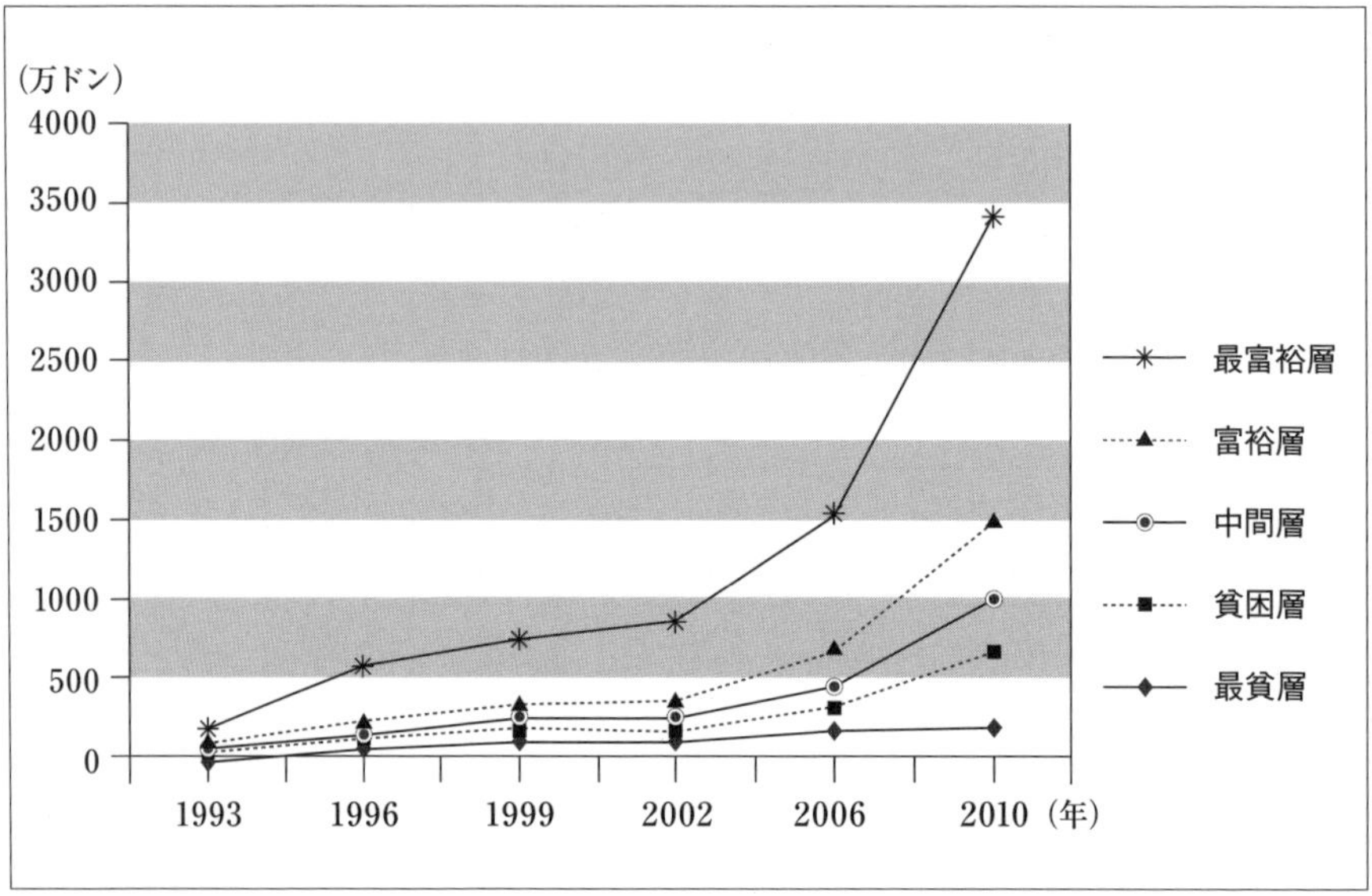

図8-2　階層別月収の推移

り、長年ベトナムの問題と言われてきた南北間の経済格差は、この間縮小傾向にあると言ってよいだろう。（Lê Văn Toàn. 2012. pp.127-130）

③階層間格差の増大

図8-2は、一九九三年から二〇一〇年の間に、世帯を月収に応じて五等分した場合、最貧層、貧困層、中間層、富裕層、最富裕層の月収がどのように推移したかを示したものである。具体的な数値で言うと、最貧層の場合は、九三年が四万一一〇〇ドンだったのが、一〇年には三六万九三〇〇ドンへと、八・九九倍になっている。これに対して、最富裕層は、九三年が一八万二五〇〇ドンだったのが、一〇年には三四一一万一〇〇〇ドンと、一八・六九倍になっている。

このように最富裕層の収入の増加のほうが最貧層の収入の増加よりもはるかに高い比率で進んでいるので、富者と貧者の間の階層間の格差は増大傾向にあることになる。この結果、九三年には、最富裕層の月収は、最貧層のそれの四・四倍だったのが、一〇年には九・二倍になっている。

この階層分化は、職業との相関関係が高い。

表8-2は、管理者（共産党や政府機関の幹部。労働人口の一・九％）、経営者（労働人口の〇・六％）、高度専門職（労働人口の二・二％）、職員（公官庁・企業などの一般職員。労働人口の三・三％）、技師・技能労働者（労働人口の二・五％）、商業・サービス業（労働人口の一二％）、小手工業（労働人口の九・八％）、単純労働者（労働人口の一六％）、農民（労働人口の四七・三％）という職業分類をした時に、それぞれの職業で、最貧層、貧困層、中間層、富裕層、最富裕層がどのような比率で分布しているのかを示したものである。

表8-2　職業と収入（数値％）

	最貧層	貧困層	中間層	富裕層	最富裕層
管理者	4.7	15.8	19.3	26.3	33.9
経営者	5.7	3.8	11.3	11.3	67.9
高度専門職	0.5	0.5	5	18.5	75.5
職員	7.3	9.1	13.4	27.1	50
技師・技能労働者	7.3	9.1	19	27.2	37.5
商業・サービス業	8.7	14.3	19.3	26.6	31.1
小手工業	9.6	21.9	26.6	23.8	18
単純労働者	18.6	20.3	17.8	22.2	21
農民	29.1	23.7	21.1	15.7	10.3

この表では一番下になっている農民でも、富裕層、最富裕層に属する人も少なからずいるなど、職業と社会階層は必ずしも一致するわけではないが、今のベトナムでは、管理者、経営者、高度専門職が上層階層、職員、技師・技能労働者、商業・サービス業、小手工業が中流層、単純労働者と農民が下層を構成しているとする社会学者が多い。

この職業、階層は、学歴との関係が明確である。次の表8-3は、各職業従事者の学歴を示したものである。

これを見ると、上層に参入するためには、高等専門学校ないし大学卒業以上の学歴が、中流に入るには高卒以上の学歴が必要な社会になりつつあることがわかる。（Lê Văn Toàn. 2012. p.141, p.163）

表8-3 職業と略歴（数値%）

	学歴なし	小卒	中卒	高卒	高専卒	大卒以上
管理者	2.4	8.2	21.1	22.2	29.2	17
経営者	0	3.8	9.4	13.2	22.6	50.9
高度専門職	0.5	0.5	1.5	2.5	5	90
職員	1	4.2	12.4	14.4	51	17
技師・技術労働者	8.2	19	2.6	6.9	39.7	1.7
商業・サービス業	19.4	24.6	28.5	12.1	14.1	1.3
小手工業	10.1	24.2	36.7	12.6	15.8	0.7
単純労働者	32.9	24.5	20.4	7.3	10.7	4.2
農民	32.1	30	27	5.1	5.4	0.4

④耐久消費財の普及状況

一九八〇年代の前半に私は三週間ほどベトナムで調査旅行をしたことがある。社会科学委員会（現在の社会科学アカデミー）の受け入れで、当時はトンニャット・ホテル（統一ホテル）という名の国営ホテルだった今のメトロポールに滞在したのだが、最後にホテル代や、社会科学委員会へのアテンドの謝金などを支払う段になって、社会科学委員会から、できれば経費相当額でハノイの外国人しか買い物ができないドルショップで冷蔵庫と扇風機を購入して、社会科学委員会に寄贈してもらえないかという提案を受けた。当時のベトナムが、モノのほうがお金よりもはるかに重要な意味を持つ「モノ不足社会」であることは知っていたので、この提案を受け入れ、数台の冷蔵庫と扇風機を買って、社会科学委員会までシクロで運んだ。

こうした時代と比べると、「なんでもあるベトナム」は別世界だ。ドイモイ下の高度成長の中で、耐久消費財の普及も急速に進んだ。表8-4はその普及状況を示している。

オートバイ、携帯電話、カラーテレビは、都市・農村を含めて、ほぼ一家に一台以上の普及を見せ、それに次いで冷蔵庫、洗濯機が都市部を中心にいきわたりつつある状況と言ってよいだろう。そして、コンピューターや

表8-4　家財所有状況（数値%）

	1993	1998	2002	2006	2010
自動車	0.15	0.23	0.1	0.1	1.3
オートバイ	10.7	23.8	32.3	52.7	96.1
電話		8.4	10.7	33.5	128.4
コンピューター		0.9	2.4	7.5	17
カラーテレビ	9.1	40.8	52.7	78.2	85.9
ビデオデッキ	3.1	19.8	22.5	43.7	54.2
冷蔵庫	4.1	10.9	10.9	22.7	39.7
クーラー	0.1	0.8	1.1	3.1	9.4
洗濯機	0.3	2.8	3.8	9.3	17.6

クーラーも富裕層では過半数を超える世帯が所有するようになったというのが、この表の示す状況で、今では、さらにこれらの家財の普及が進んでいると考えてよい。（Lê Văn Toàn. 2012. p.149）

⑤ベトナムの格差の国際比較

世界銀行は、それぞれの国で、国民のうち貧しい人々四〇%の収入が国民総収入に占める比率が一七%以上であれば平等な社会、一二～一七%であればやや不平等な社会、一二%以下であれば不平等な社会という指標を設けている。ベトナムは、この数値が、一九九四年には二〇%、〇二年には一七・九八%、〇六年には一七・四%、そして一〇年には一五%と、「やや不平等な社会」に入ったところである。

当該社会の不平等度を表すジニ係数も、九四年の〇・三五から一〇年には〇・四三に上がっている。この間、ベトナムの貧富の格差は、確実に増大している。ただその水準はまだ深刻なレベルには達していないが、ベトナムの掲げる社会主義という看板が実効性のあるものか否かの一つの試金石は、この貧富の格差を一定の範囲内に抑えることができるかどうかにかかっていると言えるだろう。（Lê Văn Toàn. 2012. p.134, p.142）

中進国の罠

二〇〇八年に国民一人あたりの国内総生産が一〇〇〇ドルを超え、ベトナムは「中進国」の仲間入りを果たした。世界的に見ると、「中進国」になったものの、その後は、停滞や低成長状態が続き、なかなか高所得国になれない国が多数存在している。こうした国は、「中進国の罠」にはまったとされるが、現在のベトナムで強調されているのは、こうした「中進国の罠」にはまらないためにはどうすればよいのかということである。

これまでのベトナムの経済発展は、安価な労働力と豊富な資源と資本による「資源主導（ないしは資源浪費）型成長」だった。こうした成長は、ミャンマーなど、ベトナムよりもいっそう安い労働力を売り物にする国との競争で、不可能になりつつある。ベトナムが「中進国の罠」に陥らないためには、こうしたタイプの成長から脱却して、「生産性主導型成長」に転換し、高度な技術革新を伴う高付加価値製品の分野でも競争力を持たなければならない。経済の量的な発展と同時に、質的な発展が問われるようになっていると言ってもよいだろう。（トラン・ヴァン・トゥ．2010，上田義朗．2012，竹内郁雄．2017）

世界経済フォーラム（WEF）が、毎年、世界各国の経済的な競争力の評価を行なっている。二〇一四～一五年の調査でベトナムの順位は世界一四四ヵ国中六八位と、あまり高くないが、中でも制度に関する評価は低く九二位である。より具体的な指標ごとのベトナムの評価は図8-3のとおりである。

この図の中で、ベトナムの成績がよいのは、4の「健康と初等教育」と、7の「労働市場の効率」、そして10の「市場の規模」である。「健康と初等教育」では、初等教育の普及率の高さが、「労働市場の効率」では女性労働者の比重の高さが、「市場の規模」では、国内外の市場の規模の大きさと同時にGDPに対する輸出の占める割合の高さなどが、評価を高める要因になっている。

一方、評価が低いのは、1の「制度」、2の「インフラ」、5の「高等教育と訓練」、9の「技術の備え」、11の「経営の素養」、12の「イノベーション」などである。「制度」では、所有権、知財権の保護制度の未整備、わいろや不正常な支払いの横行、行政手続きの負担の重さ、

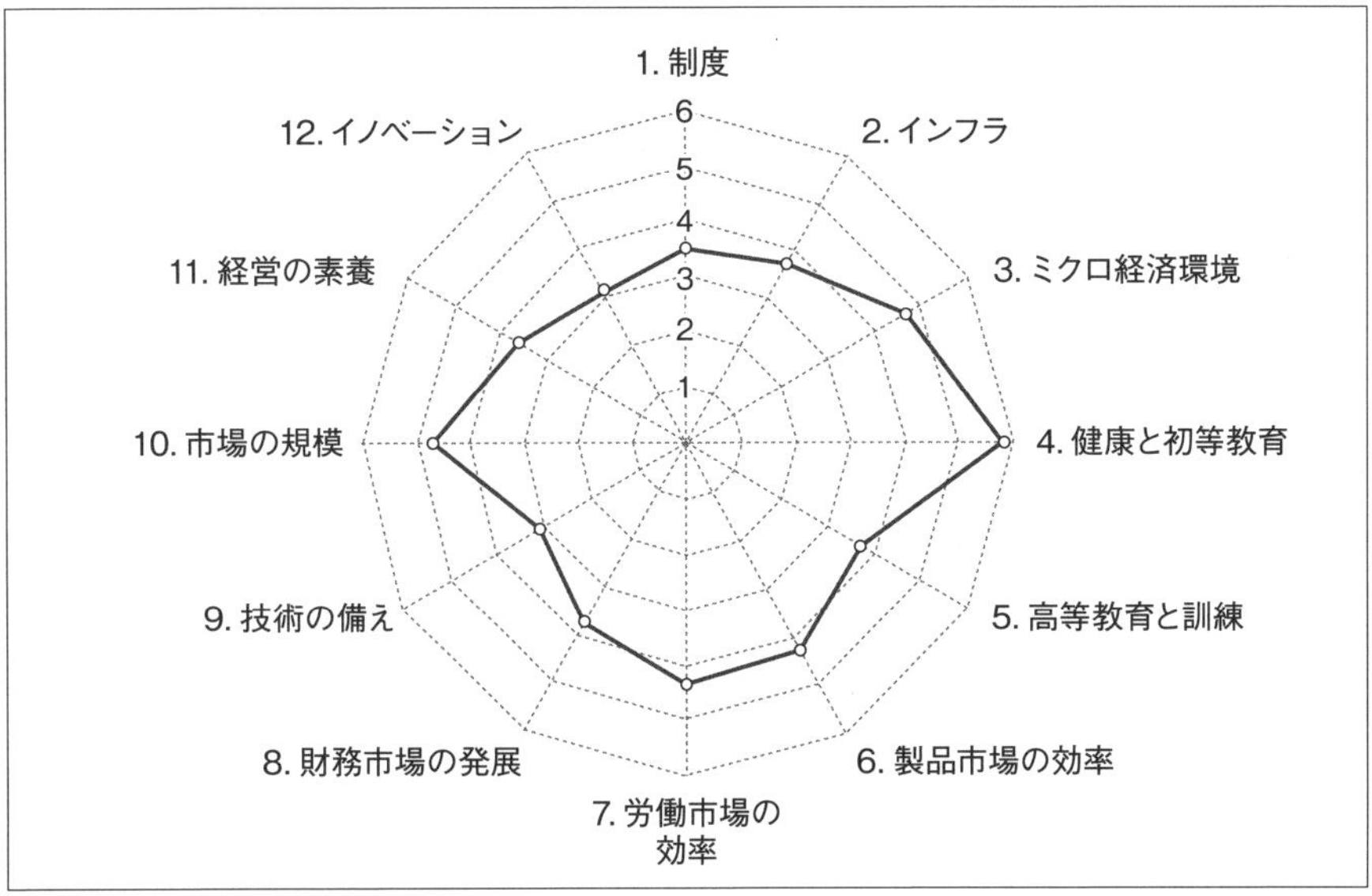

図8-3 ベトナム経済のパフォーマンスの概況

政策決定の不透明さなどが問題とされている。「高等教育と訓練」では、教育システムの質やマネジメント学校の質の低さが指摘され、「経営の素養」では、競争的環境の欠如などが問題とされ、「イノベーション」では、科学研究機関の質の低さ、研究開発における産学連携の弱さ、科学者や技術者の不足などが指摘されている。(Klaus Schwab, World Economic Forum. 2014, pp.384-385)

ベトナム共産党は、二〇一一年に開催された第一一回大会で、二〇二〇年に向けた経済発展の質的転換を図るためには、①市場経済の制度的改善、②人材養成、③インフラ整備という「三つの突破口」を重視する必要があるとし、この方針は一六年に開催された第一二回大会でも継承された。これは世界経済フォーラムが示している上述のような認識と重なるものである。

経済のグローバル化への積極的対応

　国内資本形成が遅れ、民族資本の発展も欠いているベトナムのような後発国にとっては、多国籍企業が主導するグローバル・バリュー・チェーンのガバナンスへの対応は、きわめて困難な課題であり、インフラの未整備、低い生産基盤と技術水準、国際競争力の欠如といった問題を抱えるベトナムのような国は、グローバルな経済統合の動きに対して、慎重であってもおかしくはない。

　しかし、ベトナム共産党は、二一世紀に入って最初の党大会となった二〇〇一年の第九回大会で、ベトナムを世界経済や地域経済に「主導的」に統合させる必要性を強調し、経済のグローバル化に積極的に対処していくことを確認した。これは、それまで米越通商協定の締結やＷＴＯへの加盟をめぐってベトナム共産党内にあった、資本主義的な世界経済へベトナムを結び付けていくことへの危惧を払拭したことを意味していた。

　これ以降、ベトナムの経済統合に対する基本姿勢は、試練もあるが統合に主導的に対応することによって生まれるチャンスのほうが大きいという見方が大勢を占めるようになっている。

　二〇一五年には、ＡＳＥＡＮ経済共同体が発足した。ベトナムを含むＡＳＥＡＮ後発国も、この共同体発足に合わせて多くの関税障壁を廃止したが、自動車などいくつかの品目に関しては一八年までの猶予期間が設けられている。しかし、一五年で五〇％ときわめて高い自動車に対する関税が廃止されたら、まだ幼稚な段階にあるベトナムの自動車産業は輸入車に対抗できず、つぶれてしまうのではないかという議論がある。ＡＳＥＡＮ経済共同体の発足でベトナム産品が十分な競争力を持てるのか、産業集積が一部の国に集中する可能性がある中でベトナムでの産業集積がどこまでできるのかは、ベトナムにとっての大きな試練である。しかし、こうした懸念に関しても、ベトナムがＡＳＥＡＮ内の国際分業で比較優位を発揮できる分野が存在しており、自動車産業だけを見ても、長期的には自由化による効率化が期待できるといった観察が、ベトナム国内でも多い。

　また、ＴＰＰ（環太平洋経済連携協定）にベトナムが積極的姿勢を示したのも、こうした姿勢の延長として理解できよう。二〇一四年のベトナムの輸出額は一五〇〇億ドルあまりだが、TPP加盟効果は二五年までに六八〇億ドルの輸出増加(四五%増)に達し、ベトナムのGDPを一五・五%増加させる効果を持つであろうと予測されている。

今でもベトナムの貿易構造は、中国との貿易の大幅な入超を米国に対する出超でバランスしているが、この対米輸出をTPPでさらに増大させることをベトナムは期待しているわけである。ベトナムの対米主力輸出商品は繊維製品と履物製品だが、これには現在それぞれ七%、一二%の関税がかけられており、TPPでそれが〇になれば、輸出量が飛躍的に拡大するのではと期待されていた。(Nguyễn Anh Tuấn. 2015)

しかし、二〇一七年に発足した米国のトランプ政権がTPP交渉からの離脱を宣言し、ベトナムの対米輸出促進の目論見には障害が生まれたが、ベトナム自身は、TPPに対して前向きな姿勢を維持している。

都市と農村

ベトナムは、この間の経済発展の中で、都市化も急速に進んだ。都市人口の比率は、一九九九年の二三・七%から、二〇〇九年には二九・六%になり、一四年には三三・一%に達している。〇九年から一四年までの、都市、農村を含む全国の年平均人口増加率は一・〇六%であったのに対し、都市人口の増加率は三・三%で、急速な増加を見せている。(Tổng cục Thống kê. 2011. pp.100-101; Nhân Dân. 17-12-2014)

もっとも、この増加には、ハノイ市などの都市の行政区画の拡大によるものも含まれていることは注意しなければならない。

こうした都市化の進展にもかかわらず、ベトナムの現状は、二〇一〇年のアジア全域の平均四二・五%よりも低く、農村の住民が依然、人口の三分の二を占めている。この間、先に見たように農業就業人口は減少しているので、農村人口がそれほど減っていないのは、農村でも農業以外の就業者が増えているためである。「工業化・現代化」を掲げるベトナム政府は、農業・農村自身の「工業化・現代化」を図り、「農業は離れるが、農村は離れない」人を増やすことで、大都市への過度の人口流入を抑制しようとしている。

「農村を離れない」傾向は、農村出身の青年の間でも観察されている。最近のベトナムでは、大都市周辺の工業団地での青年労働力の確保がむずかしくなっている。その一つの要因は、近年、地方でも工業団地の建設が進む中で、大都市周辺の工業団地よりは、出身村からの通勤が可能な工業団地に、実家の農家から通うことを好む若者が増大しているためである。ベトナムでは、工業団地の福利・厚生施設・制度はまだ十分整備されておらず、衣食住や子育ての面で、青年労働者は様々な不安を抱えざるをえない状況に置かれている。この点、実家からの在郷通勤型就労だと、食糧と住居の心配はなく、また子供を両親にあずけることもできる。工業団地の企業の福利厚生の不備を実家農村が補いうる在郷通勤型就労が主である地方の工業団地では、労働争議の発生件数が大都市周辺の住込み型の工業団地よりも少ないという報告もなされている。（藤倉哲郎．2013）

こうした機能を農村の実家が果たしうるのは、自作農としてのそれなりに安定した農業経営が行なわれているからだが、近年では、工業団地の建設や道路整備、農地の集積などで農地を接収され土地なしになる農家が増大するという問題が発生しており、将来的には、実家の農業の担い手が確保できるのかという問題もある。そのような意味では、在郷通勤型就労は、過渡的な意味しか持ち得ないかもしれないが、高度成長の時代には農村青年が大挙離村して大都市に集団就職していった日本などとは異なる展開として注目される。

ベトナム共産党と政府は、食糧の安全保障と社会の安定という角度からも、また国際的競争力を持った重要な輸出の源としても、農業を重視している。依然、ベトナムの基幹産業であり、工業やサービス業ほどには世界経済の変動の影響を受けない安定した分野であり、家族成員への食糧供給能力や、不況時に都市で失業した人々の収容能力を持つ農村の強みを生かした発展を実現しうるかどうかは、ベトナムの経済発展の質にかかわる、大きな課題である。（Vũ Hào Quang chủ biên. 2013）

ベトナムの10人

ダン・ヴァン・グー（Đặng Văn Ngữ　1910~67）

第二次世界大戦中に日本に留学し、その後ベトナム民主共和国の医療で大きな活躍をした医師。一九一〇年フエに生まれ、フランス植民地時代にハノイのインドシナ大学医学校を卒業し、寄生虫の研究で頭角を現した。四三年に、南方特別留学生として日本に渡り、東京大学の伝染病研究所（現在の医科学研究所）で寄生虫やカビの研究に従事した。四五年には在日ベトナム人協会の会長もつとめた。

四九年に、抗仏戦争中の祖国への帰国を決意し、ペニシリンの培養器などを持って、バンコクから、チュオンソン山脈を越えてベトナムに戻り、越北地方のベトミン支配区で、抗戦医科大学の建設に参加した。持ち帰ったペニシリンは、傷病兵の治療に大きな役割を果たした。

一九五五年には、ホー・チ・ミンによって四五名の学者に教授の称号がおくられたが、ダン・ヴァン・グーはその一人となった。

グーはその後、三つの領域で顕著な活躍をしている。第一は「ペニシリン液剤」の開発で、これは六七年には抗米戦争の激戦地の手術センターに配備され、多くの負傷兵を死亡や手足切断の危機から救った。第二はマラリアの撲滅で、ベトナム北部でのマラリア感染源となっている蚊を特定し、その駆除に大きな役割を果たした。第三は寄生虫の研究で、六五年には『ベトナム民主共和国の寄生虫学の一五年』という本を刊行している。

六七年、グーは南部の戦場で兵士を苦しめているマラリアの実情を調査するため、南の戦場に赴いたが、故郷に近いトゥアティエン＝フエの山中でB52の爆撃にあい、同年四月一日に死亡した。二〇年後、たきぎを拾いに来た人によって偶然、グーの遺体の埋葬地が発見された。

ダン・ヴァン・グー。

9 隣人との関係

今日でもカンボジア人民党、ラオス人民革命党という、五〇年代に誕生したインドシナ共産党の後継政党が、カンボジアとラオスの政権政党である。この現実は、「戦場の友」の連携が、この地域の現代史で持った重みを示しているとも言え、ベトナムとの善隣関係を支える一要素になっていると言ってもいいだろう。

北方・西方・南方

「４歴史　先史からベトナム民主共和国独立まで」で見たように、ベトナム人の国家は、現在のベトナム北部および中部の北方を版図として形成され、その後「南進」と呼ばれる、インドシナ半島の海岸平野沿いの南への進出を行ない、一八世紀にはメコンデルタに進出し、一九世紀初頭に阮《グエン》朝が成立した時には、ほぼ現在の版図に近い支配を形成した。このベトナム人国家の発展の過程で、インドシナ半島の周辺の隣人との関係を拡大していった。「南国」＝南の中華帝国という自意識を持ったベトナムは、建前としては、中国と自らの関係を対等の「邦交」関係とする一方、中華文明を共有していないインドシナ半島の隣人を「蛮夷」とし、自らとは一段劣る存在とみなしていた。しかし、ベトナムの周辺との関係は、「北方」「西方」「南方」で、かなり相違するものになった。このことを、一八世紀の阮氏政権の武将だった阮居貞（グエン・クー・チン Nguyễn Cư Trinh）は、「西方に進む道なく、北部は行き難し、南方の道はそれを見るに遠からず」と述べている。

まず「北方」は、ベトナムにとっては巨大な隣人である中国が存在しており、ここがベトナムの領土的発展の対象になりえないことは明白だった。むしろ、ここでは、ベトナムの存否を脅かしかねない中国に対して、どう自らを守りぬくのかが問題だった。この「北方」に対しては、ベトナム人の境界意識は鮮明で、ベトナムの生命線となる境界が厳然と存在するとみなされてきた。実際にも、ベトナムの自立間もない一一世紀から、ベトナムは中国との間で、陸上の境界を定め、この地に居住するタイ系の少数民族の部落への管轄権が、ベトナムと中国のどちらに属するかを定める交渉が行なわれてきた。この地域での中国との国境交渉の中で、ベトナムの版図を少しでも削るような譲歩を行なったベトナムの為政者は、ベトナムの歴史書で厳しい批判の的となった。一九世紀阮朝の法令集である『大南会典事例』で、国境取り締まりに関する条項が存在するのは、中国と境を接する北方だけだった。

中国と国境を接する越北地方は、タイ系の少数民族の居住空間だったが、この越北地方のタイ系の土侯が協力的になるよう、ベトナムの王朝は積極的な施策を展開した。一七世紀の後半には、ベトナムの王朝に忠誠を誓い、ベトナム人との結びつきを自らの権威確立の源泉とする「藩臣」と呼ばれる土侯が登場し、それは一九世紀の阮朝時代には「土司」と呼ばれるようになった。越北地方には、かなりベトナム化が進んだ「土司」の支配下にあるタイ系住民が存在するようになり、これらの人々はフランス植民地時代には「土司族」ないしは「土族《トー》」という少数民族として扱われるようになり、それが今日のタイー族につながっている。

　これに対して西方は、インドシナ半島の脊梁山脈であるチュオンソン山脈が走る山岳地帯で、平地民であるベトナム人の生活空間の拡大対象とはならなかった。チュオンソン山脈を越えたメコン中流域には、一四世紀にはタイ系のラーオ人によるラーンサーン王国が形成される。一五世紀に明の支配からベトナムの独立を回復した黎《レ》利《ロイ》のラムソン蜂起は、タインホアの山岳地帯から起きたが、ラーンサーン王国はこれを支援する姿勢をとった。しかし、この黎《レ》朝とラーンサーンの協調は長続きはしなかった。

　今日のベトナム北部のラオスとの国境地帯にある西北地方は、ラーオ人と同じくタイ系のターイ族の居住空間だったが、ここでのラーンサーン王国の影響が大きくなることを警戒した黎朝の聖宗洪徳《ホンドゥック》帝は、一四七九年にラーンサーン王国に対する大規模な攻撃を行なう。これは一八世紀までの時期では例外的な西方山岳地帯へのベトナムの大規模出兵だった。

　この出兵以降、西北地方は一応ベトナムの版図に組み込まれるが、ベトナムの王朝の支配は緩やかで、ターイ族の土侯は、ベトナムの王朝だけでなくラーンサーン王国への朝貢関係も維持した。西北地方には、越北地方の「藩臣」「土司」のような、ベトナム化した土侯は出現せず、この地方のターイ族の間には、ほとんどベトナム文化の影響は浸透しなかった。

　ベトナムの王朝の「西方」への関与が、「北方」とは大きく異なることを示す出来事がある。今日のラオスのシエンクアンは、一五世紀の黎朝の聖宗の出兵の折に、鎮《チャン》寧《ニン》府という名でベトナムの版図に組み込まれた。この地は、一八世紀には実質上ベトナムの支配は及ばなくなっていたが、一九世紀の初めに、阮朝の嘉隆《ザーロン》帝は、この鎮寧府を、ラーンサーン王国の分裂で生まれたビエンチャン王国に与えるという措置をとった。西山《タイソン》朝との抗争で、嘉隆は、一七九九年に臣下を「上道将軍」(上道＝山岳道路)としてビエンチャン王国に派遣し、その協力を得て西からベトナム中部のゲアンの西山軍を攻撃し、西山朝の勢力を南北に分断して、西山朝の早期崩壊をもたらすことになった。嘉隆は、このビエンチャン王国の協力への見返りとして、鎮寧を与えたのである。

このようなベトナムからの自発的領土の割譲は、「北方」＝対中国関係では、ありえない行動であり、「西方」に対しては、ベトナムは版図拡大にはあまり執着を持っていなかったことを示している。ただし、「西方」は、ベトナムにとって意味のない地域だったというわけではない。ベトナムが「南進」によって、その国土を南北に細長く伸ばすようになると、西からの攻撃があると容易に南北に分断される危険性が生まれる。こうしたベトナムにとっては、戦時には「西方」に同盟者を確保して置くことが重要になる。嘉隆はこれを「吾上道の藩塀」と呼んだ。

阮居貞《グエン・クー・チン》が「それを見るに遠からず」とした「南方」は、

写真9-1　メコンデルタのクメール寺院。(2013年。筆者撮影)

「南進」という領土拡大の対象となった。現在のベトナム中部に存在していたチャンパ王国は、一五世紀以降本格化するベトナムの「南進」で、衰退・滅亡に追い込まれた。ベトナムの「南進」は、一八世紀にはクメール人の居住空間だったメコンデルタに到達した(写真9-1)。

これら「南進」の対象となった平野地帯に対しては、ベトナムは、明らかにベトナム人の居住空間を拡大するだけでなく、そこをベトナムの排他的な領域として版図に組み込む意思を持っていた。

ベトナム版小中華帝国の試み

このメコンデルタまで拡大し、南北に細長くのびた版図を、最初に本格的に統治した一九世紀の阮朝は、ヨーロッパ勢力の侵入やシャム（現在のタイ）の大国としての台頭という新しい事態を前にして、インドシナ半島に自らにとって好ましい秩序を形成しようと試みた。

一八世紀末に成立したチャクリー朝、一九世紀初頭に成立した阮朝の台頭で、インドシナ半島では、シャムとベトナムの勢力が台頭し、カンボジア、ラオスはその狭間にあって国力が衰退して、カンボジア、ラオスをめぐるシャムとベトナムの覇権争いが激化した。

ビルマに進出したイギリスは、一八二七年、その艦隊がバンコクを威嚇した。当時、シャムの属国と化していたラオスのビエンチャン王国のアヌウォンは、シャムに叛旗を翻し、ベトナムに支援を求めたため、ベトナム＝シャム関係が緊張した。当時、阮《グエン》朝の明命《ミンマン》帝は、新しい版図であるメコンデルタの統合に腐心しており、シャムと覇権を争っていたカンボジアを、ベトナムの影響下に組み込む必要を感じていた。カンボジアは、一九世紀に入ると東のベトナムでの阮朝の成立、西のシャムでのチャクリー朝の興隆に圧倒され、その覇権争いの舞台になっていた。明命は、一八三五年にはカンボジアに鎮西府を置き、ベトナムの支配下に組み込む試みを開始した。ここで明命は、ベトナム式の府県という行政単位を設け、ベトナム人官吏を派遣し、カンボジア人官吏にもベトナム式の職名をつけ、衣服や言語もベトナムにならうことを強要し、南方上座部仏教の寺院を破壊して儒教の廟を建てるなど、徹底した同化策を実施した（写真9－2）。

明命は、同じ時期に西北地方で、現地の少数民族土侯

写真9-2 明命帝。

の支配から、平野部から派遣された官吏による支配へ切り替える「改土帰流」を実施し、さらにはラオスをめぐるシャムとの覇権争いの対抗策として、現在のラオスの地に、鎮蛮府（サムヌア）、鎮寧府（シエンクアン）、鎮定府（カムムアン）、鎮辺府（シエンクアン北部）、鎮靖府・楽辺府（サワンナケート）という六つの府を置き、ベトナムの支配に組み込んだ。これらは「羈縻《きび》州」と呼ばれ、間接統治がカンボジアに導入された同化政策は実施されず、試みられた。

インドシナ半島でベトナムが小中華帝国として覇を唱えるという明命の試みは、ベトナムが、シャムと比べて圧倒的な国力を持っていたわけではない状況では、限界に直面せざるをえなかった。カンボジア経営は、クメール人の抵抗やシャムとの戦争で行き詰まり、一八四七年には、カンボジアを以前のようにシャムとベトナム両王朝に朝貢する緩衝国とするという妥協を迫られた。ラオスに置かれた「羈縻州」も実効統治とはほど遠い状況だった。インドシナ半島における好ましい秩序の形成という課題は未完のまま、ベトナムはフランスの植民地支配に組み込まれることになった。

フランス領インドシナ

フランス領インドシナは、帝国主義による世界分割の一環として、大陸部東南アジアにおけるフランスとイギリスの勢力圏の確定の中で形成されたもので、ベトナム、カンボジア、ラオスを包摂して形成された。このインドシナという支配の枠組みは、歴史上、かつて統一的な政治権力を戴いたことがない、文明的にもきわめて異質な社会を包含して成立した。中華世界の一員だったベトナムは、いわゆる「インド化」した東南アジアの一員であったカンボジア、ラオスとともに、単一の支配の枠組みのもとに編入された。

もっともフランス領インドシナは、一面では、インドシナ半島で未完だったベトナム版小中華帝国を、ベトナムに代わってフランスがつくりあげたという側面を持っていた。フランスは、シャムやその背後にいたイギリスに対して、ラオスにおける自らの宗主権を正当化する際に、メコン以東に阮《グエン》朝ベトナムが持っていた宗主権の継承という論理を活用した。もっともこのフランスの主張は、きわめて御都合主義的なもので、カンボジアやラオスに対しては、フランスは自らをシャムおよびベトナムの脅威からの「保護者」と描き出すことで、両国をフランスの保護下においた。植民地支配がインドシナを枠組みとして形成されたことは、その後の歴史の展開に大きな影響を与えた。フランスの支配に対抗するベトナム人の反植民地主義勢力にとっては、カンボジア、ラオスという「異質な隣人」との連携が不可欠な課題となったが、それは困難な課題だった。

フランスは、インドシナの統治にあたって「ベトナム人中心主義」を採用した。インドシナ規模で整備された総督府の植民地官僚機構の中では、フランス人に次いでもっぱら登用されたのはベトナム人だった。これは、ベトナム人が、インドシナという規模で見ても、その総人口の七割以上を占める多数民族だったという量的理由からだけでなく、ベトナムが科挙官僚制度という高度の官僚制の伝統を持っていたことにもよるものと思われる。官吏だけでなく、プランテーションや鉱山の開発などの労働者の主要な供給源もベトナム人だった。そのため、カンボジアやラオスにおいては、都市部を中心としてベトナム人＝越僑社会が形成されることになった。その人口は、一九三六年の数字で、カンボジアで一九万一〇〇〇人（総人口の六・二％）、ラオスで二万七〇〇〇人（総人口の二・六％）に達した。このような構造は、フランス植民地主義に対抗するベトナム人、カンボジア人、ラオス人の連携に、困難な状況をつくりだしていた。反植民地ナショナリズムの担い手として、世界各地で大きな役割を果たすのは、官吏養成の必要から植民地宗主国が導入した近代的高等教育を受けた知識人だったが、インドシナでは、こうした知識人の大半がベトナム人だった。インドシナで唯一の大学であるインドシナ大学は、ハノイにつくられたが、その一九三七〜三八年の学生の民族構成を見ると、ベトナム人学生が五四七人だったのに対して、カンボジア人は四人、ラオス人は二人しかいなかった。近代教育機関は、ベトナム人を、カンボジア人やラオス人と結びつける機能を、あまり果たさなかった。フランスが、カンボジア人やラオス人の間での近代教育の普及に関心を示さない状況のもとで、カンボジアやラオスでは、知識人の層が薄く、しかもその大半は王族や南方上座部仏教の僧侶という伝統的知識人が占めていた。これは、カンボジア人やラオス人の間での近代的ナショナリズムの形成を遅らせ、ベトナム人との結びつきも希薄なものとさせた。

さらに、カンボジアやラオスで、官吏、労働者、商人の間でベトナム人が有力な地位を占めたことは、他の東南アジアの「複合社会」状況で華僑がしばしばそうであったように、カンボジア人やラオス人の植民地支配に対する不満が、もっぱらベトナム人を標的にして噴出するという構造をつくりだしていた。一九三〇年代から第二次大戦中にようやく形成されたカンボジア人やラオス人のナショナリズム運動は、「反ベトナム人」という側面を少なからず有していた。

こうした中で、フランス植民地時代に、ベトナム人がインドシナという枠組みをどのように再解釈していったのか、インドシナ共産党という名称を採用して、カンボジア人やラオス人との連携という課題をベトナム人の政治運動としては初めて明示したベトナム人共産主義者の試みが、どのような困難に直面したのかは、「**4歴史先史からベトナム民主共和国独立まで**」の「ベトナム人のインドシナ再解釈」の項で言及したとおりである。

「戦場の友」としての結合

ベトナム人の政治運動が、カンボジア人やラオス人の運動と本格的な提携関係を築くのは、第二次世界大戦後の、フランスの復帰に対する抵抗戦争＝インドシナ戦争の時だった。フランスの復帰に対して、カンボジアとラオスの王国政府はこれを容認する立場をとったが、カンボジア人やラオス人の間にはフランスの復帰と戦うことを標榜する抵抗運動も存在した。これが、クメール・イサラク（Khmer Issarak）、ラオ・イサラ（Lao Issara）と呼ばれた運動で、インドシナ戦争の初期には、これらの運動は次のような特徴を持っていた。

まず第一に、両運動とも、フランスの復帰に反対すること以外には明確な綱領を持たない、様々な政治傾向を持つ反仏グループの連合体だった。第二に、両運動ともに、タイの「自由タイ運動」と密接な関係を持っていた。自由タイ運動は大戦中の抗日組織だったが、大戦直後の一九四五年八月から四七年一一月まで、タイの政権を掌握していた。この時期のカンボジア人やラオス人の政治運動では、伝統的知識人である仏教僧が大きな役割を果たしていたが、彼らは、南方上座部仏教という同一の文明圏を共有するタイと密接な関係を持っており、第二次大戦中にフランス当局の弾圧を逃れてタイへ行き、そこで自由タイ運動と結びついた人がかなり生まれた。イサラク、イサラは「自由」という意味であり、クメール・イサラク、ラオ・イサラは、その名称が示すとおり、自由タイ運動の影響のもとに成立した運動であり、当初はバンコクに本拠を置いていた。

第三に、両運動にとってベトナムはフランスに対する抵抗を考えれば重要な連携の対象だったが、四七年までの時期にはベトナム民主共和国に両運動に系統的支援を行なう余力はなく、ベトナム人共産主義者による協力態勢の構築も、もっぱらタイを基盤として展開されていた。

こうした中で、四七年九月には、自由タイ運動の指導者のプリディ・パノムヨン（Pridi Phanomyoug）と、在タイのベトナム人共産主義者の代表チャン・ヴァン・ザウが中心になり、ラオ・イサラの指導者だったスパーヌウォン殿下（Souphanouvong 1909~95）を事務局長として結成された、植民地主義に抵抗する東南アジア諸国の協力のための組織として「東南アジア連盟」（Southeast Asian League）が結成された。

スパーヌウォンはラオスの王族で、ハノイのリセ（高等学校）で勉強した後、フランスに留学し、インドシナに戻ってからはベトナム中部で土木技師として勤務し、ここでベトミンと接触を持った。

いまひとり、その後のラオス人の共産主義運動で大きな役割を果たしたカイソーン・ポムヴィハーン（Kaysone Phomvihan 1920~92）は、ラオスのサワンナケートで植民地政権の官吏として働いていたベトナム人の父と、ラオス人の母のもとに生まれ、四二年にハノイのインドシナ大学の法学部の学生だった時に学生運動に参加し、そこで

写真9-3　カイソーン・ポムヴィハーン。

ベトミンとの関係を持っている(写真9－3)。

彼らは、フランスが形成したインドシナの支配の装置の中でベトナム人の政治運動と結びつく機会を持った、例外的な存在だった。フランス製のインドシナという枠組みは、ベトナム人・カンボジア人・ラオス人を結びつける契機をあまり強くは持っておらず、三者の連携が促進されるには、別の契機が必要だった。

四七年一一月に自由タイ政権が崩壊し、その後に成立したピブン(Pibun Songkhram)政権は、冷戦構造のもとで反共産主義を鮮明にし、インドシナの対仏抵抗戦争支援に消極的な姿勢をとった。そのため、四八年以降は、ベトナムが、カンボジア人やラオス人の抵抗運動の唯一の支援者となった。

この構造のもとで、それまではベトナム人との接点があまりない遍歴をしていた人々が、「戦場」でベトナム人と出会い、それとの連携を求めていったのである。初期のカンボジアの共産主義運動の指導者には、仏教僧としての遍歴を経て、「戦場」でベトナム人と結びついていった人物が多かった。ただし、ベトナムでは、共産主義者がベトナム・ナショナリズムの代表者となったのに対して、カンボジア、ラオスでは、ベトナム人との連携を主張する共産主義者がナショナリズムの代表者としての地位を占めるのは困難で、ベトナム人の「戦場の友」になるという道を選択したのは反仏勢力の一部に限定された。

フランスとの戦争の中で、ベトナム人共産主義者は、インドシナが「単一の戦場」であり、カンボジア・ラオスの帰趨がベトナムにも大きく影響するという認識を持つようになっていた。ベトナムの軍事指導者ヴォー・グエン・ザップは、四八年に、「ライン川がイギリスにとっての第一防御線であるように、メコン川はベトナムにとっての第一防御線である」と発言しているが、「インドシナ＝単一の戦場」論を、より体系的に述べたのは、当時のインドシナ共産党の書記長だったチュオン・チンだった。彼は、次のように述べている。

「この抗仏戦争においては、インドシナは単一の戦場である。総反攻の戦略には、ベトナム、ラオス、カンボジアすべてが含まれる。総反攻の任務は、ベトナムから敵を一掃するだけでなく、ラオスとカンボジアをもすべて解放しなければならない。なぜならば地理的政治的関係によって、ベトナム、カンボジア、ラオス三国家はきわめて密接に結びついているからである。ラオスとカンボジアが解放されることとなくしては、ベトナムの独立も保障されないし、ベトナムの抗戦の勝利なくしては、ラオスとカンボジアは完全な独立を達成しえない。…総反攻の段階においては、われわれはまずベトナムの戦場に決着をつけ、ひと休みしてから引き続きインドシナの解放にあたるというわけにはいかない。ベトナムの戦場全部ではまだ決着がついていなくとも、インドシナの戦場全体の一部の決着をつけなければならないことがありうるのである。」

この「インドシナ＝単一の戦場」論は、カンボジアとラオスが、現在は「敵の人力、食糧、原料の貯蔵庫であり、ベトナムで敗北した時に敵が逃げ込む先になる可能性がある」地域だが、逆に、「敵の最も手薄な二つの戦線」であり、抗戦側の努力次第では、大きく情勢を転換できる可能性をはらんでおり、そこでの軍事情勢の転換が、「単一の戦場」としてのインドシナ全体の局面の変化と、「主戦場」であるベトナムでの情勢の変化に結びつくことがありうるとする考え方だった。

この「インドシナ＝単一の戦場」論は、「**5独立ベトナムの歩み　I戦争の時代**」で言及したように、抗仏戦争の勝利が五三〜五四年のラオスの情勢の変化によってもたらされ、抗米戦争の勝利が七〇〜七五年のカンボジア情勢の変化によってもたらされたという事実によって、実証されることになる。そのことは、ベトナムの安全保障にとってのカンボジア、ラオスの重要性を、ベトナムの為政者に強く印象づけることになった。

この「インドシナ＝単一の戦場」論が有効に機能するためには不可欠の、ベトナム人・カンボジア人・ラオス人の連携を進める装置が、三国の共産主義政党と軍隊であった。インドシナ共産党は、五一年にベトナム・カンボジア・ラオスの三党に分離されることになった。この三党は、インドシナ共産党のような、党員の民族的構成を問うことなく、インドシナという一定の地域を管轄することを任務とした「地域共産党」ではなく、それぞれが、ベトナム人の党、カンボジア人の党、ラオス人の党という性格を持つ「民族共産党」として構想された。この点では、インドシナの連帯を、ベトナム・カンボジア・ラオスという三つの国民国家の枠組みを前提として構築するという考えを、共産主義者の党のあり方にも反映させたのが、この三党分離だった。

こうして、クメール人民革命党、ラオス人民党が誕生したが、五四年当時でその党員数は、前者が一一〇〇〜一八六二人、後者が正式党員、候補党員含めて九〇〇人と、ごく少数だった。このカンボジア人とラオス人の党の名称は、コミンテルン時代に、資本主義の発展がまだ見られない「いっそう遅れた諸国」の革命として定式化された「人民革命」という概念に由来するものだった。こうした「人民革命」には、「先進国プロレタリアートの援助」が不可欠とされていたが、インドシナの状況からすれば、ベトナムからの「援助」が不可欠の党という意味を含んでいた。

独立した国の党という性格と、ベトナムからの「援助」が不可欠という性格には矛盾があり、カンボジアやラオスの党に、ベトナムからの自立を求める傾向が生ずることは避けられなかった。六三年に開催されたカンボジア人民革命党（クメール人民革命党から改称）の大会では、ベトナムとの接点が薄い、フランス帰りのポル・ポトを中心とするグループが優勢を占め、党名をカンボジア共産党に変更した。この党名変更は、明らかにベトナムからの自立という意思が含まれていた。

ベトナムからすれば、カンボジアやラオスの党が、ナショナリズムを強調して、ベトナムの党との関係が悪化しても困るが、かといって、それが「ベトナムの手先」とみなされ、カンボジアやラオスの国内政治で大きな役割を果たせなくなってしまっても困るという、ディレンマに直面することになった。左派が国内政治で一定の地位を占めたラオスの場合は、ベトナムの党との関係は概ね良好だったが、左派が孤立し大きな役割を発揮できない状況が六〇年代に存在したカンボジアの場合は、ベトナムの党との関係はぎくしゃくしていた。

ベトナムは、三党がインドシナ共産党から生まれたという歴史と、「戦場の友」の党という性格を共有していることを、インドシナ三国の「特別な関係」の主軸をなすものと考えるようになった。ベトナム戦争が、カンボジアとラオスにも波及するという展開の中で、この「特殊な関係」がはらんでいた問題は一時的に隠蔽され、ベトナムの党とポル・ポト派が中心となったカンボジアの党も「戦場の友」として連携して現実政治を左右する力を発揮するようになり、七五年には、インドシナ三国で共産主義者が権力を掌握することになった。

ベトナム戦争後のカンボジア紛争

しかし、七五年以降、ベトナムとカンボジアの関係は、急速に悪化していった。カンボジアでポル・ポト（写真9－4）が試みたことは、ベトナムとの「戦場の友」という要素を一掃することだったが、これは、国内での粛清とベトナムとの関係悪化をもたらした。このポル・ポト政権を中国が支援したことは、南北統一を達成したばかりのベトナムにとっては、深刻な安全保障上の脅威だった。

写真9-4　ポル・ポト。

ベトナムは、反ポル・ポト派のカンボジア人勢力を支援して、七九年一月にはカンボジアに進攻し、ポル・ポト派をタイとの国境地帯に追いやった（写真9－5）。このベトナムの行動は、国際的には「侵略」という非難を受け、ベトナムの国際的孤立の一因になるが、ベトナムの人々の間では、この軍事行動自体は、国境地帯での戦争を引き起こしたのはポル・ポトの側だったこと、カンボジアの多くの人々がポル・ポトによる虐殺の脅威にさらされていたことなどから、やむをえない行動だったとする人が多い。

しかし、その後、一〇年間にわたりベトナム軍がカンボジアにとどまり続けたことに関しては、評価が分かれている。このカンボジア駐留は、ベトナムの国際的孤立

写真9-5　プノンペンにある1979年のベトナム進攻への感謝の碑。（2012年。筆者撮影）

を長引かせただけでなく、駐留の間に、ポル・ポト派やその他の反ベトナム勢力のゲリラ戦で、ベトナム軍は五万人以上の犠牲者を出し、結局はカンボジア人から見て「恩人」であったはずが、「歴史的仇敵」という思いを再生させてしまったという意見もある。

さて、カンボジアのヘン・サムリン（Heng Samurin 1934〜）政権を擁立したベトナムは、ラオスを含む「インドシナ三国の戦闘的連帯」を強調した。しかし、インドシナという枠組みでの「連帯」は、三国の中での圧倒的大国であるベトナムを中心としたものにならざるをえず、そのこと自体がカンボジア人やラオス人の反発を招き、「連帯」維持が高くつくということを、ベトナムに痛感させた面があったように思われる。

八九年にカンボジアから撤退し、九一年にカンボジアに関する和平協定が成立して以降も、ベトナムは、ラオス、カンボジアとの関係を、ベトナムの安全保障にとって重要な位置を持つものと考えてはいるが、八〇年代までのような「インドシナ半島の兄弟国」という論理はとらなくなっている。比較的関係が安定しているラオスとの関係では、「特別な関係」という言葉が使用されているが、カンボジアとは王国の復活以降は、「特別な関係」という用語は使用されなくなり、「伝統的友好関係、全面的協力関係」という、善隣関係の論理が強調されるようになっている。

ベトナム、ラオス、カンボジア三国がＡＳＥＡＮの加盟国になって以降は、三国関係も、ミャンマーも含めたＡＳＥＡＮ内の後発国の連携という、ＡＳＥＡＮという枠組みの中での協力強化という位置づけが強調されるようになっている。インドシナではなく、東南アジアの中での協力という形は、ベトナムの大国ぶりを相対化する意味があり、当事者にとってより受け入れやすいものになっているように思われる。

九〇年代以降のベトナムとカンボジアおよびラオスとの関係は、善隣友好関係という点では安定している。もっとも、中国が大国として台頭し、援助供与国として重みを増すようになる二一世紀になると、カンボジア、ラオスに対する中国からの援助が増大し、南シナ海問題などで中国と対立する面があるベトナムと、ＡＳＥＡＮの会議での歩調が合わなくなり、特にカンボジアは、南シナ海問題で中国を刺激するようなことはＡＳＥＡＮとし

写真9-6　カンボジアのカンボジア＝ラオス＝ベトナム経済協力発展協会とベトナムのベトナム＝ラオス＝カンボジア経済協力発展協会が共催して2016年12月にプノンペンで開催された「第7回メコンフォーラム」。

てすべきでないと公然と主張して、ベトナムの怒りを買っている面がある。

今日でもカンボジア人民党、ラオス人民革命党という、五〇年代に誕生した党の後継政党が、カンボジアとラオスの政権政党である。この現実は、「戦場の友」の連携が、この地域の現代史で持った重みを示しているとも言え、ベトナムとの善隣関係を支える一要素になっていると言ってもいいだろう。

もっとも、フン・セン（Hun Sen 1952〜）率いるカンボジア人民党は、社会主義を放棄し、インドシナ共産党の後継政党であることを否定するようになっており、かつ近年はＡＳＥＡＮの舞台で親中国の姿勢を強めている。「戦場の友」という歴史の蓄積よりは、地政学的関係のほうが優位を占めているようにも見える事態だが、ベトナムにとっては、カンボジアの反人民党野党は、より反ベトナム的な傾向が強く、その点では、人民党政権のほうが「よりまし」という面がある。

戦争が大きく作用してきたベトナム・カンボジア・ラオスの関係だが、平和と経済発展の時代になって、どのような相互関係を築いていくのか、今後が注目される。

ベトナムの10人

ヴー・ディン・ホエ（Vũ Đình Hoè　1912~2011）

ベトナム民主共和国の初代国民教育相をつとめた法律家。北部ハイズオン省の出身。植民地時代のインドシナ大学の法科大学を卒業したが、植民地政権の官吏にはならず、ハノイの有名な私学で教鞭をとった。

第二次世界大戦期には、ハノイで『タインギ』という雑誌を主宰した。『タインギ』は、植民地支配に批判的な当時のハノイの有力な知識人を結集した雑誌だった。一九四五年三月、日本による仏印処理後、バオダイ帝が「独立」を宣言すると、ホエら『タインギ』誌の知識人の多くは、この日本から付与された「独立」を利用して実力を蓄え、大戦後のフランスの復帰と闘う実力を養成しようと考え、誕生したチャン・チョン・キム政権を支持して「新ベトナム会」という政治結社を組織し、ホエがその代表になり、『タインギ』誌の知識人からはキム内閣に入閣する者も出た。しかし、その後、キム政権は、折から発生していた飢饉に有効に対処できないなど、日本に容認された政府としての限界が見えてきた。四五年の夏、多くの『タインギ』誌の知識人はベトミンに加わる。ホエも、七月にはベトミンを構成する民主党に参加した。

初期のベトナム民主共和国は、こうしたキム政権に協力した経験を持つ知識人にも寛容で、ホエも、初代の国民教育相に任命された。ホエは八月革命に至る時期のベトミンとの関係を「異見同心」（意見は違うが心＝目的は同じ）としている。その後、ホエは司法相に任命された。

五〇年代以降、ベトナムがソ連＝中国式の国造りをめざすようになると、司法省も廃止され、ホエの政治の舞台での活躍の機会はなくなった。ホエが八月革命前の時期の自らの立場を肯定的に描いた回想録を刊行できたのは、ドイモイが開始されてからのことだった。

ヴー・ディン・ホエ。

10 日本とベトナム

日本とベトナムの関係は、日本人とベトナム人が閉鎖的に形成する関係である必要はない。むしろ、過去に日本とベトナムの関係が最も発展した一七世紀の歴史に学ぶならば、多様な担い手が参入できる「開かれた関係」であるほど、発展が期待できるのではなかろうか。

歴史の中の日越交流

日本とベトナムは長い交流の歴史を持っている。七五二年に奈良の東大寺の大仏殿ができた時に行なわれた式典には、ベトナムの中部にあった林邑《りんゆう》——のちのチャンパから仏哲《ぶってつ》という名の僧侶が参加し、林邑の音楽を演奏したという記録が残っている。この林邑の音楽は、その後日本の宮中の雅楽に大きな影響を与え、日本の宮廷の雅楽には林邑楽と呼ばれる曲が伝えられている。

同じ八世紀、日本人の阿倍仲麻呂は遣唐留学生として唐の時代の中国にわたり、唐の役人になった。当時、唐は、安南都護府を置いて、今日のベトナムの北部と中部北方を支配していたが、唐の代宗の時期に、阿倍仲麻呂は安南都護府の長官である都護としてベトナムに赴任した。近年のハノイのタンロン城址の発掘調査で、唐の安南都護府もハノイに置かれていたことが判明している。阿倍仲麻呂は、ハノイの土を踏んだ最初の日本人ということになろう。

ベトナムが一〇世紀に独立を達成して以降、東アジアで中国という大国の周辺にある国家として、日本とベトナムが共通の糸で結ばれていることを示す出来事があった。それは一三世紀に、アジア大陸に蒙古——元という強国が出現した時の話である。元は一二七四年と一二八一年の二回にわたり日本にも大軍を派遣したが、台風に出会ったりして攻撃に失敗する。この元の三回目の日本への攻撃がなかったのは、当時の陳《チャン》朝ベトナムが一二八四～八五年、一二八七～八八年の二回にわたる元の侵攻を撃退したことも影響したと言われている。

日本とベトナムの直接の交流が栄えたのは、東アジアから東南アジアにかけての地域での国際的な貿易が栄えた一七世紀のことだった。一七世紀前半、徳川幕府が公認した朱印船という貿易船を海外に派遣していた。一六〇四年から三五年までの間に記録が残っているだけで三五六隻の朱印船が派遣されているが、そのうち行き先で一番多いのがベトナムで、当時阮《グエン》氏の支配下にあったダンチョンに七五隻、鄭《チン》氏の支配下にあったダンゴアイに四七隻が行っている。

当時の日本の最大の輸入品は生糸で、一時ベトナム産の生糸が当時の日本の唯一の外国との貿易港であった長崎の輸入量の四六％を占めたこともあった。ベトナム中部のホイアンなどに日本町が形成されたのもこの時代である（写真10－1）。

しかし、この日本とベトナムの間の貿易の繁栄は、一世紀は継続しなかった。その後の日本とベトナムの交流は、嵐にあって遭難した日本人漁民がベトナムに漂着したり、逆にベトナム人が日本に漂着したりして、送還されたといった出来事や、ベトナムから象が日本に送られてきたといった出来事だけとなる。

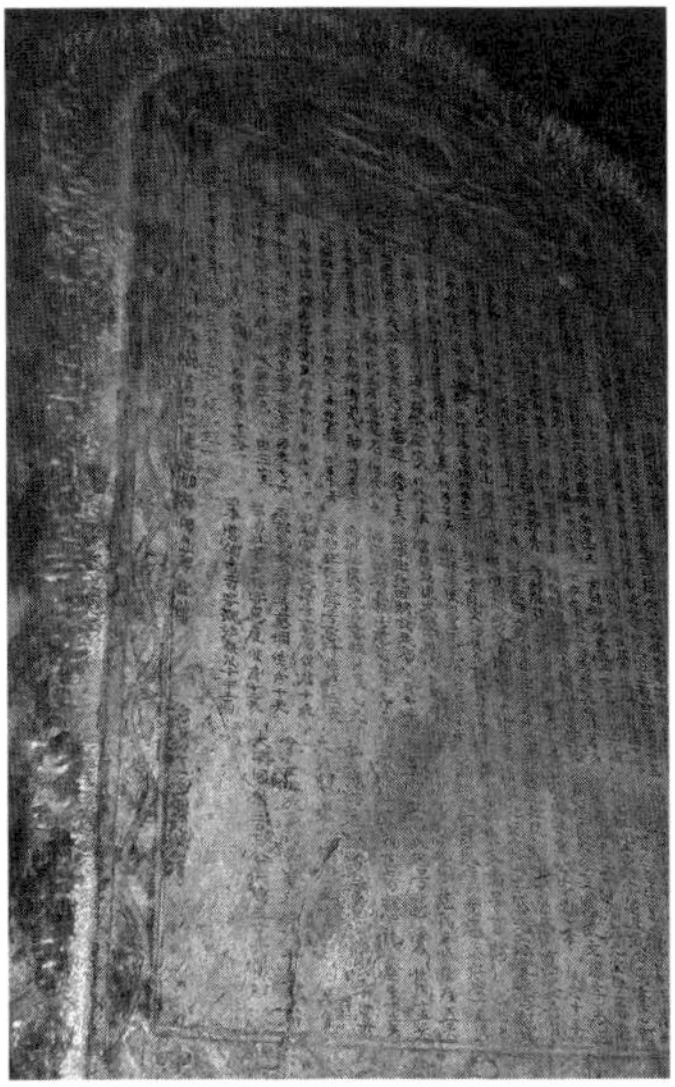

写真10-1　ホイアン五行山の石碑。日本町からの寄進者の名前が刻まれている。（2009年。筆者撮影）

近代日本とベトナム

日本が、明治維新を経て新しい国づくりに着手した一九世紀の後半、ベトナムはフランスによる植民地化の危機に直面していた。西洋列強の圧力を実感していた当時の日本人にとって、同じ漢字文化圏にあったベトナムがフランスの侵略に直面したことは、他人事とは思えなかった。一八八二年にフランスがベトナム北部での軍事行動を本格化すると、当時の日本の新聞や雑誌は、これに対するベトナムの人々の抵抗を、共感をもって報道した。

ベトナムがフランスによる植民地支配に組み込まれてから二〇年あまりたった二〇世紀初頭の一九〇五年、当時のベトナムを代表する愛国者だったファン・ボイ・チャウらは、ベトナム独立運動に対する日本の支援を期待し、日本に青年を密かに送って独立運動の担い手に養成しようとする、東遊《ドンズー》運動と呼ばれる運動を開始した。はじめファン・ボイ・チャウらは、日本からの武器支援など、ベトナムの独立運動への直接的な支援を期待していたが、それがむずかしいことがわかると、ベトナムの独立運動を担う人材の養成を日本で図ることを計画した。フランスに抵抗する人材を養成する試みを、フランスが認めるはずはなく、この東遊運動は、ベトナムから志のある青年を非合法的に日本に送り出すという、参加者にとっては相当の危険が伴う試みだった。にもかかわらず、東遊運動は、最大時には二〇〇名を超えるベトナム青年が日本に来て勉学するという規模に発展した。

東遊運動参加者の留学生活は苦しいものだった。現在、東京の雑司ヶ谷墓地には、陳東風（チャン・ドン・フォン Trần Đông Phong）という一九〇八年に自殺したベトナム青年の墓がある。陳東風はゲアンの裕福な家庭の出身だったが、日本に来て、まわりの仲間が財政面で苦しんでいるのを知って、故郷の親に資金援助を申し出たが、親からの連絡がなく、そのことを悲観して自殺したと言われている。

これに対して、グエン・タイ・バット（Nguyễn Thai Bạt）は、貧しい家庭の出身で、日本へ来てからも工事現場での力仕事などをして学資をかせいでいた。ある日、彼が過労のあまり道端で倒れてしまった時に世話をしたのが、浅羽佐喜太郎という医師で、この出来事以来、浅羽佐喜太郎の東遊運動参加者への支援が始まった。浅羽佐喜太郎は、独立を求めるベトナムの人々に対する当時の日本人の広い共感を代表する人物だった（写真10－2）。

写真10-2　静岡県袋井市の常林寺にある浅羽佐喜太郎記念碑。ファン・ボイ・チャウが佐喜太郎に感謝して1918年に建立した。

しかし国家としての日本のあり方は、一八八〇年代と二〇世紀の初頭では大きく変化していた。この間に日本は日清戦争と日露戦争に勝利し、アジアの小国から欧米列強と肩を並べる強国へと変化していた。国家としての日本は、ベトナムのフランスに対する抵抗に共感するのではなく、アジアを植民地支配していた欧米列強の仲間に入ることを志向するようになっていた。一九〇七年にフランスとの協約を結んだ日本政府は、東遊運動参加者に対する取り締まりを強化し、一九〇九年にはファン・ボイ・チャウも日本を離れざるをえなくなる。

写真10-3　フエ郊外にあるクオンデ侯の墓。（2013年。筆者撮影）

この二〇世紀初頭の東遊運動をめぐって生じた日本とベトナムの間の亀裂は、その後第二次世界大戦までますます広がる方向に歴史は動いた。

ファン・ボイ・チャウが東遊運動の盟主として推戴した、阮《グエン》朝の皇族のクオンデ侯は、東遊運動の崩壊後も日本との関係を保っており、第二次世界大戦が始まり、日本のインドシナへの軍事進出の可能性が出てくると、クオンデの周辺には、日本の支援でフランスからの独立を図ろうとする人々が結集した。しかし、日本が、インドシナでは、アジア太平洋戦争中も長期にわたってフランス植民地政権の存続を容認したこと、ようやくフランスを排除した一九四五年三月の仏印処理後には、政治的混乱を懸念してバオダイ帝を温存したことなどのため、クオンデには帰国して活躍する機会が与えられなかった（写真10－3）。

一九四五年飢饉

日本軍が駐屯していた時期の末期の一九四五年にベトナムの北部一帯で発生した大規模な飢饉は、長い日本とベトナムの交流の歴史の中で、最も悲しむべき出来事だったと言える。この飢饉は、直接的には四四年秋作以降の天候不順が引き金となって発生したが、戦時下での要因が、その被害を甚大なものとした。日本がインドシナに求めた資源の最も重要なものは米だったが、日本からの米供出要求に応えるとともに、いずれは日本と対峙することを想定して自らの食糧を確保しようとしたフランス植民地政権は、農民に安価な価格で米の供出を求める強制買い付け制度を実施していた。このために、通常であれば、飢饉などへ対応するために農村に備蓄されていたは

表10-1　ベトナム北部23ヵ村での1945年飢饉の被害状況調査

村落名（45年当時の省名）	村落総人口（人）	餓死者（人）	死亡率（%）
①カーリー（バクザン）	1,300	162	12.46
②ズオンフック（バクニン）	1,473	372	25.25
③ニュオンバン（カオバン）	430	36	8.37
④ラケバック（ハドン）	652	177	27.15
⑤ビンチュン（ハナム）	1,398	638	45.64
⑥コビ（バクニン）	2,401	234	9.75
⑦ゾニャンハー（フクイエン）	580	147	25.34
⑧タイックモン（ハティン）	1,943	215	11.07
⑨ニュティン（ハイズオン）	2,403	351	14.61
⑩チライ（ハイフォン）	329	80	24.32
⑪クアンムック（キエンアン）	2,052	1,206	58.77
⑫イエンクアン（ホアビン）	1,104	207	18.75
⑬フォントン（フンイエン）	792	180	22.73
⑭ドンコイ（ナムディン）	1,395	781	55.99
⑮タイイエン（ニンビン）	494	189	38.26
⑯ランチュン（ゲアン）	869	293	33.72
⑰フォンノン（フート）	523	70	13.38
⑱トーグア（クアンビン）	1,391	600	43.13
⑲カムフォ（クアンチ）	1,237	164	13.26
⑳ブイサー（クアンイエン）	524	382	72.90
㉑ルオンフー（タイビン）	1,379	594	43.07
㉒ドンクアン（タイグエン）	339	66	19.47
㉓トゥフー（タインホア）	1,141	217	19.02

（倉沢愛子編『東南アジア史のなかの日本占領』早稲田大学出版会、1997年）
⑳のブイサーの死亡率は、当時の総人口に対する比率ではなく、餓死者が出た家族の人口の合計に対する率であり、他の死亡率と性格を異にしている。

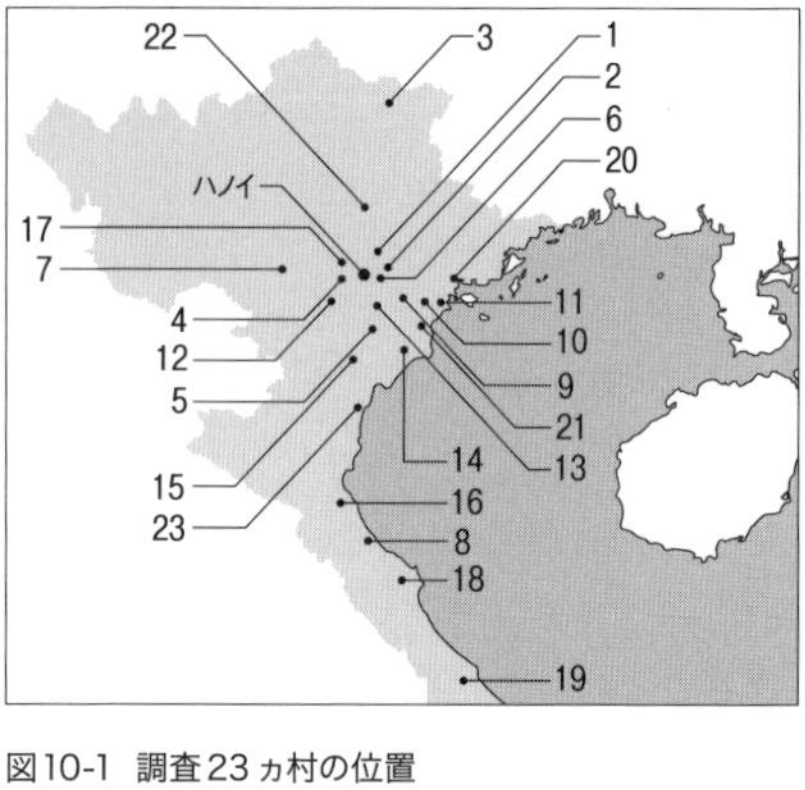

図10-1　調査23ヵ村の位置

ずの米が払底していた。日本が、ジュートなどの繊維性、油性の作物の栽培を奨励したため、飢饉に強い雑穀の栽培も減少していた。ベトナム北部は、通常でも南部からの米の移入に頼っていたが、四五年には、南からの輸送が米軍の爆撃の対象となり、困難になっていた。こうした要因が重なって、ホー・チ・ミンが四五年九月二日に読み上げた独立宣言では、二〇〇万の犠牲者が出たとされる、深刻な飢饉が、ベトナムの北部で発生した。

一九四五年飢饉は、ベトナム人の間では、たいへんな惨禍として記憶されているものの、大戦末期のベトナム政治の大きな変動期に発生したために、その被害を一貫して記録した政治権力が存在せず、その後、ベトナムでは長い間戦乱が続いたこともあって、被害の実態に関する客観的資料が乏しい出来事だった。この飢饉による被害の実態を、村や部落といった「点」でできるだけ正確に復元しようという調査が、日本のベトナム研究者の提案で、筆者を含む日越両国の歴史学者が参加して、一九九二年から九五年にかけて実施された。

具体的には、飢饉が発生した地域で、各省ごとに、四五年当時の総人口、世帯構成、世帯ごとの餓死者の数が、古老へのインタビュー調査などで可能な村（ないし部落）を一つ選び、調査を行なうというやり方で、二三ヵ村（部落を含む）の調査をして、九五年にベトナムの歴史研究所から報告書を刊行した［Văn Tạo, Furuta. 1995］（写真10－4）。二三ヵ村のうち、四五年当時の総人口がほぼ正確に復元できた村は二一あったが、そこでの死者の比率は、八・三七％から五八・七七％で、被害規模に地域的多様性があるものの、きわめて広い範囲で、深刻な被害が出ていることが確認されている［阿曽村邦昭編著. 2013. pp.326-327；古田元夫. 2015. pp.27-28］。

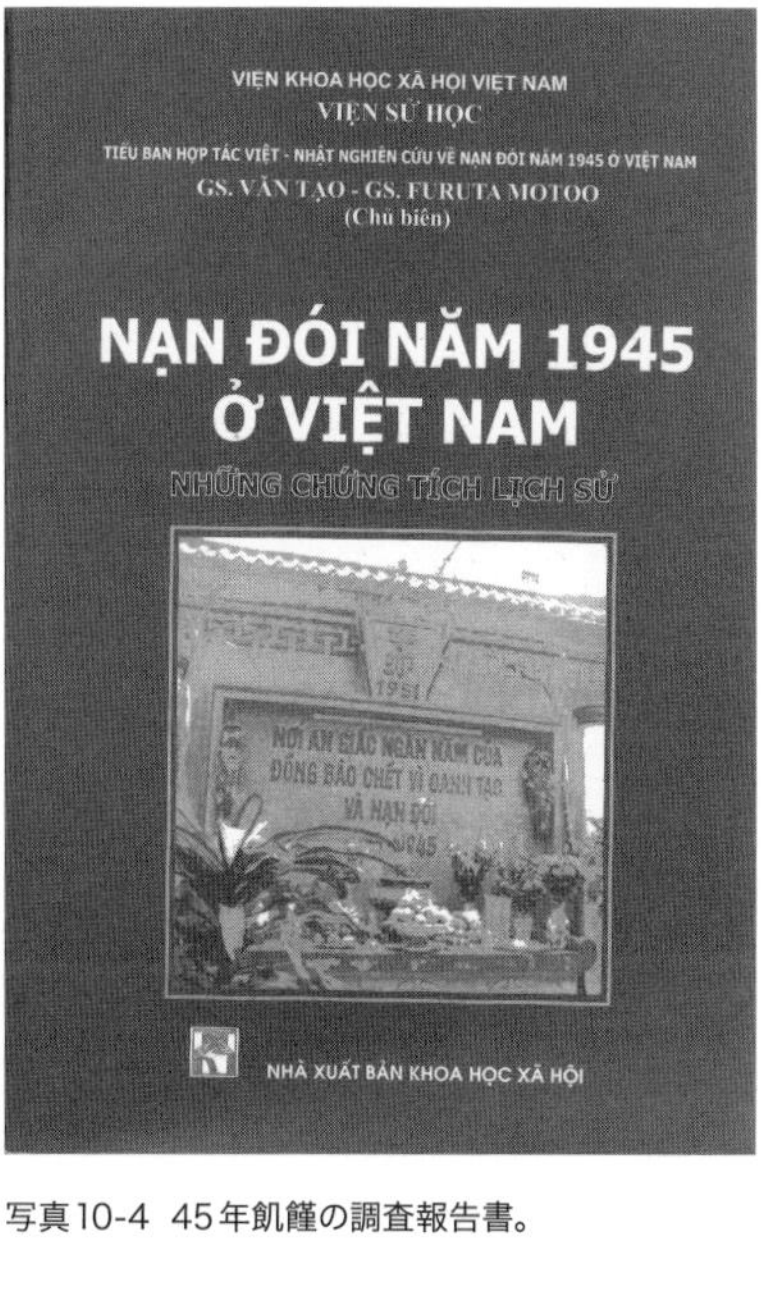

写真10-4　45年飢饉の調査報告書。

南方特別留学生と新しいベトナム人

もっともこの暗黒の時期にも、後の時代につながる意義を持つ交流は存在していた。大戦中の日本には「南方特別留学生」という制度があり、東南アジアから優秀な青年が日本に留学した。これに参加し日本に留学したベトナム人の中からは、大戦後の独立ベトナムで大きな活躍をする人物が生まれた。

その一人、医師のダン・ヴァン・グー（二四三ページ参照）は一九一〇年に生まれ、インドシナ医科大学を卒業後の四三年に日本に留学し、東京大学の伝染病研究所（現在の医科学研究所）で寄生虫や伝染病の研究に従事した。抗仏戦争が続く四九年に帰国し、その後は、マラリア撲滅など、ベトナム民主共和国の医療の発展に大きく貢献した。

二人目は農学者のルオン・ディン・クア（Lương Đình Của）（写真10－5）で、彼は一九二〇年にメコンデルタの裕福な家庭に生まれ、大戦中に南方特別留学生として九州大学農学部で勉強し、そこで日本人の中村信子さんと結婚した。大戦後は遺伝学で有名だった京都大学の木原均博士に師事してインディカ種とジャポニカ種の稲の交配の研究で農学博士号を取得した。五二年、いったん故郷のベトナム南部に帰ったクアは、五四年のジュネーヴ協定が締結された際に、北に集結することになったベトナム人民軍部隊に同行してハノイに行き、ベトナム民主共和国で農作物の品種改良に大きな貢献をした。

写真10-5 ルオン・ディン・クア・中村信子夫妻。

三人目は、経済学者のグエン・スアン・オアイン（Nguyễn Xuân Oánh）。彼は一九二一年生まれで、大戦中に京都大学に留学し、経済学を勉強した。その後、オアインはアメリカのハーバード大学に留学し、ベトナム戦争中の南ベトナムに戻って、サイゴン政権の国家銀行総裁や首相を務めた。ベトナム戦争終結後、多くのサイゴ

写真10-6　平成天皇と残留日本人のベトナム人家族との会見。（2017年3月2日）

ン政権高官が外国に出る中で、オアインはベトナムにとどまり、後に首相になるヴォー・ヴァン・キェット（Võ Văn Kiệt 1922~2008）の経済顧問をつとめ、国会議員となってドイモイ政策の形成に貢献した。

また、大戦中にベトナムに駐屯していた日本軍兵士の中からは、大戦後のベトナムのフランスに対する独立戦争に参加した人が、多数出現した。大戦後のインドシナに残留した日本人は七〇〇〇～八〇〇〇人と言われ、そのうち六〇〇名程度がベトナムの独立戦争に参加したと推定される。これらの独立戦争参加者は「新しいベトナム人」と呼ばれた。中には、銀行家の藤田勇氏のように、ベトナム国立銀行の創設に協力した民間人もいた。

ベトナムの抗仏戦争の初期には、残留日本兵はベトミン軍の訓練に大きな役割を果たした。その後、中国から軍事顧問が派遣されるようになると、日本人の役割は減少し、五四年のジュネーヴ協定で戦争が終結すると、最後までベトミンと協力した日本人の大半は日本へ帰国した。なお、二〇一七年の平成天皇・皇后のベトナム訪問の折に、残留日本人のベトナム人家族と両陛下の会見が行なわれた（写真10－6）。

ベトナム戦争と日本

一九五一年のサンフランシスコ講和会議には、フランスの擁立したベトナム国(バオダイ政権)が参加した。独立を回復した日本は、アメリカの同盟国として、ベトナム民主共和国とは敵対する関係にあったベトナム国と、そして五五年以降はベトナム共和国と外交関係を結んだ。五九年には、日本はベトナム共和国に対して一四〇億円あまりの戦争賠償を支払うことを約した。日本とベトナム民主共和国との交流は、日本ベトナム友好協会や日越貿易会などの民間団体によるものに限定されていた。

ベトナム戦争の際、日本は日米安保条約により、米国の戦争への協力を余儀なくされた。当時まだ米国の支配下にあって、ベトナムを爆撃する米軍のB52戦略爆撃機の直接の出撃基地となった沖縄では、六八年一一月一九日に嘉手納基地でB52が離陸に失敗し墜落・爆発するという事故が発生した。本土でも、六七年八月八日には立川基地と横田基地に米軍ジェット燃料を運ぶ国鉄(現在のJR)のタンク車が新宿駅構内で衝突・炎上するという事故が発生していた。

日本はベトナムで従軍する米兵に採用された有給休暇制度の帰休地にもなった。多くの帰休兵は横田基地に飛行機で運ばれてきたが、熱海では、沖合に潜水艦が浮上し、ハシケで帰休兵が上陸してくるといったことが行なわれていた。戦場からは負傷兵や戦死者の死体も日本国内の米軍病院に運ばれることがあった。

一方、経済面では、ベトナム戦争の戦争特需の日本経済への影響は、朝鮮戦争特需に比べると少なかった。特需には、米軍による日本からの物資買い付け、ベトナム戦争帰休兵を含む在日米軍人の個人消費などからなる直接特需と、戦争の拡大に伴って増大した米国の防衛費や対外援助で刺激された需要による輸出の増大という間接特需がある。その規模は、六六年で、直接特需が一億数千万ドル、間接特需が五億ドルあまりだった。これは当時の日本の輸出総額の六%程度であり、朝鮮戦争の特需が輸出総額の六〇%に達したことと比べると、ベトナム戦争の直接のインパクトはそれほど大きくなかった。

しかしながら、日本へのインパクトは、より大きな視野で検討されなければならない。日本の対米輸出が日本の輸出超過になるのは六五年である。また、日韓条約が締結された年でもあるこの六五年に、日本の対韓国輸出は前年比で六六％近く増大するが、ここには、韓国にもたらされた特需に韓国が応ずるためには日本からの原材料調達が不可欠だった事情も反映されていた。ベトナム戦争により、韓国や台湾および一部の東南アジア諸国の経済発展が軌道に乗ったこと、また米国内の需要も増大したことは、日本の輸出増大による経済大国化にとっては、直接・間接の特需を超えた、大きな意味を持った。

ベトナム戦争の特需で、韓国、台湾、タイなどの周辺諸国の経済発展が軌道に乗り、これら地域への進出も一因となって日本の経済大国化が進むということで、ベトナム戦争と東アジアの経済成長は密接に結びついていた。米国は、五〇年代初めにフランスを支援して当時のインドシナ戦争に介入した時から、東・東南アジア全体の中でベトナムを見ており、日本の経済発展にとって重要な意味を持つ東南アジアの共産化を阻止するという発想を持っていたが、この構想は米国がベトナム戦争に深くコミットする中でようやく実体化した。

ベトナム戦争では世界的にアメリカの戦争への批判が強かったが、日本でも、こうした日本とベトナム戦争との関わりを自覚せざるをえない事態が頻発する中で、アメリカの戦争を批判する反戦運動が盛り上がった。アメリカの戦争に反対する集会、署名、アメリカがベトナムに戦車を送るのを阻止するデモ、ベトナムの絵画展、映画上映会の組織、歌舞団の公演など、豊富な形態での反戦運動が、強力に展開された。社会党、共産党、労働者、農民、婦人、青年などの既存の政党・団体や、べ平連と呼ばれた新しい型の市民運動など、多くの党派、組織が、アメリカの戦争に反対し、アメリカと戦うベトナムを支援する運動に参加した（写真10－7）。

六五年五月一九日にはベトナム人民支援日本委員会が結成されたが、この委員会の最も代表的な活動は、広く一般民衆からの募金を集めて、薬品、医療機器、小型発電機、文房具、教材用実験器具などの支援物資を購入し、それを支援船に積んでベトナムに送る運動だった。ベトナム戦争が終結する七五年までに、のべ一〇〇〇万人を超える人々から五億円以上の募金が集まり、のべ一一次にわたって支援船が送られた。

この当時、日本と国交があった南ベトナム（ベトナム共

写真10-7　1967年の原水爆禁止世界大会もベトナム戦争に関心を集中していた。

和国）からは、日本の大学へ多くの留学生が来た。七五年にはその数は六七五名で、当時日本にいた外国人留学生の一四％を占めるにいたっていた。これは、一面では、米国の同盟国であった日本政府が、南ベトナムを重視していることの反映だったが、ベトナム人留学生のベトナム戦争に対する考えは様々で、ベトナム人留学生の間でもアメリカの戦争に反対する運動が出現し、六九年には「ベトナムの平和と統一のための在日ベトナム人の会」（べ平統）が結成された（写真10－8）。

写真10-8 1974年の結成5周年を祝うべ平統の機関誌。

ベトナム民主共和国との国交樹立とベトナム戦後の日越関係

ベトナム戦争の時期の反戦運動の高揚の中で、世論には、アメリカと戦うベトナム民主共和国や南ベトナム解放民族戦線への共感が存在していたが、日本政府がベトナム民主共和国との公式の外交関係を結ぶには、冷戦構造が緩むのを待たねばならなかった。日本とベトナム民主共和国の外交関係が樹立されるのは、パリ協定が締結された後の七三年九月二一日である。現在の社会主義共和国はこの民主共和国の後継国家なので、この七三年九月が現在のベトナムと日本の外交関係の起点とされている。

ベトナム戦争当時の日本政府の基本的姿勢は、南ベトナムを支持するものだったが、保守的な政治家や官僚の間にも、ベトナムの本流は「戦うベトナム」だという認識は広く存在していた。日本のベトナム民主共和国との外交関係樹立は、こうした「戦うベトナム」に対する日本での幅広い共感の産物だった面もあった。

七五年にはベトナム戦争が終結し、翌七六年には統一ベトナム——ベトナム社会主義共和国が生まれた。戦争が終結し、ベトナムと日本の関係には、双方から大きな期待が寄せられていた。七七年に当時の福田赳夫首相が提唱した「福田ドクトリン」と呼ばれる東南アジア外交戦略は、日本がＡＳＥＡＮとベトナムをはじめとするインドシナ諸国との関係発展に寄与するとして、日本とベトナムの関係の発展に大きな期待を込めたものだった。しかし、実際には、二国間関係の発展は実現しなかった。七〇年代末から八〇年代の前半、カンボジア問題や難民問題でベトナムが国際的に孤立し、日本も経済援助の凍結を余儀なくされ、日本とベトナムの関係は停滞した。

この日越関係の停滞の時期に、日本で大きな注目を集めたのは、米軍が散布した枯葉剤の被害者と考えられる癒着双生児であるベトちゃん・ドックちゃんの存在だった。ベトナムにおける枯葉剤被害にいち早く注目し、その報道に努めた写真家や、ベトナム戦争の残した障害者問題の大きさに注目した障害児教育の専門家などが、日本の世論を喚起する上で重要な役割を担った。八五年四月には「ベトちゃん・ドックちゃんの発達を願う会」が結成され、ベトナム側の主治医と日本の医療関係者の交流も形成された（写真10－9）。こうした民間の努力を基礎に、ベトちゃんが急性の脳炎におそわれた八六年六月一九日には、ベトナムからの日本赤十字への要請を受け、日航特別機が二人を治療のために東京に搬送した。両国の間に直行便ができるはるか前のこの出来事は、日本政府の高いレベルにもベトナムへの強い関心が存在していなければ実現しえなかったことだった。

　また、政治・経済関係が停滞していたこの時期にも、学術文化交流という回路が両国を結びつける役割を果たしていた。少数ながらベトナムから日本へ、日本政府の国費留学生としての留学が実施され、日本ベトナム友好協会、ベトナム日本友好協会という民間団体の回路を通じて、八五年からは日本の大学院生のベトナムへの留学が実現した。在ハノイ日本大使館の専門調査員として、日本のベトナム研究者が現地に長期滞在する道も開かれ、日本からの研究者のベトナム訪問や、ベトナムの研究者の日本の大学への招聘も開始された。また民間財団であるトヨタ財団が、ベトナムの社会・人文科学者への助成を開始したことも特筆に値する。

　こうした動きを背景にして、八七年には、一〇〇名を超える日本のベトナム研究者が結集して、ベトナムとの学術交流の促進のために日本ベトナム研究者会議という学術団体を結成した（初代会長＝山本達郎東京大学名誉教授）。八八年には、ベトナム政府とベトナム日本友好協会から、一七世紀に日本町が存在したホイアンの史跡と町並み保存のための国際シンポジウムの開催が呼びかけられた。日本ベトナム研究者会議は、この呼びかけに積極的に呼応し、九〇年にダナンで開催されたホイアン・シンポジウムには多くの日本人が参加し、その成功は、日越関係の改善と、後のホイアンの町並みのユネスコ世界遺産への指定に貢献した（写真10－10）。

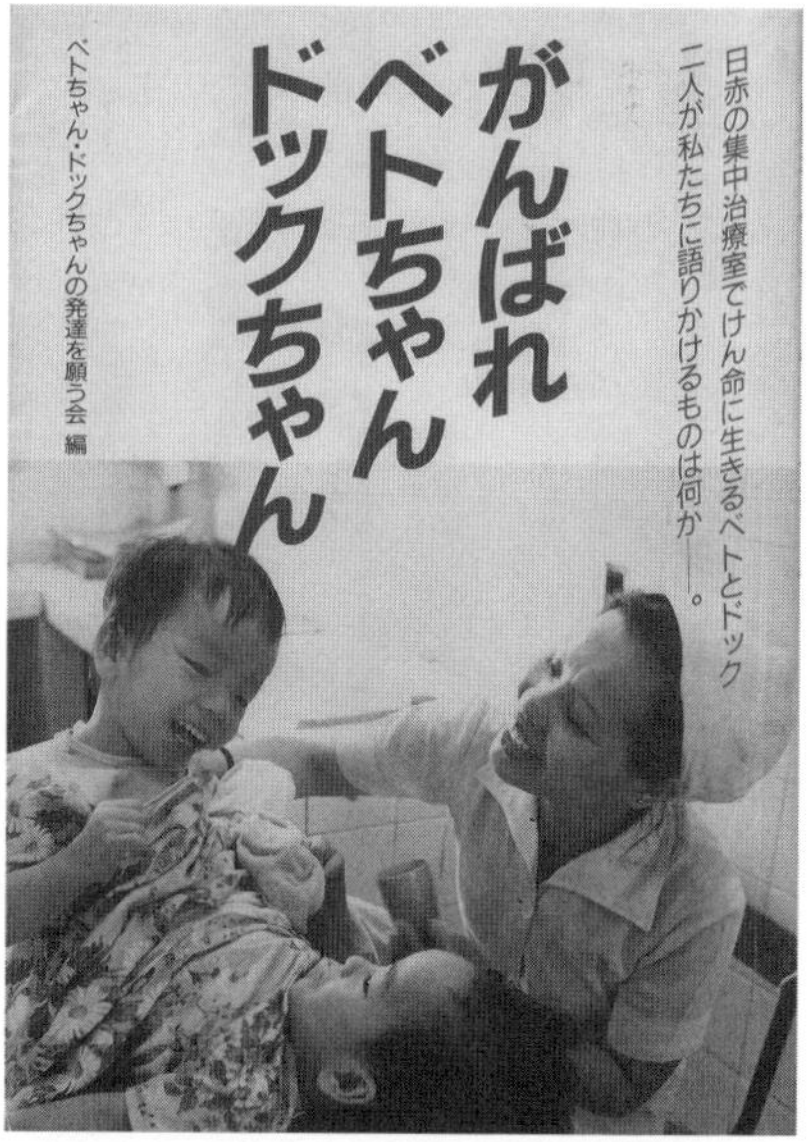

写真10-9　ベトちゃん・ドックちゃんの発達を願う会のパンフレット。

写真10-10　ホイアン国際シンポジウム。（1990年3月ダナン。筆者撮影）

日越関係の全面的発展の時代

ベトナムにおけるドイモイの開始、国際政治における冷戦構造の解消、カンボジア問題の解決などにより、日越関係は、ようやく全面的発展の時代を迎えることになった。日本とベトナムの国家間関係、経済関係は、一九九二年末の日本の対ベトナム経済援助の再開決定によって好転した。

以降、日越関係は急速な発展を見せ、政治外交面では、両国は「戦略的パートナーシップ」の関係を確認（二〇一四年には「アジアにおける平和と繁栄のための広範な戦略的パートナーシップ」関係）しており、経済面では、日本はベトナムに対する最大の援助供与国であり、投資でも一九八八年から二〇一四年までの累積投資額（認可ベース）は約三七三・八億ドルで、第一位の座を韓国と競っており、貿易では、二〇一五年の数値で、ベトナムから日本への輸出が一四一・四億ドルで米国、中国に次ぐ第三位を、ベトナムの輸入でも一四三・七億ドルで中国、韓国に次ぐ第三位を占めている。

ベトナムから日本への留学生も、日本語学校生を中心に近年急速に拡大し、二〇一六年には六万二四二二人と、中国に次いで第二位の地位を占めるに至っている。二〇一六年の時点でベトナムに在留している日本人は一万六〇〇〇人、二〇一六年に日本に在留しているベトナム人は二〇万三六五三人に達している。

ここでは、この日越関係の全面的発展の時代を切り開いた、両国間の政治・外交関係の二つの出来事に触れておきたい。

ベトナムがドイモイを開始し、カンボジア問題が解決へ向けて動きだしていた八〇年代の末、ベトナムが日本との国家間関係の改善に強い意欲を持っていることを日本に伝えることになったのは、八九年二月の昭和天皇の大喪へのレ・クアン・ダオ（Lê Quang Đạo 1921~99）国家評議会副主席（現在の国家副主席に相当）兼国会議長の参列、および翌九〇年一月の平成天皇の即位礼へのグエン・フー・ト（Nguyễn Hữu Thọ 1910~96）国家評議会副議長の参列だった。

当時のベトナムの駐日大使だったヴォー・ヴァン・スン（Võ Văn Sung 1928~）の回想によれば、これを機に、大使が政府や自民党の要人に接触するのが格段に容易になったという。ベトナム側で、天皇の儀礼への高官派遣を推進したのは、当時のグエン・ヴァン・リン共産党書記長とファン・ヴァン・カイ（Phan Văn Khải 1933~）国家計画委員会議長（後に首相）だった。

また、八九年当時、自民党の政調会長で、後に副総理兼外相になる渡辺美智雄は、スン大使と密接な関係を持ち（写真10－11）、八九年一一月には自らがベトナムを訪問して、カイ国家計画委員会議長と会見するなど、国家レベルの関係改善のシナリオを促進した。九一年に外相になった渡辺は、ベトナムに対する日本の経済援助再開に尽力するとともに、ベトナム側にアメリカが求めるベトナム戦争中の行方不明米兵の調査に協力するよう働きかけた。

いまひとつの出来事は、日越関係が安定した発展の軌道に乗った二〇〇六年の話である。前年の〇五年に国連で、日本の安全保障理事会常任理事国入りが問題になった際、東南アジア諸国の多くが積極的な姿勢をとらない中で、ベトナムは、日本の立場を最後まで支持した。このことを受け、〇六年に当時のグエン・タン・ズン首相

写真10-11　渡辺美智雄とヴォー・ヴァン・スン駐日ベトナム大使(右)。(1989年。スン氏提供資料)

の訪日が計画された際に、当時の服部則夫駐ベトナム大使は、ベトナム側に、日本との間に「戦略的パートナーシップ」を結ぶよう提案した。ベトナム側は、二〇〇一年にロシアとの間に「戦略的パートナーシップ」を結んだだけで、「戦略的パートナーシップ」を外交上、積極的に結んでおらず、中国に先立って日本との間に「戦略的パートナーシップ」を結ぶことには慎重だった。服部大使は、慎重な姿勢をとるベトナムを、ベトナムが建設を切望していた南北縦断高速道路、新幹線、ホアラク・ハイテクパークという三大プロジェクトへの日本のODAによるコミットメントを約束することで説得し、最終的にはズン首相の決断で、日本との間に「戦略的パートナーシップ」を結ぶことになった。ズン首相訪日時に、当時の安倍晋三首相との間に交わされた合意文書は、ベトナムとしてはロシアに次いで第二番目に「戦略的パートナーシップ」という用語を公式に用いたものになった。

ただし、この〇六年の合意は、「戦略的パートナーシップに向けて」努力するという内容で、中国を過度に刺激することを避け、〇八年にベトナムが中国との間に

写真10-12　2011年の東日本大震災の際にベトナム国家大学ハノイ校で開催された日本支援集会。(2011年3月23日。ベトナム国家大学ハノイ校社会人文科学大学提供)

「戦略的パートナーシップ」を締結した後の〇九年に、日本との間で改めて、両国関係は既に「戦略的パートナーシップ」に発展していることが確認された。

この出来事は、ベトナム外交が、日本と中国をどのように見ているのかをよく示している点でも、興味深い。先にも述べたように、現在のベトナム外交は、ベトナムの協力者を「パートナー」、警戒すべき相手を「闘争対象」と分類し、課題や時に応じて、「パートナー」と「闘争対象」は入れ替わると考えている。アメリカや中国が、「パートナー」であるとともに、「闘争対象」でもあるのに対し、日本は、ベトナムにとって、「闘争対象」になる可能性はきわめて低いという意味では「付き合いやすい」パートナーと言えよう。

この国家間関係に加えて、一般庶民レベルでベトナムの日本への親近感、信頼度もきわめて高いと言ってよいだろう。二〇一一年の東日本大震災にあたっては、ベトナムの人々の間で、広く支援の動きが広がったが、これも日本に対する好感度を物語るものだった(写真10－12)。

今後の日越関係を展望して

朱印船貿易が栄えていた一七世紀、徳川幕府は日本でキリスト教徒が増大することが体制を不安定にすると考え、一六三五年に日本人の海外渡航を禁止し、その後日本に来ることができる外国貿易船はオランダ船と中国船のみとし、寄港地も長崎の出島という小さな港だけとする、いわゆる鎖国政策を実施した。この日本の鎖国政策で、日本とベトナムの交流も衰退したと考えがちだが、実は長崎におけるベトナムとの貿易が頂点に達するのは、幕府が鎖国政策を実施した後だった。では、誰が鎖国後の日本とベトナムの貿易を担っていたのかというと、主役はオランダの東インド会社だった。オランダによるベトナム北部からの生糸の輸入は一六九九年まで続いた。この「商業の時代」と呼ばれた一七世紀の日本とベトナムの関係は、その担い手を日本人とベトナム人に限定しない、たいへん開かれた関係だった。

一六三七年から六七年までケーチョ（Ke Cho）、つまりは今のハノイでオランダ東インド会社の代理人として活躍した和田理左衛門という日本人がいた。理左衛門は、小さい時からキリスト教の宣教師による教育を受け、ポルトガル語が堪能だった。また、朱印船貿易時代から長い間ベトナムで暮らした経験がありベトナム語も上手で、北部の鄭《チン》氏政権と強い結びつきを持っていた。北部ではオランダは三七年に商館を開いたばかりの新興勢力だったので、理左衛門のような現地の事情に明るい人材が必要だった。理左衛門は、オランダ東インド会社の商館の建物の建設や、日本向けの最大の輸出品の生糸の買い付けに大きな役割を果たした。オランダ東インド会社が、日本の鎖国後に朱印船貿易のあとを円滑に引き継ぎ、日本とベトナムの貿易を進めることができたのは、この理左衛門のような、日本の鎖国後もベトナム現地にとどまった日本人に商品の調達を任せ、日本人はオランダ船に託して長崎に商品を送り、その代金を持ち帰ってもらうという、オランダ東インド会社と日本人の間の相互依存の関係が成立したためだった。

次はベトナム中部の話になるが、鎖国後の六一年頃、林喜右衛門という人物がホイアンの日本町の頭領になった。この人物は、もともとは日本の長崎にいた華僑で中国名をKicoと言った。キコは、はじめ台湾との貿易で活躍していたが、日本が日本人の海外渡航を禁止するとベトナムに渡り、ベトナム中部の日本人や中国人が共同で出資した船を日本に派遣するなどの活動をし、鎖国後二五年以上たって日本人の数が少なくなった六一年、ホイアンの日本町の頭領になった。

このように、一七世紀には、オランダが日本とベトナムの貿易で活躍する、そのオランダのベトナム現地代理人として日本人が活躍する、中国人が日本町の頭領になるなど、日本とベトナムの交流は、多様な人々が参加する開かれた関係として発展した。

この「開かれた関係」ということは、これからの日本とベトナムの関係のあり方を展望する上でも大切であろう。日本とベトナムの関係は、日本人とベトナム人が閉鎖的に形成する関係である必要はない。むしろ、過去に日本とベトナムの関係が最も発展した一七世紀の歴史に学ぶならば、多様な担い手が参入できる「開かれた関係」であるほど、発展が期待できるのではなかろうか。

私は現在、ハノイにある日越大学という大学の学長をしている。この日越大学は、日本とベトナム両国政府間の合意に基づき、東京大学、大阪大学、筑波大学、横浜国立大学、茨城大学、早稲田大学、立命館大学をはじめとする日本の大学の協力によって、ベトナムにアジアで有数の研究大学をつくるとともに、現地日系企業をはじめとする実業界に実践的人材を提供することをめざしてつくられるもので、ベトナムを代表する国立大学であるベトナム国家大学ハノイ校を構成する大学として、二〇一六年に開学した(写真10－13)。ベトナム国家大学ハノイ校は、一種の「連合大学」で、その傘下に六つの大学(university)があり、日越大学は、その七つ目の構成大学となるが、日本が協力してつくられた自主性の高い大学で、独自の法人格を有している。

日越大学は、日本側では、日越国交樹立四〇周年(二〇一三年)を記念する、現在の日越関係を象徴する事業として、日越友好議員連盟によって提唱され、政界、官界、経済界、大学などの「オール・ジャパン」の取り組みがなされている。しかし、日越大学は、日本とベトナムに閉じた大学ではなく、ＡＳＥＡＮ諸国をはじめとするアジアや世界から広く学生を受け入れるとともに、そこで養成される人材は、国籍を問わず、ベトナムや日本を含

写真10-13　日越大学開学式。(2016年9月9日ハノイ。筆者撮影)

めたグローバルな活躍ができるようにしたいと考えている。学長としては、日越大学を、こうした世界に開かれた大学として、英語圏ではない場所に立地する国際大学の成功例にしたいと念願している。

日本とベトナムの国交が樹立されて四〇年余りという時間は、それほど長い時間ではない。両国の関係が全面的な発展の時期に入ってからということでは、やっと四半世紀を迎えるところである。日本とベトナムの交流は、長い歴史は持っているが、まだまだ底が浅く、両国の関係者が努力すべき課題は、まだ無数に残されている。

一つだけ具体的な課題をあげると、近年、日本に在留するベトナム人で急増しているのは、日本語学校への留学生と様々な分野の技能実習生である。もちろん日本で実り多い生活をしている学生、実習生が多いのだが、ベトナム側の送り出しにも、日本側の受け入れにも、ベトナムの派遣会社による高額の保証金の取り立てや、日本側での技能実習とはかけ離れた、劣悪な条件での就労など、多くの問題が存在していることも事実である。「夢」を持って来日したベトナムの若者が、実り多い日本滞在をできるかどうかは、将来の日越関係を左右しよう。

ベトナムの10人

ファン・フイ・レ (Phan Huy Lê 1934~)

現代ベトナムを代表する歴史学者。中部ハティン省のタイックチャウ村で科挙試験で進士に合格し、フエ王朝の官吏になったファン・フイ・トゥンを父として生まれた。ファン・フイ家は、一八世紀末の西山《タイソン》朝の高官をつとめたファン・フイ・イック(潘輝益)や一九世紀に『歴朝憲章類誌』という百科事典を執筆したファン・フイ・チュー(潘輝注)を出した名家だった。

レは、一九五二年、ベトミン支配区のタインホアにあった予備大学に入学して歴史学を学び、五六年新しく設置されたハノイ総合大学の文学歴史学科(後、歴史学科)の教員となり、五八年には早くも前近代史部門の責任者となった。チャン・クォック・ヴオン、ハ・ヴァン・タン、ディン・スアン・ラムという当時の若手教員とともに、歴史学科の四天王と呼ばれた。『ベトナム封建制度史』第二巻を六〇年に、第三巻を六一年に、いずれもまだ二〇歳台の若さで刊行したのをはじめとして、その後のベトナムにおける前近代史理解の礎石を築き、八八年から二〇一七年まで、ベトナム歴史学会の会長をつとめた。

レは、ベトナム研究の国際的ネットワーク作りでも大きな役割を果たしている。八九年には、当時のハノイ総合大学にベトナム研究文化交流センターを設置(現在の国家大学のベトナム学開発科学院の前身)、世界のベトナム研究者の受け入れ窓口となった。また、九八年から始まる、ベトナム学国際シンポジウムという、全世界のベトナム研究者のシンポジウムでも大きな役割を果たした。

ユネスコによるホイアンやハノイのタンロン城址の世界文化遺産への認定でも、レの国際的ネットワークは大きな役割を果たした。九六年には福岡アジア文化賞を受賞するなど、日本ともなじみが深い。

ファン・フイ・レ。(2016年。筆者撮影)

あとがき

『ベトナムの基礎知識』を書いてみないかという話を、めこんの桑原晨氏からいただいたのは、三年ほど前だった。東京大学の定年を迎え、これまでのベトナム研究のまとめになるような仕事をしてみたいとは思っていたので、桑原氏の提案を喜んで引き受けたが、その後、古田はハノイに開設された日越大学の学長をやることになり、二〇一六年六月からハノイに常駐することになり、執筆環境は当初の予定とは大きく異なるものとなった。

よかったのは、ベトナム社会の現実に触れる機会ができ、現地の体験を生かした執筆ができるようになったことである。古田は、ハノイ常駐開始以降、日本ベトナム友好協会の機関紙『日本とベトナム』に、「古田元夫のハノイ通信」というコラムを執筆しているが、本書の「1ベトナムはどんな国か」の歩道の話、大学の会議の話、チュンニャ門の脇の榕樹の話などは、この連載に載せた記事をもとにしたものである。また本書で使用した写真の多くも、この一年のベトナム滞在で古田が撮影したものである。

本書は、「3主要都市」で取り上げているのが古田が実際に訪問したことがある都市であることなど、古田の現地体験をもとにして執筆しているが、ベトナムに常駐しながら執筆できたのが、こうした手法を思い切って採用した一つの理由になった。「1ベトナムはどんな国か」で言及した「歩道解放大作戦」など、現地に滞在していなければ見落としたかもしれない最新の動向を、ある程度反映できたのも、現地滞在の利点だったと言えよう。

しかしながら、いかに現地にいるからといって、変化の激しい現在のベトナムの動向の、最も新しい情報を本書が網羅的に反映できているわけではない。古田のベトナム地域研究の最も基本的なディシプリンは歴史学で、本書では、日々のベトナムをめぐる状況の変化によってはそう簡単には左右されない、ベトナムの動向の歴史的な流れや、その社会の基本的なあり方を描くことを中心に置いたつもりではあるが、「8経済と社会」など、原稿を執筆した二〇一六年までの状況しか反映しておらず、本書の出版の時点では、やや古色蒼然とした内容になってしまっている部分もある。

　古田が日越大学の学長をしていることは、「**1ベトナムはどんな国か**」で触れた大学での意思決定のあり方であるとか、「**7政治**」で触れた、ベトナムでの政策決定のプロセスなどの執筆には役立った。日越大学が現在直面している最大の問題は、ベトナム政府の財政難で、生まれたばかりの大学であるにもかかわらず、早期の財政的自立が求められているという問題である。経済成長が持続して、人々のお財布にはけっこうお金があるのに、政府のお財布にはお金がないという状況は、本書で描いたベトナム像からは、発生して不思議はない状況なのだが、まさか自分自身がその当事者の立場に立たされるとは思っていなかった。このようなことになるのであれば、ベトナムがどうすれば「民は強く、お上は弱い」状況から脱却できるかを考えておくべきだったと後悔している。

　古田が、現地に滞在していることが、マイナスになった面もある。特に困ったのは、ハノイでは、日本のベトナムの主だった成果が、最新のものを含めていっぺんに見れるような図書館が存在しないことである。日本でのこれまでの研究成果を踏まえることが特に重要な箇所は、日本に一時帰国した際に、集中的に執筆するように心がけはしたものの、本書の記述に当然踏まえられてしかるべき、日本のベトナム研究の最新の成果で、見落としてしまっているようなものが多々あると思われる。本書の「文献案内」の作成は、こうした事情から、神田外国語大学の伊藤未帆氏に依頼をした。伊藤氏の協力に謝意を表したい。

　日越大学学長は、予想通り?の激務で、しばしば本書の執筆を断念しようかと思ったこともあったが、なんとか書き上げることができたのは、めこんの桑原晨氏の粘り強い督促と激励のおかげである。改めて記して感謝したい。

二〇一七年八月六日ハノイにて

古田元夫

写真9-6　カンボジアのカンボジア＝ラオス＝ベトナム経済協力発展協会とベトナムのベトナム＝ラオス＝カンボジア経済協力発展協会が共催して2016年12月にプノンペンで開催された「第7回メコンフォーラム」。

http://www.nhandan.com.vn/kinhte/item/31505102-ket-noi-thuc-day-dau-tu-thuong-mai-viet-nam-campuchia.html

写真10-2　静岡県袋井市の常林寺にある浅羽佐喜太郎記念碑。ファン・ボイ・チャウが佐喜太郎に感謝して1918年に建立した。

https://vietnam-navi.info/article/phong-trao-dong-du

写真10-5　ルオン・ディン・クア・中村信子夫妻

http://nongnghiep.vn/gs-luong-dinh-cua-da-chet-vi-hoc-xuong-post127649.html

写真10-6　平成天皇と残留日本人のベトナム人家族との会見。(2017年3月2日)

http://www.baomoi.com/nhat-hoang-va-hoang-hau-gap-go-gia-dinh-cuu-quan-nhan-nhat-o-viet-nam/c/21667530.epi

写真10-7　1967年の原水爆禁止世界大会もベトナム戦争に関心を集中していた。

http://www.econfn.com/iwadare/page201.html

【ベトナムの10人】

ホアルーにある黎王を祀った神社にある楊雲娥像。

http://hoduongvietnam.com.vn/noi-oan-cua-mot-my-nhan-trong-lich-su-viet-nam-p784

ハイフォン市のチャフオン寺にある莫登庸の絵。

http://danlambaovn.blogspot.com/2011/12/hon-ma-tran-ich-tac-nhap-xac-mac-ang.html

潘清簡。

https://vi.wikipedia.org/wiki/Phan_Thanh_Gi%E1%BA%A3n

ファム・クイン。

https://www.danluan.org/tin-tuc/20100218/pham-quynh-mot-tri-thuc-dan-than

ヴォー・グエン・ザップ。

http://www.doisongphapluat.com/tin-tuc/su-kien-hang-ngay/cuoc-doi-va-su-nghiep-lich-su-cua-dai-tuong-vo-nguyen-giap-a4011.html

グエン・ティ・ビン。

http://sachhiem.net/THOISU_CT/ChuN/NguyenThiBinh.php

レ・ズアン。

http://www.baomoi.com/tong-bi-thu-le-duan-7-4-1907-10-7-1986-thau-dat-nhan-tinh/c/19874121.epi

ダン・ヴァン・グー。

http://100years.vnu.edu.vn/BTDHQGHN/Vietnamese/C1778/C1779/2006/05/N7725/

ヴー・ディン・ホエ。

http://www.moj.gov.vn/Pages/lanh-dao-bo-qua-cac-thoi-ky.aspx

写真5-13　北ベトナムで出征する兵士を送る人々。
（日本電波ニュース）
写真5-14　テト攻勢の際、サイゴンの米大使館で応戦する米軍兵士。（1968年1月）
http://news.zing.vn/chien-dich-tet-mau-than-1968-qua-anh-quoc-te-post531246
写真5-15　反戦運動（米国）。
http://thethaovanhoa.vn/xa-hoi/truyen-thong-nam-my-viet-nam-cai-ten-cua-chien-thang-n20150430104232132.htm
写真5-16　シハヌークとポル・ポトら国内指導者との会合。（1973年）
http://www.nate-thayer.com/in-defense-of-the-war-criminal-henry-kissinger
写真5-17　パリ協定調印式。（1973年1月）
出典　http://youth.buh.edu.vn/tc-ct-tt/daoduc-loisong/hiep-dinh-paris-40-nam
写真5-18　サイゴン解放。（1975年）
http://sukienhomnay.net/2015/04/anh-tu-lieu-dai-thang-mua-xuan-nam-1975/
写真6-2　米の買い付け。ベトナム戦争後、米の確保が深刻な問題となった。
https://giaovn.blogspot.com/2014/09/cac-ki-em-truoc-oi-moi-tren-tuoi-tre.html
写真6-5　当時のベトナム共産党の3人の老指導者。右からレ・ズアン党書記長、チュオン・チン国家評議会議長、ファム・ヴァン・ドン首相。
http://vietnamnet.vn/vn/thoi-su/chuyen-tong-bi-thu-le-duan-voi-thay-thuoc-dong-y-222946.html
写真6-8　ベトナムのASEAN加盟式。（1995年7月28日）
http://www.tintuchangngayonline.com/2016/08/bai-hoc-xuong-mau-nganh-ngoai-giao-vn.html
写真7-1　黎朝期の龍。龍はベトナムでも中国でも王権の象徴だった。
https://www.baomoi.com/hinh-anh-rong-trong-lich-su-viet/c/7775043.epi
写真7-3　第3回党大会でのホー。左はレ・ズアン、右はチュオン・チン。（1960年）
http://www.nhandan.com.vn/cuoituan/doi-song-van-hoa/ban-gop-su-doi/item/28531502-dai-hoi-dang-va-phong-cach-ho-chi-minh.html
写真7-5　ベトナム国会での幹部信任投票の結果を伝えるウエッブサイト。（2013年）
https://tunhan.wordpress.com/2017/02/08/wikileaks-65-lanh-dao-vn-chuan-bi-du-dieu-kien-bo-chay-ra-nuoc-ngoai/
写真9-2　明命帝。
https://ja.wikipedia.org/wiki/%E6%98%8E%E5%91%BD%E5%B8%9D
写真9-3　カイソーン・ポムヴィハーン
http://www.thailandshistoria.se/artiklar/20/14/modern-tid/andra-varldskriget-och-efterkrigstidens-thailand/fransmannen-atererovrar-laos
写真9-4　ポル・ポト。
https://ja.wikipedia.org/wiki/%E3%83%9D%E3%83%AB%E3%83%BB%E3%83%9D%E3%83%88

写真5-3　ベトナム民主共和国政府閣僚（1945年）

http://bqllang.gov.vn/tin-tuc/tin-tong-hop/4154-hinh-anh-quang-truong-ba-dinh-trong-thoi-khac-lich-su-70-nam-truoc.html

写真5-4　インドシナ共産党第2回大会。（1951年）

http://infonet.vn/nhung-net-chinh-trong-dai-hoi-dang-ii-nam-1951-post187908.info

写真5-5　ジュネーヴ協定に調印するタ・クアン・ブー国防次官。

https://www.google.co.jp/search?q=%E1%BA%A3nh+t%C6%B0+li%E1%BB%87u+l%E1%BB%8Bch+s%E1%BB%AD+vi%E1%BB%87t+nam&tbm=isch&tbo=u&source=univ&sa=X&ved=0ahUKEwiuneHzr_PSAhVEkZQKHYavB7QQ7AkIJQ&biw=1235&bih=600#tbm=isch&q=%E1%BA%A3nh+t%C6%B0+li%E1%BB%87u+l%E1%BB%8Bch+s%E1%BB%AD+vi%E1%BB%87t+nam+h%C3%B4%CC%A3i+nghi%CC%A3+Gi%C6%A1-n%C3%AA-va&*&spf=389

写真5-6　土地改革の際に地主・富農を断罪した人民裁判。壇上にはホー・チ・ミンと毛沢東の写真が飾られている。

http://www.rfa.org/vietnamese/vietnamnews/vietnam-publicizes-the-1950s-land-reform-for-the-first-time-09092014092018.html

写真5-7　17度線の南北軍事境界線。手前が北側。

http://mecon.vn/nong-trong-ngay/chien-tranh-vn-hinh-anh-vo-gia-ve-cuoc-song-hai-ben-vi-tuyen-17/

写真5-8　解放戦線の結成大会。先頭で宣誓しているのはグエン・フー・ト議長。

https://www.google.co.jp/search?biw=1159&bih=480&tbm=isch&sa=1&q=m%E1%BA%B7t+tr%E1%BA%ADn+d%C3%A2n+t%E1%BB%99c+gi%E1%BA%A3i+ph%C3%B3ng+mi%E1%BB%81n+nam+vi%E1%BB%87t+nam&oq=m%C4%83%CC%A3t+tr%C3%A2%CC%A3n+d%C3%A2&gs_l=psy-ab.1.1.0i19k1l3j0i30i19k1l3.48319.64223.0.67637.35.31.2.0.0.0.205.4678.0j27j1.29.0.dummy_maps_web_fallback...0...1.1.64.psy-ab..4.30.4744.0..0j0i8i30i19k1j0i30k1j0i8i13i30k1j0i8i30k1j0i4k1.105.xOdTxrBBC-o#imgrc=jhohpdmyudPO3M:&spf=1506646179587

写真5-9　仏教僧の焼身自殺。（1963年サイゴン）

http://www.vtc.vn/xa-hoi/chien-tranh-viet-nam-qua-anh-phong-vien-quoc-te-i204065.html

写真5-10　ダナンに上陸する米軍海兵隊。（1965年3月）

http://www.baomoi.com/chien-tranh-viet-nam-qua-bo-anh-cua-sputnik/c/20199180.epi#&gid=1&pid=1

写真5-11　枯葉剤を散布する米軍機（米空軍写真）。

http://tinnong.thanhnien.vn/x-file/nhung-bi-an-khong-loi-giai-cua-my-tu-cuoc-chien-tranh-viet-nam-627.html

写真5-12　ホーチミン・ルートを走る北ベトナムのトラック。

https://www.google.co.jp/search?q=%E1%BA%A3nh+chi%E1%BA%BFn+tranh+vi%E1%BB%87t+nam&tbm=isch&tbo=u&source=univ&sa=X&ved=0ahUKEwj5-KKi2fPSAhUHSo8KHTndABMQ7AkIJQ&biw=1235&bih=600#imgrc=XHbTFUKvpGJorM:&spf=216

写真4-11　茶屋新六交趾渡航図巻（部分）。
http://housa.city.nagoya.jp/exhibition/image22.html
写真4-12　光中帝の像（ビンディン省）。
http://www.baobinhdinh.com.vn/Festival/2008/5/59651/
写真4-13　明命陵。
http://www.daovien.net/t5037-topic
写真4-13　フエ国士監（阮朝の最高学府）。
http://bmktcn.com/index.php?option=com_content&task=view&id=7713&Itemid=153
写真4-14　ザーディン城を攻撃する仏軍。
http://nguyentienquang-huongtram.blogspot.com/2013/11/thuc-dan-phap-no-sung-xam-luoc-viet-nam.html
写真4-18　1930年代のハノイ。
http://ambn.vn/recruit/3152/vai-net-lich-su-ha-noi-dau-the-ky-20.html
写真4-19　ハノイのオペラ座前でのベトミンの集会。（1945年8月19日）
http://vovworld.vn/vi-VN/Binh-luan/Cach-mang-Thang-Tam-va-bai-hoc-ve-nam-thoi-co/466629.vov
写真4-20　バーディン広場での独立宣言。
https://www.google.co.jp/search?q=%E1%BA%A3nh+b%C3%A1c+%C4%91%E1%BB%8Dc+tuy%C3%AAn+ng%C3%B4n+%C4%91%E1%BB%99c+l%E1%BA%ADp&tbm=isch&imgil=HE_YrxToNI_lhM%253A%253BSpsIk1cnuBmsNM%253Bhttp%25253A%25252F%25252Fbaonghean.vn%25252Fthoi-su-chinh-tri%25252F201609%25252Ftuyen-ngon-doc-lap-gia-tri-lich-su-va-y-nghia-thoi-dai-2730935%25252F&source=iu&pf=m&fir=HE_YrxToNI_lhM%253A%252CSpsIk1cnuBmsNM%252C_&usg=__2USwlCvFRNy6gwsjGwM4oMtKNIk%3D&ved=0ahUKEwinhPvelcnWAhWFvLwKHTXXAd0QyjcIOg&ei=85fNWee-PIX58gW1rofoDQ&biw=1159&bih=480#imgrc=smFrPq-l1yag3M:&spf=1506646014092
写真4-21　グエン・ヴァン・ヴィン。
http://vietnamnet.vn/vn/giao-duc/hoc-gia-nguyen-van-vinh-la-ai-296156.html
写真4-22　チャン・フー。
https://en.wikipedia.org/wiki/File:Tran_Phu.gif
写真5-1　1946年3月2日ハノイのオペラ座で開催された国会。演壇には「南部はベトナムのもの」というスローガンが掲げられている。
http://dangcongsan.vn/anh/nhung-hinh-anh-lich-su-tu-ky-bau-cu-quoc-hoi-dau-tien-389119.html
写真5-2　ディエンビエンフー。ベトナム人民軍がフランス軍陣地を攻略した際の写真。
https://www.google.co.jp/search?biw=1159&bih=480&tbm=isch&sa=1&q=tr%E1%BA%ADn+%C4%91i%E1%BB%87n+bi%C3%AAn+ph%E1%BB%A7&oq=tr%C3%A2%CC%A3n+%C4%91i%C3%AA&gs_l=psy-ab.1.0.0i19k1l2j0i8i13i30i19k1l3.85057.92013.0.94849.11.11.0.0.0.0.180.1703.0j10.11.0.dummy_maps_web_fallback...0...1.1.64.psy-ab..0.10.1694.0..0j0i4k1j0i30k1j0i30i19k1j0i8i13i30k1j0i8i30k1.109.Q2mhrPybWnU#imgrc=AxqiZufIWkQd8M:&spf=1506646110087

インターネット出典写真一覧

写真1-3　自転車時代（1970年代）のハノイ。
http://vtv.vn/thu-vien-anh/anh-dep-va-hiem-ve-mien-bac-nhung-nam-70-the-ky-truoc-20140823134901424.htm

写真2-2　ハノイからランソンに向かう途中の要衝チラン＝鬼門関。
http://www.volotour.com/media/images/tours/bihavior/destination/lang_son/langson_chilang.jpg

写真3-3　ハイフォン港。
http://anhp.vn/kinh-te/201411/cang-hai-phong-khong-ngung-vuon-len-phat-trien-toan-dien-473519/

写真3-4　ランソン市。
http://www.dulichvn.org.vn/index.php?category=1005&itemid=6006

写真3-13　ホーチミン市。
http://giaoduc.net.vn/Xa-hoi/Hinh-anh-Thanh-pho-Ho-Chi-Minh-40-nam-truoc-va-bay-gio-post143780.g

写真4-1　ハナム省ゴクルー村の神社に祀られていたドンソン銅鼓。
http://baotintuc.vn/van-hoa/van-hoa-dong-son-ban-sac-van-hoa-20150214084531175.htm

写真4-2　サーフィン文化の玦状耳飾り。
http://thethaovanhoa.vn/van-hoa-giai-tri/kh225i-cam-tu-nhung-do-d249ng-sa-huynh-ky-4-amp-het-n20121223052642460.htm

写真4-3　オケオ文化のヴィシュヌ像（7世紀）。
http://www.homenh.vn/blog/co-vat-van-hoa-oc-eo/

写真4-5　ホーチミン市のチャン・フン・ダオ像。
https://vi.wikipedia.org/wiki/Tr%E1%BA%A7n_H%C6%B0ng_%C4%90%E1%BA%A1o

写真4-7　阮廌像。
https://www.google.co.jp/imgres?imgurl=https://upload.wikimedia.org/wikipedia/commons/c/c6/Nguyen_Trai.jpg&imgrefurl=https://ja.wikipedia.org/

写真4-8 ミソンのチャンパ遺跡。
http://www.mysonsanctuary.com.vn/tam-diem/59/710/lo-lang-den-thap-my-son-xuong-cap/

写真4-9　タインホアにホー・クイ・リが築いた西都の遺跡。
http://zoomtravel.com.vn/home/Tim-kiem/Tiem-kiem-nang-cao/vn?typetour=0&location_start=&location_end=158&pricttour=141&p=4

写真4-10　15世紀ベトナム産の染付麒麟文大壺（インドネシア国立博物館蔵）。
http://www.kyuhaku.jp/exhibition/exhibition_s31.html

古田元夫. 1991.『歴史としてのベトナム戦争』大月書店.
———. 1997.「ベトナム現代史における日本占領」倉沢愛子編『東南アジア史のなかの日本占領』早稲田大学出版部.
———. 2015.「日本における研究状況」白石昌也編『第二次世界大戦期のインドシナ・タイ、そして日本・フランスに関する研究蓄積と一次資料の概観』早稲田大学アジア太平洋研究センター.
トーマス・R・H・ヘイブンス（吉川勇一訳）. 1990.『海の向こうの火事』筑摩書房.
ベトちゃん・ドックちゃんの発達を願う会編. 1986.『がんばれベトちゃんドックちゃん』かもがわ出版.
牧久. 2012.『「安南王国」の夢　ベトナム独立を支援した日本人』ウェッジ.
吉沢南. 1986.『私たちの中のアジアの戦争』朝日選書. 朝日新聞社.
———. 1988.『ベトナム戦争と日本』岩波ブックレット. 岩波書店.
Chizuru NAMBA. 2012. *Francais et Japonais en Indochine （1940-1945） Colonisation. Propagande et Rivalite Culturelle*. Paris. Karthala.

ベトナムの10人

Đại Học Quốc Gia Hà Nội. 2006. *100 Chân Dung Một Thế Kỷ Đại Học Quốc Gia Hà Nội*. Nhà xuất bản Đại học Quốc gia Hà Nội.
Hàm Châu. 2014. *Trí ThứcTinh Hoa Việt Nam Đương Đại*. Nhà xuất bản Trẻ.
MaxReading. Nhân Vật Lịch Sử Việt Nam.
http://www.maxreading.com/sach-hay/nhan-vat-lich-su-viet-nam access April 2. 2017
Văn Tạo. 2006. *Mười Cuộc Cải Cách. Đổi Mới Lớn Trong Lịch Sử Việt Nam*. Nhà xuất bản Đại học Sư phạm.

9 隣人との関係

古田元夫．1991.『ベトナム人共産主義者の民族政策史』大月書店.

———．2006.「ベトナムとラオスの『特別な関係』に関する一考察」白石昌也編『インドシナにおける越境交渉と複合回廊の展望』（科研費研究成果報告書）早稲田大学大学院アジア太平洋研究科.

———．2015.『ベトナムの世界史』増補新装版．東京大学出版会.

古田元夫編．2011.『ASEAN新規加盟国の『中進国』ベトナムと地域統合』（科研費研究成果報告書）.

10 日本とベトナム

阿曽村邦昭編著．2013.『ベトナム国家と民族』上巻．古今書院.

石田松雄．1990.『ベトナム残留日本兵』筑波書林.

小倉貞男．1989.『朱印船時代の日本人』中公新書．中央公論社.

井川一久．2005.『ベトナム独立戦争参加日本人の事跡に基づく日越のあり方に関する研究』東京財団研究報告書.

岩間優希編著．2008.『文献目録ベトナム戦争と日本――1948～2007』人間社.

加茂徳治．2008.『クァンガイ陸軍士官学校』暁印書館.

菊池誠一．2003.『ベトナム日本町の考古学』高志書院.

菊池誠一編．2014.『朱印船貿易絵図の研究』思文閣.

九州国立博物館．2013.『大ベトナム展公式カタログ　ベトナム物語』TVQ九州放送，西日本新聞社.

後藤均平．1979.『日本のなかのベトナム』そしえて.

櫻井清彦・菊池誠一編．2002.『近世日越交流史』柏書房.

白石昌也．2011.「アジア太平洋戦争期のベトナム――仏印進駐から八月革命へ」後藤乾一等編『岩波講座東アジア近現代通史６』岩波書店.

———．2012.『日本をめざしたベトナムの英雄と皇子――ファン・ボイ・チャウとクオン・デ』彩流社.

白石昌也編．2015.『第二次世界大戦期のインドシナ・タイそして日本・フランスに関する研究蓄積と一次資料の概観』早稲田大学アジア太平洋研究センター.

立川京一．2000.『第二次世界大戦とフランス領インドシナ――「日仏協力」の研究』彩流社.

戸田佳子．2001.『日本のベトナム人コミュニティ』暁印書館.

中村梧郎．1983.『母は枯葉剤をあびた』新潮文庫．新潮社.

中村信子．2000.『ハノイから吹く風』共同通信社.

日本ベトナム研究者会議編．1993.『海のシルクロードとベトナム』穂高書店.

日本ベトナム友好協会30年史編纂委員会．1985.『日本とベトナム友好運動の三〇年』日本ベトナム友好協会.

秦郁彦．2008.「ベトナム二百万餓死説の実態と責任」『政治経済史学』500号．2008年4月.

坂田正三編．2006.『二〇一〇年に向けたベトナムの発展戦略』アジア経済研究所.
―――編．2012.『ベトナムの農業発展――高度経済成長下の農村経済の変容』アジア経済研究所.
竹内郁雄．2017.「グローバル化のなかのベトナム経済――ドイモイ三〇年」『アジ研ワールド・トレンド』No.257，2017年3号.
本実編．2012.『転換期のベトナム―第11回党大会．工業国への新たな選択―』アジア経済研究所.
トラン・ヴァン・トゥ．2010.『ベトナム経済発展論――中所得国の罠と新たなドイモイ』勁草書房.
西口清勝・西澤信善編著．2014.『メコン地域開発とASEAN共同体――域内格差の是正を目指して――』晃洋書房.
藤倉哲郎．2013.「ベトナムにおける地方雇用機会と農村世帯の就業・家計構造」坂田正三編『高度成長下のベトナム農業・農村』アジア経済研究所.
"Dân số Việt Nam đạt gần 90.5 triệu người". *Nhân Dân*. 17-12-2014
Lê Văn Toàn. 2012. *Phân Tầng Xã Hội ở Việt Nam trong Quá Trình Chuyển Đổi Sang Nền Kinh Tế Thị Trường và Hội Nhập Quốc Tế*. Nhà xuất bản Chính trị Quốc gia.
Nguyễn Anh Tuấn. 2015. *Hiệp Định Đối Tác Xuyên Thái Bình Dương (TPP) và Tác Động Tới Việt Nam*. Nhà xuất bản Chính trị Quốc gia.
Nguyễn Đức Thành chủ biện. 2014. *Báo Cáo Thường Niên Kinh Tế Việt Nam 2014: Những Ràng Buộc Đối Với Tăng Trưởng*. Nhà xuất bản Đại học Quốc gia Hà Nội.
Nguyễn Quang Thái, Vũ Hùng Cường, Bùi Trinh. 2010. Phân tích đóng góp của các thành phần kinh tế đến tăng trường kinh tế. *Tạp Chí Nghiên Cứu Kinh Tế´*. số 384. 5-2010.
Nguyễn Thị Thơm. 2013. Hạn chế của chất lượng tăng trưởng kinh tế Việt Nam và một số khuyến nghị. *Tạp Chí Nghiên Cứu Kinh Tế*. số 425. 10-2013.
Phạm Thành Công. 2012. Mối quan hệ giữa tăng trưởng kinh tế với xóa đói giảm nghèo-liên hệ thực tiễn ở Việt Nam giai đoạn 2001-2010. *Tạp Chí Nghiên Cứu Kinh Tế*. số 415. 12-2012.
Tô Ánh Dương. 2012.Tổng quan kinh tế Việt Nam giai đoạn 2006-2011 và những thách thức chính sách. *Tạp Chí Nghiên Cứu Kinh Tế*. số 409. 6-2012.
Tổng cục Thống kê. 2012. *Di cư và Đô Thị Hóa ở Việt Nam, 2011,UNDP, Tác Động của Chương Trình 135 Giai Đoạn II qua Lăng Kính Hai Cuộc Điều Tra Đầu Kỳ và Cuối Ky`*. UNDP Hanoi.
Vũ Hào Quang chủ biên. 2013. *Biến Đổi Xã Hội Nông Thôn trong Quá Trình Dồn Điền Đổi Thửa, Tích Tụ Ruộng Đất và Đô Thị Hoá*. Nhà xuất bản Đại học Quốc gia Hà Nội.
GSO (General Statistics Office of Vietnam). *Results of the 2006 Rural. Agricultural and Fishery Census*.
GSO. *Vietnam Households Living Standard Survey 2012*.
Klaus Schwab, World Economic Forum. 2014. *The Global Competitiveness Report 2014-2015*.
World Bank. 2015. *2007 World Development Indicators*. Khoa kinh tế ĐHQGtphHCM.

済研究所.
中野亜里. 2006.『現代ベトナムの政治と外交』暁印書館.
古田元夫. 2009.『ドイモイの誕生:ベトナムにおける改革路線の形成過程』青木書店.
———. 2010.「ベトナム共産党の綱領改定案をめぐって——米国への言及が消えた共産党綱領」『アジア・アフリカ研究』50巻4号.
———. 2011.「ドイモイ路線の起源と展開」和田春樹等編『岩波講座東南アジア近現代通史9』岩波書店.
———. 2015.『ベトナムの世界史』増補新装版. 東京大学出版会.
Đặng Phong. 2008. *Tư Duy Kinh Tế Việt Nam*. Nhà xuất bản Trí thức.
Viện Kinh Tế Việt Nam. 2009. *Những Mũi Đột Phá Trong Kinh Tế Thời Trước Đổi Mới*. Nhà xuất bản Khoa học xã hội.
David W.Elliott. 2012. *Changing Worlds: Vietnam's Transition from Cold War to Globalization*. Oxford University Press.

7 政治

アレクサンダー・ウッドサイド(秦玲子・古田元夫監訳). 2013.『ロスト・モダニティーズ——中国・ベトナム・朝鮮の科挙官僚制と現代世界』NTT出版.
白石昌也編著. 2000.『ベトナムの国家機構』明石書店.
——— 編著. 2004.『ベトナムの対外関係』暁印書館.
坪井善明. 2002.『ヴェトナム現代政治』岩波書店.
中野亜里. 2006.『現代ベトナムの政治と外交』暁印書館.
———. 2009.『ベトナムの人権 多元的民主化の可能性』福村出版.
古田元夫. 1996.『ホー・チ・ミン——民族解放とドイモイ』岩波書店.
———. 2014.「ホー・チ・ミン——民族と階級の相克の中で」趙景達・原田敬一・村田雄二郎・安田常雄編『東アジアの知識人4 戦争と向き合って』有志舎.
———. 2015.『ベトナムの世界史』増補新装版. 東京大学出版会.
Duiker.William.J.. 2000. *Ho Chi Minh*. Hyperion. New York.
Irene Norlund. 2007. *Filling the Gap: The Emerging Civil Society in Vietnam*. UNDP.
Nguyễn Đức Vinh. 2013. Thực trạng các tổ chức xã hội Việt Nam trong giai đoạn hiện nay, *Xã Hội Học*. số 124. 4-2013.

8 経済と社会

石田暁恵・五島文雄編. 2004.『国際経済参入期のベトナム』アジア経済研究所.
石田暁恵. 2008.「WTO加盟後の国有企業——株式化と企業グループ」坂田正三編『変容するベトナム経済と経済主体』アジア経済研究所.
上田義朗. 2012.「ベトナム経済成長の安定化に向けて」『流通科学大学論集——経済・情報・政策編』第21巻第1号.

その歴史的位相』有志舎.
———. 2013.「ベトナムにおける社会主義とムラ」南塚信吾・加納格・奥村哲・古田元夫『21世紀歴史学の創造第5巻　人々の社会主義』有志舎.
———. 2015.『ベトナムの世界史』増補新装版. 東京大学出版会.
———. 2016.「ベトナム北部農村の現代史——村から見た1945年飢饉・抗仏戦争・抗米戦争」川喜田敦子・西芳実編著『歴史としてのレジリエンス』』京都大学学術出版会.
油井大三郎・古田元夫. 1998.『世界の歴史28　第二次世界大戦から米ソ対立へ』中央公論社（2010年に中公文庫収録）.
Ban Chỉ Huy Tổng Kết Chiến Tranh trực thuộc Bộ Chính Trị. 1995. *Tổng Kết Cuộc Kháng Chiến Chống Mỹ Cứu Nước: Thắng Lợi và Bài Học*. Nhà xuất bản Chính trị Quốc gia.
Bộ Quốc Phòng Viện Lịch Sử Quân Đội Việt Nam. 2013, *Lịch Sử Kháng Chiến Chống Mỹ Cứu Nước 1954-1975*. tập I-tập IX. Nhà xuất bản Chính trị Quốc gia.
Đinh Xuân Lâm chủ biện. 2013. *Lịch Sử Việt Nam*. tập III. Nhà xuất bản Giáo dục Việt Nam 2012.
Asselin, Pierre. 2013. *Hanoi's Road to The Vietnam War 1954-1965*. University of California Press.
Nguyen, Lien-Hang T. 2012. *Hanoi's War: An International History of the War for Peace in Vietnam*. University of North Carolina Press.

6 独立ベトナムの歩み　Ⅱドイモイの時代

石田暁恵・五島文雄編. 2004.『国際経済参入期のベトナム』アジア経済研究所.
ヴー・ティエン・ハン.『日越戦略的パートナーシップの形成過程——1992年から2009年の両国関係を中心に——』東京大学大学院総合文化研究科地域文化研究専攻2012年度修士論文.
栗原浩英. 2010.「ベトナムの社会主義」メトロポリタン史学会編『いま社会主義を考える』桜井書店.
———. 2015.「中国とベトナム——『兄弟』から『パートナー』へ」『季刊中国』No.120. 2015年春季号.
五島文雄・竹内郁雄編. 1994.『社会主義ベトナムとドイモイ』アジア経済研究所.
坂田正三編. 2006.『二〇一〇年に向けたベトナムの発展戦略』アジア経済研究所.
白石昌也・竹内郁雄編. 1999.『ベトナムのドイモイの新展開』アジア経済研究所.
白石昌也編著. 2004.『ベトナムの対外関係』暁印書館.
白石昌也. 2014.『日本の「戦略的パートナーシップ」外交——全体像の俯瞰』早稲田大学アジア太平洋研究センター.
———. 2006.「メコン地域協力の展開」進藤榮一・平川均編『東アジア共同体を設計する』日本経済評論社.
白石昌也編. 2006.『インドシナにおける越境交渉と複合回廊の展望』早稲田大学大学院アジア太平洋研究科（科学研究費補助金研究成果報告書）.
坪井善明. 1994.『ヴェトナム——「豊かさ」への夜明け』岩波新書. 岩波書店.
寺本実編. 2012.『転換期のベトナム——第11回党大会. 工業国への新たな選択——』アジア経

吉開将人. 2015.「歴史意識と世界像　『南越』の歴史は中国史かそれともベトナム史か」濱下武志・平勢隆郎編『中国の歴史　東アジアの周縁から考える』有斐閣.

Ban Nghiên Cứu Lịch Sử Đảng Trung Ương. 1970. *Bốn Mươi Năm Hoạt Động của Đảng Lao Động Việt Nam*. Nhà xuất bản Sự thật.

Đại Học Quốc Gia Hà Nội. 2006. *100 Chân Dung Một Thế Kỷ Đại Học Quốc Gia Hà Nội*. Nhà xuất bản Đại học Quốc gia Hà Nội.

Đinh Xuân Lâm, Nguyễn Văn Khánh. 1991. "Sử học với đổi mới hay là đổi mới sử học." *Nghiên Cứu Lịch Sử*. số 258. 5-1991.

Đinh Xuân Lâm chủ biện. 2012. *Lịch Sử Việt Nam*. tập III. Nhà xuất bản Giáo dục Việt Nam.

Duiker.William.J. 2000. *Ho Chi Minh*. Hyperion. New York.

Phan Huy Lê chủ biện. 2012A. *Lịch Sử Việt Nam*. tập I. Nhà xuất bản Giáo dục Việt Nam.

———. 2012B. *Lịch Sử Việt Nam*. tập II. Nhà xuất bản Giáo dục Việt Nam.

Keith W. Talor. 2013. *A History of the Vietnamese*. Cambrigde University Press.

5 独立ベトナムの歩み　I 戦争の時代

石井明. 2014.『中国国境熱戦の跡を歩く』岩波書店.

伊藤正子. 2013.『戦争記憶の政治学――韓国軍によるベトナム人戦時虐殺問題と和解への道』平凡社.

今井昭夫・岩崎稔編. 2010.『記憶の地層を掘る』御茶ノ水書房.

栗原浩英. 2000.「ベトナム戦争と中国・ソ連」『アジア研究』第46巻第3·4号.

ガブリエル・コルコ（陸井三郎監訳）. 2001.『ベトナム戦争全史』社会思想社.

朱建栄. 2000.『毛沢東のベトナム戦争』東京大学出版会.

白石昌也. 1993.『ベトナム民族運動と日本・アジア』巌南堂.

フイ・ドゥック（中野亜里訳）. 2015.『ベトナム：勝利の裏側』めこん.

福田忠弘. 2006.『ベトナム北緯17度線の断層　南北分断と南ベトナムにおける革命運動（1954～60）』成文堂.

藤本博. 2014.『ヴェトナム戦争研究――「アメリカの戦争」の実相と戦争の克服』法律文化社.

古田元夫. 1991 A.『ベトナム人共産主義者の民族政策史』大月書店.

———. 1991 B.『歴史としてのベトナム戦争』大月書店.

———. 1996.『ホー・チ・ミン――民族解放とドイモイ』岩波書店.

———. 2002 A.「ベトナム知識人の八月革命と抗仏戦争――ヴー・ディン・ホエを中心に」後藤乾一編『岩波講座東南アジア史８』岩波書店.

———. 2002 B.「インドシナ戦争――救国戦争と『貧しさを分かちあう社会主義』」末廣昭編『岩波講座東南アジア史９』岩波書店.

———. 2002 C.「ベトナム――普遍的社会主義と民族的社会主義――」東アジア地域研究会・赤木攻・安井三吉編『講座東アジア近現代史５　東アジア政治のダイナミズム』青木書店.

———. 2012.「ベトナム戦争の世界史的意義」メトロポリタン史学会編『20世紀の戦争――

石井米雄・桜井由躬雄編. 1999.『東南アジアの歴史① 大陸部』山川出版社.
菊池百里子. 2007.『ベトナム北部における貿易港の考古学的研究 ヴァンドンとフォーヒエンを中心に』雄山閣.
北川香子. 2001.「ハーティエン」池端雪浦等編『岩波講座東南アジア史４』岩波書店.
栗原浩英. 2005.『コミンテルン・システムとインドシナ共産党』東京大学出版会.
桜井由躬雄. 2001.「東南アジアの原史」池端雪浦等編『岩波講座東南アジア史１』
———. 2006.『前近代の東南アジア』放送大学教材.
嶋尾稔. 2001A.「タイソン朝の成立」池端雪浦等編『岩波講座東南アジア史１』岩波書店.
———. 2001B.「阮朝――『南北一家』の形成と相克」池端雪浦等編『岩波講座東南アジア史５』岩波書店.
———. 2009.「ベトナム 東南アジア史への定位と展開」東南アジア学会監修『東南アジア史研究の展開』山川出版社.
白石昌也編. 2015.『第二次世界大戦期のインドシナ・タイそして日本・フランスに関する研究蓄積と一次資料の概観』早稲田大学アジア太平洋研究センター.
高田洋子. 2009.『メコンデルタ フランス植民地時代の記憶』新宿書房.
———. 2014.『メコンデルタの大土地所有：無主の土地から多民族社会へ フランス植民地主義の80年』京都大学東南アジア研究所地域研究叢書.
西村昌也. 2011.『ベトナムの考古・古代学』同成社.
ファム・カク・ホエ（白石昌也訳）. 1995.『ベトナムのラスト・エンペラー』平凡社.
古田元夫. 1996.『ホー・チ・ミン――民族解放とドイモイ』岩波書店.
———. 1997.『写真記録東南アジア 歴史・戦争・日本』ほるぷ出版.
———. 2002.「ベトナム知識人の八月革命と抗仏戦争――ヴー・ディン・ホエを中心に」後藤乾一編『岩波講座東南アジア史８』岩波書店.
———. 2014.「ホー・チ・ミン――民族と階級の相克の中で」趙景達・原田敬一・村田雄二郎・安田常雄編『東アジアの知識人４戦争と向き合って』有志舎.
———. 2015.『ベトナムの世界史』増補新装版. 東京大学出版会.
桃木至朗. 1993.「『中国化』と『脱中国化』――地域世界の中のベトナム民族形成史」大峯顕・原田平作・中岡成文編『地域のロゴス』世界思想社.
———. 1994.「ベトナムの『中国化』」池端雪浦編『変わる東南アジア史像』山川出版社.
———. 2001A.「唐宋変革とベトナム」池端雪浦等編『岩波講座東南アジア史２』
———. 2001B.「『ベトナム史』の確立」池端雪浦等編『岩波講座東南アジア史２』
———. 2011.『中世大越国家の成立と変容』大阪大学出版会.
八尾隆生. 2001A.「山の民と平野の民の形成史」池端雪浦等編『岩波講座東南アジア史３』
———. 2001B.「収縮と拡大の交互する時代」池端雪浦等編『岩波講座東南アジア史３』
———. 2009.『黎初ヴェトナムの政治と社会』広島大学出版会.
山形眞理子・桃木至朗. 2001.「林邑と環王」池端雪浦等編『岩波講座東南アジア史１』
山本達郎編. 1975.『ベトナム中国関係史』山川出版社.

参考文献

1 ベトナムはどんな国か

阿曽村邦昭編著．2013.『ベトナム　国家と民族』(上)(下)．古今書院.

伊藤正子．2008.『民族という政治――ベトナム民族分類の歴史と現在』三元社.

伊藤未帆．2014.『少数民族教育と学校選択――「民族」資源化のポリティクス』京都大学学術出版会.

今井昭夫・岩井美佐紀編著．2004.『現代ベトナムを知るための60章』明石書店.

岩月純一．2005.「近代ベトナムにおける『漢字』の問題」村田雄二郎，C.ラマール編『漢字圏の近代』東京大学出版会.

―――．2013.「現代ベトナムにおける『漢字・漢文』教育の定位」『中国――社会と文化』7月号.

寺本実編．2011.『現代ベトナムの国家と社会』明石書店.

古田元夫．1991.『ベトナム人共産主義者の民族政策史』大月書店.

―――．2015.「異質なものの並存が生み出す活力――現代ベトナムの魅力」東京大学教養学部編『高校生のための東大授業ライブ　学問からの挑戦』東京大学出版会.

古屋博子．2009.『アメリカのベトナム人――祖国との絆とベトナム政府の政策転換』明石書店.

Vũ Minh Giang. 2016.*Comparing The History & Culture of Vietnam and Japan*. lecture in the openning seminar of Vietnam Japan University. Sep.8.

2 地域区分

石川文洋．1988.『ベトナムロード』平凡社.

今井昭夫・岩井美佐紀編著．2004.『現代ベトナムを知るための60章』明石書店.

桜井由躬雄編．1989.『もっと知りたいベトナム』第2版．弘文堂.

Ngô Đức Thịnh. 2009. *Bản Sắc Văn Hóa Vùng ở Việt Nam*. Nhà xuất bản Giáo dục.

Trần Quốc Vượng. 2005. *Cơ Sở Văn Hóa Việt Nam*. Nhà xuất bản Giáo dục.

3 主要都市

今井昭夫・岩井美佐紀編著．2004.『現代ベトナムを知るための60章』明石書店.

桜井由躬雄編．1989.『もっと知りたいベトナム』第2版．弘文堂.

Vũ Thế Bình. 2012. *Non Nước Việt Nam*. Vietnam Society of Travel Agent.

4 歴史――先史からベトナム民主共和共和国独立まで

ベネディクト・アンダーソン(白石隆・白石さや訳)．1987.『想像の共同体・ナショナリズムの起源と流行』リブロポート.

トラン・ヴァン・トゥ．2010.『ベトナム経済発展論――中所得国の罠と新たなドイモイ』勁草書房．

中野亜里．2009.『ベトナムの人権――多元的民主化の可能性』福村出版．

古田元夫．1996a.『ホー・チ・ミン――民族解放とドイモイ』岩波書店．

――――．1996b.『ベトナムの現在』講談社（現代新書）．

――――．2009.『ドイモイの誕生――ベトナムにおける改革路線の形成過程』青木書店．

古屋博子．2009.『アメリカのベトナム人――祖国との絆とベトナム政府の政策転換』明石書店．

社会・文化

板垣明美編．2008.『ヴェトナム――変化する医療と儀礼』春風社．

伊藤未帆．2014.『少数民族教育と学校選択――ベトナム―「民族」資源化のポリティクス』京都大学学術出版会．

太田省一（著），増田彰久（写真）．2006.『建築のハノイ――ベトナムに誕生したパリ』白揚社．

髙田洋子．2009.『メコンデルタ――フランス植民地時代の記憶』新宿書房．

寺本実・岩井美佐紀・竹内郁雄・中野亜里．2011.『現代ベトナムの国家と社会――人々と国の関係性が生み出す〈ドイモイ〉のダイナミズム』明石書店．

レ・ティ・ニャム・トゥエット（藤目ゆき監修、片山須美子編訳）．2010.『ベトナム女性史――フランス植民地時代からベトナム戦争まで』明石書店．

語学・文学

宇戸清治・川口健一編．2001.『東南アジア文学への招待』段々社．

加藤栄訳．1995.『ベトナム現代短編集１』大同生命国際文化基金．

加藤栄訳．2005.『ベトナム現代短編集２』大同生命国際文化基金．

グエン・ゴク・トゥアン（加藤栄訳）．2016.『囚われた天使たちの丘』大同生命国際文化基金．

川本邦衛．1967.『ベトナムの詩と歴史』文芸春秋．

五味政信．2015.『五味版学習者用ベトナム語辞典』武蔵野大学出版会．

――――．2005，2006.『ベトナム語レッスン初級〈1〉〈2〉』スリーエーネットワーク．

ホアン・ミン・トゥオン（今井昭夫訳）．2016.『神々の時代』東京外国語大学出版会．

日本ベトナム関係

木村汎・古田元夫・グエン・ズイ ズン編．2000.『日本・ベトナム関係を学ぶ人のために』世界思想社．

白石昌也．1993.『ベトナム民族運動と日本・アジア――ファン・ボイ・チャウの革命思想と対外認識』巌南堂書店．

牧久．2012.『『安南王国』の夢――ベトナム独立を支援した日本人』ウェッジ．


（作成：伊藤未帆）

文献案内

概説書

今井昭夫・岩井美佐紀編．2012．『現代ベトナムを知るための60章（第2版）』明石書店．

桜井由躬雄編．1995．『もっと知りたいベトナム（第2版）』弘文堂．

事典

石井米雄・桜井由躬雄編．1999．『ベトナムの事典』同朋社．

雑誌（不定期刊行物）

ベトナム社会文化研究会編．『ベトナムの社会と文化』風響社．

歴史

石井米雄・桜井由躬雄編．1999．『東南アジア史Ⅰ（大陸部）』山川出版社．

石川文洋．2005．『カラー版　ベトナム　戦争と平和』岩波書店（岩波新書）．

アレクサンダー・ウッドサイド（古田元夫・秦玲子監訳）．2013．『ロストモダニティーズ――中国・ベトナム・朝鮮の科挙官僚制と現代世界』NTT出版．

小倉貞男．1997．『物語ヴェトナムの歴史――一億人国家のダイナミズム』中央公論新社（中公新書）．

白石昌也．1993．『ベトナム――革命と建設のはざま』東京大学出版会．

チャン・キー・フオン，重枝豊．1997．『チャンパ遺跡――海に向かって立つ』連合出版．

中野亜里編．2005．『ベトナム戦争の『戦後』』めこん．

フイ・ドゥック（中野亜里訳）．2016．『ベトナム　勝利の裏側』めこん．

古田元夫．1991．『歴史としてのベトナム戦争』大月書店．

――――．2015．『ベトナムの世界史――中華世界から東南アジア世界へ』（増補新装版）東京大学出版会．

桃木至朗．1993．「『中国化』と『脱中国化』：地域世界の中のベトナム民族形成史」大峯顕・原田平作・中岡成文編『地域のロゴス』世界思想社．

政治・経済

伊藤正子．2008．『民族という政治――ベトナム民族分類の歴史と現在』三元社．

守部裕行編．2012．『ベトナム経済の基礎知識』ジェトロ（日本貿易振興機構）．

白石昌也．2000．『ベトナムの国家機構』明石書店．

長憲次．2005．『市場経済下ベトナムの農業と農村』筑波書房．

坪井善明．2008．『ヴェトナム新時代――『豊かさ』への模索』岩波新書．

や

ら

わ

は

な

た

か

索引

古田元夫（ふるた・もとお）　1949年生まれ。東京大学名誉教授。日越大学学長。
専門　ベトナム現代史。
主要著書　『歴史としてのベトナム戦争』（大月書店、1991年）、『ドイモイの誕生：ベトナムにおける改革路線の形成過程』（青木書店、2009年）、『ベトナムの世界史——中華世界から東南アジア世界へ』（増補新装版）（東京大学出版会、2015年）など。

アジアの基礎知識 4
ベトナムの基礎知識

初版第2刷発行 2024年4月10日

定価2500円＋税

著者	古田元夫©
装丁	菊地信義
発行者	桑原晨
発行	株式会社めこん
	〒113-0033 東京都文京区本郷3-7-1 電話 03-3815-1688　FAX 03-3815-1810 ホームページ　http://www.mekong-publishing.com
組版	字打屋
作図	臼井新太郎装釘室
印刷	株式会社太平印刷社
製本	株式会社新里製本所

ISBN978-4-8396-0307-6　C0330　¥2500E　0330-1705307-8347